实事求是思想发展史论纲

钟君　汤建军　等著

人民出版社
東方出版社

实事求是的哲学意蕴与文化溯源

实事求是命题的提出：汉唐经学

西汉古文经学在民间兴起时所秉持的实事求是思想

- ★ 五经博士的确立
- ★ 古文经学在民间的兴起
- ★ 《汉书》评价河间献王刘德提出“实事求是”

东汉古文经学的官学化及今古文经学融合后的实事求是思想

- ★ 三次论争后古文经学的逐渐官学化
- ★ 训诂求真下的经学思想演变

实事求是思想的孕育：先秦诸子之学

实事求是思想对“是”的追求

- ★ “是”的古文字源头
- ★ 墨子“三表法”对是非之辨的判定标准
- ★ 稷下道家学派的求是法则
- ★ 荀子“虚一而静”的认识方法
- ★ 孔子“正名”思想中的求是

实事求是思想对“实”的追求

- ★ 孔子的务实
- ★ 荀子对天道现实的关注

实事求是思想对规律的探寻

- ★ 《诗经》中的“有物必有则”
- ★ 荀子的“天行有常”
- ★ 韩非子的“道”与“理”

宋明理学“即物穷理”中的实事求是

实事求是思想在程朱理学中的发展

- ★ 经学诠释学范式转变下对教条主义的排斥
- ★ 程朱理学“即物穷理”思想下对事物的求真认识

实事求是思想在陆王心学中的发展

- ★ 王阳明对格物致知的新解
- ★ 陆王心学的求理之实

实事求是思想在湖湘学派中的发展

- ★ 《胡氏春秋传》中经世致用思想对湘学精神的奠基
- ★ 胡宏、张栻的经世致用思想
- ★ 岳麓诸生在抗元战争中“学必实用”思想的践行

清代经学中的实事求是

明末清初实学思潮对实事求是思想的提倡

- ★ 心学泛滥下的实学思潮涌动
- ★ 东林学派对空谈学风的扭转

清代经学求真精神对实事求是思想的回归

- ★ 乾嘉学派考据中的实事求是
- ★ 考据泛滥后的流弊

晚清今文经学重举实事求是旗帜

- ★ 龚自珍、魏源今文经学思想中的“通经致用”
- ★ 康有为变法思想中的“通经致用”

实事求是思想的近代转化

晚清新思潮下实事求是思想的体用之辨

- ★ 张之洞推广冯桂芬的“中体西用”说，在简化“中体”的同时引入“西用”
- ★ 以汉学为主的传统书院开始注重近代实学
- ★ 古文经学长期以来的“通经致用”观念发生了动摇

近代资产阶级实业救国思潮下的实事求是诉求

- ★ 1905年科举与八股取士制度的废止，新式学校和学科制度的建立，使实事求是思想更加注重实学与实业
- ★ 一批早期民族资产阶级的代表人物将发展实业、以工立国、实现工业化为奋斗目标

湖湘文化是实事求是思想路线的重要来源

湖湘文化中的实事求是思想基因

精一执中，上下求索

- ★ 湖湘文化的显著特征
- ★ 精一执中即“惟精惟一，允执厥中”，是舜文化的核心内容
- ★ 上下求索即求真理、索大道，是屈原文化的突出特点

经世致用，知行统一

- ★ 湖湘文化显著的精神标识
- ★ 经世致用，是要学问有益于国家事业
- ★ 知行统一，是要学问与实践保持一致

心忧天下，敢为人先

- ★ 湖湘文化的鲜明特征
- ★ 心忧天下，忧的是苍生，是社稷，是道德，是文明
- ★ 敢为人先，为的是国家，是民族，是民生

兼收并蓄，放眼世界

- ★ 湖湘文化的鲜明特征
- ★ 内在驱动力：根据时代发展需要，实事求是、解放思想、与时俱进，广泛摄收融通一切有利于国家民族的优秀文化

早期湖湘学派的“康济时艰”“明体致用”思想

胡安国、胡宏的“康济时艰”“明体致用”思想

- ★ 胡安国提出“康济时艰”思想，强调要关注当时的政治局势与现实状况，为朝廷寻求治国安民之良策
- ★ 胡宏提出“明体致用”思想，强调“合体与用，斯为道矣”，“体用合一，未尝偏也”

张栻对“康济时艰”“明体致用”思想的阐扬

- ★ 进一步提出“心主性情”论
- ★ 强调“知行互发”

朱熹对早期湖湘学派的影响与相互成就

- ★ 倡导“主敬穷理”“格物致知”
- ★ “朱张会讲”：朱子闽学和湖湘学两大学派的思想交锋和学术论战，产生重大影响

魏源批判考据学开启晚清务实之风

对考据之学的批判

- ★ 大力驳斥当时充斥朝野的考据学风和空谈性理的理学思想

开启晚清经世务实之风

- ★ 力倡“经世致用”之学

曾国藩的“禁大言以务实”与左宗棠的“弃虚崇实”

曾国藩的“禁大言以务实”思想及实践

- ★ 认为“实事求是”就是朱熹的“即物穷理”
- ★ 治实学：不说大话，不谈高理
- ★ 践实行：行之以实，持之以久

左宗棠的“弃虚崇实”思想及实践

- ★ 提倡实学，读书致用
- ★ 洋务实践，追求实效
- ★ 一生活动和思想的核心：“崇实求是”

王夫之对经世实学学风的发扬光大

再叙《春秋》：王夫之的《春秋》家学

- ★ 继承《胡氏春秋传》反映的湖湘学派民族主义特征、经世实学特征，又在理论上有很大的发展，特别强调其中之“变”与“异”

对“体用一致”的经世致用思想的传扬

- ★ 在心性论上，将湖湘学派以心性为本体的哲学思想进一步阐明
- ★ 在工夫论上，提出了“知行相资以为用”“并进而有功”的辩证的知行观

对“知行统一”的经世实学思想的阐发

- ★ 主张“知”“行”是相依的，但是“知”与“行”并非并列关系，“行”是主导的方面

宾步程将实事求是上升为岳麓书院校训

对实事求是思想的继承与发展

- ★ 在学习过程中不断学习和吸收实事求是思想
- ★ 学成归国之后，宾步程继续跟随孙中山奔走革命，并将所学施行于国

实事求是成为岳麓书院的校训

- ★ 宾步程将实事求是作为湖南公立工业专门学校校训，并悬挂在岳麓书院讲堂前檐

毛泽东与实事求是思想路线的确立

毛泽东实事求是思想的形成与发展轨迹

毛泽东早期思想的务实倾向

★ 早期的哲学思想经历从唯心论发展到二元论，最终转变成唯物论，都体现出毛泽东鲜明的务实倾向

建党至大革命时期：实事求是思想的萌芽

★ 最先了解的是马克思主义唯物史观
★ 注重调查研究，始终坚持从中国社会的客观实际出发，提出“枪杆子里面出政权”的重要论断

土地革命战争时期：实事求是思想进一步发展

★ 撰写《反对本本主义》等经典理论文章，批判党内存在的主观主义、教条主义、机械主义思想
★ 进行了大量的农村调查，为全党树立了调查研究的典范

抗日战争及解放战争时期：实事求是思想在全党的确立

★ 写成了《实践论》《矛盾论》两篇经典著作，从马克思主义认识论和辩证法的高度来解决党的思想路线问题

社会主义革命和建设时期：实事求是思想的丰富发展

★ 撰写了《论十大关系》等理论著作，进一步丰富和发展了实事求是思想

毛泽东对实事求是命题的马克思主义改造

用辩证唯物主义认识论改造传统实事求是命题

★ 巧妙地将认识与实践的循环往复、螺旋式上升运用到实事求是的解释当中

用唯物辩证法改造传统实事求是命题

★ 坚持对具体的矛盾进行具体的分析

用历史唯物论改造传统实事求是命题

★ 将群众观点、群众路线与实事求是统一起来，坚持群众观点是实事求是的出发点和落脚点

实事求是是马克思主义中国化的理论基础

推动正确认识中国的国情和历史

★ 中国的国情与历史无疑是中国革命最重要的实际

赋予马克思主义以恰当的民族形式

★ 将马克思主义同中华优秀传统文化有机地结合起来，赋予马克思主义以恰当的民族形式

全面破除教条主义和经验主义的迷信

★ 必须注意总结中国革命的实践经验，将其上升到理论高度，进而得出对革命经验的规律性认识

实事求是思想路线的确立在中国近现代思想史上的地位

实现了传统经世致用思想的转型与发展

★ 成功跨越了“体”“用”关系的界限，根据中国半殖民地半封建的社会性质开出了救国救民的良方

实现了对“非此即彼”绝对主义思维方式的克服与超越

★ 帮助我们扭转了近代思想发展过程中“全盘西化论”和“东方文化救世论”的极端化倾向

改革开放和社会主义现代化建设新时期实事求是思想路线的丰富和发展

真理标准问题大讨论

抵制“两个凡是”与党的实事求是优良传统的坚持

★ 邓小平等老一辈革命家坚持马克思主义的立场、观点、方法，对“两个凡是”进行了坚决抵制

为重新确立实事求是思想创造理论条件

★ 真理标准问题的讨论广泛开展

邓小平与党的实事求是思想路线的重新确立

指出实事求是是毛泽东思想的精髓

★ 重申毛泽东一贯倡导的实事求是思想路线

提出“解放思想，实事求是，团结一致向前看”

★ 号召重新把实事求是的马克思主义思想路线恢复起来

实事求是评价新中国成立以来党的若干历史问题

★ 实事求是地肯定了毛泽东的伟大历史功绩，分析了毛泽东晚年错误形成的原因

强调无产阶级世界观的基础是实事求是

★ 既论述了实事求是是马克思主义的精髓，也说明了实事求是是毛泽东思想的精髓

明确提出并全面阐释了实事求是思想路线

★ 对实事求是思想路线的核心内容进行新的更加完善的提升

坚持实事求是思想路线，开创中国特色社会主义

★ 坚持解放思想、实事求是地制定党的路线方针政策，推进改革开放和现代化建设

江泽民与实事求是思想路线的继承发展

与时俱进的提出

★ 江泽民在党的十四届一中全会上首次提出与时俱进

★ 党的十六大正式将与时俱进与解放思想、实事求是并提，将其作为党的思想路线的重要内容

阐述与时俱进的科学内涵及其与解放思想、实事求是的内在关联

★ 科学内涵：体现时代性，把握规律性，富于创造性

★ 内在关联：解放思想、实事求是是与时俱进的前提条件和必然结果。

坚持与时俱进，推进中国特色社会主义伟大事业

★ 形成了“三个代表”重要思想

★ 改革开放取得重大突破

★ 国民经济持续健康发展

★ 民主政治和精神文明建设成效显著

胡锦涛与实事求是思想路线的丰富和发展

提出求真务实

★ 1997年6月，胡锦涛在纪念中国共产党成立76周年座谈会上的讲话中提出求真务实

阐述了求真务实的科学内涵及其与解放思想、实事求是、与时俱进的内在关联

★ 科学内涵：求我国社会主义初级阶段基本国情之真，务坚持长期艰苦奋斗之实；求社会主义建设规律和人类社会发展规律之真，务抓好发展这个党执政兴国的第一要务之实；求人民群众历史地位和作用之真，务发展最广大人民根本利益之实；求共产党执政规律之真，务全面加强和改进党的建设之实

★ 内在关联：解放思想、实事求是、与时俱进是求真务实的首要前提；求真务实是解放思想、实事求是、与时俱进的现实体现；求真务实与解放思想、实事求是、与时俱进统一于党的全部理论与实践

坚持求真务实，开创我国现代化建设新局面

★ 提出并形成了科学发展观 ★ 经济平稳较快发展 ★ 社会建设全面加强 ★ 改革开放持续深化

习近平新时代中国特色社会主义思想是实事求是思想的时代结晶

立足"国之大者"之实，求强国建设、民族复兴之是

★ 事关党和国家前途命运、事关人民根本利益的大事是须始终牢记的"国之大者"
★ 在强国建设、民族复兴新征程中踔厉奋发、勇毅前行

立足新发展阶段之实，求中国式现代化之是

★ 新发展阶段是对所处历史方位和发展阶段的战略判断
★ 以中国式现代化全面推进中华民族伟大复兴

立足人民民主专政之实，求全过程人民民主之是

★ 人民民主专政是对我国国体的准确认识和把握
★ 以全过程人民民主全面推进社会主义民主政治建设

立足社会主要矛盾新的转化之实，求人民美好生活之是

★ 社会主要矛盾新的转化是对我国发展阶段性特征的准确判断
★ 以满足人民美好生活需要为抓手切实提高人民生活品质

立足社会思想观念深刻变化之实，求立心铸魂之是

★ 准确把握社会思想观念深刻变化的趋势
★ 建设具有强大凝聚力和引领力的社会主义意识形态

立足资源环境约束趋紧之实，求生态文明建设之是

★ 日趋强化的资源环境约束是我国经济社会发展中存在的突出问题
★ 推动构建人与自然和谐共生的生命共同体

立足大党独有难题之实，求全面从严治党之是

★ 时刻保持解决大党独有难题的清醒和坚定
★ 全面从严治党是党永葆生机活力、走好新的赶考之路的必由之路

立足世界之变、时代之变、历史之变之实，求国家安全之是

★ 世界之变、时代之变、历史之变是对时势变化作出的重要判断
★ 以总体国家安全观加快构建新安全格局

立足世界百年未有之大变局之实，求构建人类命运共同体之是

★ 世界百年未有之大变局是对世界发展态势作出的重要论断
★ 以共建人类命运共同体推动构建新型国际关系

守正创新：实事求是的新时代表达

守正创新是中华民族的优良传统

中华优秀传统文化蕴含丰富的守正思想

★ 以正治国涵盖着治理国家的诸多道理
★ 在个体行为方面，“正”还表征着人的德行修为

中华优秀传统文化蕴含丰富的创新思想

★ 从表现领域来说，创新思想广泛体现在政治理论、道德观念、社会意识等领域
★ 从思想渊源来说，创新思想主要源于中国传统哲学中的通变思想
★ 从历史影响来说，创新思想孕育了中华民族自强不息的民族精神

守正与创新是既相互对立又相辅相成的辩证统一关系

★ 守正是根本，是认识论，只有在合规律性的前提下进行有目的的改造，才能得到符合新事物发展规律的创新成果
★ 创新是路径，是方法论，只有打破常规，通过创造性的实践实现对旧事物的突破，由量变引发质变，才能实现新的发展

守正创新是马克思主义认识论的重要范畴

守正创新贯穿马克思主义物质第一性、实践第一性的内在要求

★ 从“守正”来看，守正创新中的“正”，即正道，指的是事物的本质与存在、发展的规律
★ 从守正创新中的“创新”来看，作为主观能动性的集中体现，创新不是凭空捏造，不是主观臆想，是有条件、有前提的，而不是无条件、无前提的

守正创新内蕴马克思主义唯物辩证法的精神实质

★ 守正创新充分凸显了辩证否定观的精神实质

守正创新体现马克思主义绝对真理与相对真理辩证统一的重要原理

★ 守正创新正是对绝对真理与相对真理辩证统一原理的贯彻运用

守正创新彰显马克思主义唯物史观的鲜明立场

★ 中国共产党作为马克思主义政党，坚持守正创新，既要坚守中国特色社会主义道路之正，也要坚守马克思主义所揭示的各种规律即道理之正，还要坚守人民至上这个最高道义之正

新时代守正创新是党的实事求是思想路线的时代表达

新时代守正创新契合党的实事求是思想路线的内在要求

★ 新时代守正创新有着丰富的科学内涵
★ 新时代守正创新有着深刻的辩证意蕴

新时代守正创新具备成为党的实事求是思想路线重要内容的理论地位

★ 坚持守正创新作为“六个坚持”之一，被赋予了习近平新时代中国特色社会主义思想的世界观和方法论的理论地位

新时代守正创新彰显中国共产党坚持“两个结合”丰富发展党的思想路线的基本规律

★ 中国特色社会主义进入新时代，习近平总书记将“守正创新”这一中华民族的优良传统，改造成为马克思主义哲学命题，赋予其马克思主义世界观与方法论的理论地位，使其继解放思想、实事求是、与时俱进、求真务实之后成为党的思想路线的时代精髓，进一步丰富发展了党的思想路线，这是中国共产党推进“两个结合”的又一光辉典范

国家社会科学基金中国历史研究院
重大历史问题研究专项 2023 年度重大招标项目（23VLS003）
“实事求是思想发展史研究”阶段性成果
湖南省社会科学院（湖南省人民政府发展研究中心）
哲学社会科学创新工程资助项目

序言

实事求是思想路线是实现『两个结合』成功且光辉的典型范例

实事求是思想路线是毛泽东思想精髓，也是马克思主义哲学活的灵魂的中国结晶，是马克思主义哲学普遍真理同中国实际相结合，同中华优秀传统哲学思想相结合的产物——马克思主义中国化哲学的真谛，是中国特色、中国风格、中国气派、中国话语的马克思主义中国化的哲学概括。毛泽东把实事求是思想路线奠定为中国共产党全部言行的思想基础、基本遵循和理论指南。邓小平对党的实事求是思想路线的极端重要性给予了高度的评价，认为实事求是“是毛泽东思想的出发点、根本点”①，是“毛泽东思想的精髓”②，“是无产阶级世界观的基础”③，我们所取得的一切胜利，“是靠实事求是”④。中国共产党百年成功的实践经验说明，能否始终不渝地坚持实事求是思想路线，关系到党和人民事业兴衰成败。

① 《邓小平文选》第 2 卷，人民出版社 1994 年版，第 114 页。
② 《邓小平文选》第 3 卷，人民出版社 1993 年版，第 10 页。
③ 《邓小平文选》第 2 卷，人民出版社 1994 年版，第 143 页。
④ 《邓小平文选》第 2 卷，人民出版社 1994 年版，第 143 页。

一

实事求是是中华优秀传统文化的古语，实事求是思想传统在中华大地源远流长，蕴含中华优秀传统文化的哲学智慧，是中华优秀传统文化的重要基因。实事求是的说法第一次出现在中国古典文献《汉书·河间献王刘德传》中。班固在《汉书·河间献王刘德传》中，称河间献王刘德“修学好古，实事求是”。河间献王刘德，是汉景帝刘启的第二个儿子，封河间王，都乐城（今河北献县东南）。汉景帝时吴楚等七国之乱、内宫储位之争，使献王刘德感叹儒道衰微、道德沦丧，于是在封地河间国内收集佚书，修兴礼乐，以期通过汇集并研究儒家典籍来振兴儒学。他每得到一本好书，就令人抄写一份送给原来的藏书主人，而将真本留下，并赐给献书者金帛。于是四面八方学问之士纷纷前来献书。他在河间封国内修建规模宏大的日华宫，内设二十余处馆舍，招待四方饱学之士。齐、燕、赵、代等地的儒者数百人聚集于此，夜以继日地梳理、校勘收集来的儒家典籍，把整理好的儒家经典及礼乐制度典籍保存下来并献给朝廷。“修学好古，实事求是”是班固对刘德的总评价，内含实事求是的优良的治学精神和方法。唐代经学家颜师古把实事求是解释为“务得实事，每求真是”的治学态度和方法，已然带有哲学认识论的意义。

中国古代“实事求是”概念蕴含中华优秀传统文化的哲学智慧。从概念本身来看，实事求是思想传统产生于汉代，流行于清代，直至近代。它一开始提出主要是作为一种良好的治学态度和方法。就当时提出的治学态度和方法来说，“实事”非客观存在的事物，是指文献典籍所囊括的实证材料；“是”也不具有“规律”“真理”的含义，而是指古代文献典籍所囊括的实证材料中所包含的道理，“求是”是从古代文献典籍囊括的实证材料的考据中获取正确的知识和结论。中华优秀传统文化所提倡的实事求是的治学态度和方法，富有科学精神，讲究科学方法，对中华传统学术研究具有重要的指导意义，同时其内含的哲学认识论的精华也逐步发扬光大。

在长期的社会实践历程中，经由中国历代文人学者的阐述演释，实事求是的概念和方法逐步深化扩张为具有深厚哲学认识论内涵的实事求是思想。实事求是思想在中华优秀传统文化的发展进程中，大体上体现为四条思想线索：

第一条线索被中国学界承继和发挥为一种良好的治学精神和治学方法。直至清代，乃至近代以降，实事求是思想被考据学家，乃至广大学者奉为必须遵循的治学态度和方法。实事求是思想倡导的科学的治学精神和态度至今还为学界所奉行。

第二条线索被中国历代儒家承继和发挥为追求伦理道德制高点的修身养性的伦理理念和方法。第三条线索被中国历代思想家承继和发挥为认识事物的路线和方法。第一条线索、第二条线索与第三条线索又往往联系在一起同步演进，融合发展，逐步孕生哲学认识论的含义。宋明理学赋予“是”以规律、法则的内涵，通过“格物致知”或者说“即物穷理”，将实事求是从治学态度与方法提升到追求伦理道德的修身养性的伦理理念和方法，同时又提高到唯心主义认识论的层面。宋明理学家心目中的“理”，更多的是指主观世界运行规律与道德伦理法则，他们求的“是”，是求封建道德伦理修身养性规律、法则之“是”，是寻求宋明理学核心概念“理”内含的“是”。实事求是思想与“格物致知”“即物穷理”理念再度紧密联系起来，和治学态度与方法、伦理理念与方法联系在一起，开启了向哲学认识论进化的历程。当然，在宋明理学那里，对实事求是思想的承继与发挥又分为客观唯心主义和主观唯心主义。尽管如此，这三条线索思想脉络相互融通，向着哲学认识论方向转化发展。

第四条线索是朴素唯物主义学者承继、形成和发挥带有唯物主义色彩的、以科学态度研究事物规律的哲学认识论。中国古代唯物主义思想家王充、范缜、柳宗元、刘禹锡等，他们秉持科学的态度研究客观世界的规律、法则。他们的“实事”已具有客观事物的含义，“求是”则从客观的事实出发求得正确的认识。明末清初唯物主义哲学家王夫之主张即事穷理、即物穷理，认为“有即事以穷理，无立理以限事”，认为要从客观事物中探索规律和法则，而不能先设立一个法则去限制、裁定客观事物。

在社会实践进程中，中国自古以来就生成、传承和发展着求实、务实的精神，中华民族在社会实践中所孕育的含有朴素唯物主义认识论的求实、务实思想赋予实事求是思想传统以深厚的哲学智慧。从求实、务实的思想来说，在先秦时期即已产生。相传大禹治水采用疏浚而非阻拦的方式获得成功，这正是遵循了自然界的规律，也是从水患的事实中寻找规律，把握自然规律，遵循自然规律。《诗经 · 大雅 · 烝民》中讲的“天生烝民，有物有则”，就是说万物都有其自己的规律、法则。从墨家的“三表法”到名家的“历物诸题”，到道家的“道法自然”；从兵家的“知道即可知胜”到法家的“循名而责实”，其中更蕴含了丰富的把握规律、遵循规律的科学认识方法。经过历代学者的演绎，实事求是思想传统成为为学做事、治国安邦的格言千古流传，成为内涵丰富的中华优秀传统哲学思想。

这四条线索互相补充，与在社会实践中中华民族所孕育的求实、务实精神相融合，形成了“知行合一、躬行实践”的贵在实干观，成为中华优秀传统知行观的核心理念，构成中华优秀传统文化的瑰宝。知行关系是中国古代思想家不断思考、争论不休的一个重要问题。在知行关系上，先贤们对何为知、何为行、知行先后、知行难易等问题有着不同的看法，大体上分为朴素唯物主义知行观和唯心主义知行观。唯心主义知行观又分为客观唯心主义知行观和主观唯心主义知行观。无论是朴素唯物主义知行观，还是唯心主义知行观，尽管他们所讲的“行”是不同的，但都不是马克思主义哲学意义上的实践范畴。尽管如此，但他们多数主张知行合一，强调躬行实践，倡导言行一致，反对知行脱节，重视贵在实干。例如，宋明时代的思想家们围绕知行关系展开了长时期的争论，但无论是主张“知先行后”的客观唯心主义的程朱理学，还是提出“知行合一”的主观唯心主义的陆王心学，还是主张“行先知后”的朴素唯物主义思想家们，均重视“行”，强调躬行践履，也多认为知行之间互相依赖、不可偏废。只不过他们是各自站在不同的哲学观上来阐述“行”的。朴素唯物主义哲学观从唯物主义的立场把“行”看作实际的行动，当然也不可能达到马克思主义实践观的高度。客观唯心主义把“行”看作独立精神“理”的“行”，而主观唯心主义则把“行”看作人的内心的“行”。

中华传统思想家们对知行关系的看法、对知行的先后、对知行的重要性认识不尽一致，反映了唯物主义与唯心主义哲学观的分歧。但无论从朴素唯物主义哲学观出发，还是从唯心主义哲学观出发，均强调知行结合、躬行实践，反映了我们中华民族勇于实践、务实进取的精神。这种知行合一、躬行实践的贵在实干观，在西学、马克思主义传入的背景下，到近代又有所发展。特别是现代以来，对中国共产党实事求是思想路线的形成和发展起到了极其重要的滋养作用。

二

在中国革命的伟大实践中，以毛泽东同志为代表的中国共产党人依照马克思主义哲学物质决定精神、实践决定认识的辩证唯物主义认识论的基本原理，对中华优秀传统文化的实事求是哲学智慧进行了马克思主义的创造性改造，吸收其中唯物主义认识论、真理观的合理成分，使之发生了创造性转化，将马克思主义实践观与中华优秀传统思想知行合一、重行务实、重视实践效验的哲学认识论的优秀观点结合起来，加以当代升华，形成了解放思想、实事求是、与时俱进、求真务实，即一切从实际出发，理论联系实际，实事求是，在实践中检验真理和发展真理的思想路线。

早在20世纪20年代末30年代初，在探索中国革命道路、总结中国革命经验与教训、反对“左”右倾路线错误的过程中，深谙中华优秀传统文化“哲学精粹”的毛泽东逐步提出了实事求是思想路线。他在《反对本本主义》一书中特别强调了一切从实际出发，反对教条主义，提出“马克思主义的‘本本’是要学习的，但是必须同我国的实际情况相结合”[①]，强调“中国革命斗争的胜利要靠中国同志了解中国情况”[②]，实事求是思想路线具备了雏形。1937年7—8月，毛泽东发表了《实践论》，阐发了马克思主义实事求是的观点，深刻阐述了知行结合、理论与实践相结合的重要性：“我们的结论是主观和客观、理论和实践、知和行的具体的历史的统一。”[③]“你要有知识，你就得参加变革现实的实践。你要知道梨子的滋味，你就得变革梨子，亲口吃一吃。你要知道原子的组织同性质，你就得实行物理学和化学的实验，变革原子的情况。你要知道革命的理论和方法，你就得参加革命。一切真知都是从直接经验发源的。”[④]强调实践是认识的唯一来源，阐明了辩证唯物主义知行合一观和马克思主义认

①《毛泽东选集》第1卷，人民出版社1991年版，第111—112页。
②《毛泽东选集》第1卷，人民出版社1991年版，第115页。
③《毛泽东选集》第1卷，人民出版社1991年版，第296页。
④《毛泽东选集》第1卷，人民出版社1991年版，第287—288页。

识论。1938 年 10 月，毛泽东在《中国共产党在民族战争中的地位》一文中使用了实事求是概念，"共产党员应是实事求是的模范"[①]。1941 年，他在《改造我们的学习》一文中，对实事求是作了马克思主义的经典阐述："'实事'就是客观存在着的一切事物，'是'就是客观事物的内部联系，即规律性，'求'就是我们去研究。"[②] 这是对党的思想路线的马克思主义认识论高度的哲学概括。在延安马克思主义学习教育和整风运动中，实事求是思想路线成为统一全党思想的基础。1943 年，延安中央党校修建了一座占地 1200 平方米、可容纳千余人的大礼堂。这座建筑物虽然雄伟宽敞，但大家总觉得少点什么。有人提议在正面挂个题词。一开始，请范文澜题写。但他试着写了几条，都觉得不满意。有人提议去找毛泽东，毛泽东欣然接受了党校同志的请求，挥笔写下了"实事求是"四个雄健潇洒的大字。镶嵌在大礼堂正面的"实事求是"的石刻，使这座建筑物顿添神采、熠熠生辉。"实事求是"遂成为中共中央党校的校训，成为党的干部教育的根本要求。1945 年，毛泽东以"实事求是，力戒空谈"为七大纪念册题词。党的十二大通过的新党章和十二大政治报告更进一步确定实事求是为党的思想路线。"实事求是"这四个简单的朴实的字包含了深刻而丰富的哲学内涵，集中体现了马克思主义哲学根本思想，科学总结了中国人民斗争实践的基本经验，成为全党必须始终如一遵循的基本原则和行动指南。党的实事求是思想路线，经历代中国共产党人在实践中不断坚持、丰富、创新和发展，成为推动党和国家的事业不断取得胜利的思想法宝。

---

①《毛泽东选集》第 2 卷，人民出版社 1991 年版，第 522 页。
②《毛泽东选集》第 3 卷，人民出版社 1991 年版，第 801 页。

三

2020年9月17日，习近平总书记在视察湖南大学岳麓书院时提出“岳麓书院是党的实事求是思想路线的一个策源地”[①]的重要提法。这个提法是对中华优秀传统文化根系的一脉——湘学学派务实重行理念的肯定，也是对中国共产党实事求是思想路线的湖湘贡献的肯定。一本湘人奋斗篇，半部中国近代史。从秦汉起步，到明末清初兴起并在近代发展起来的湘学是中华优秀传统文化的重要组成部分，特别是在近代以来，湘学为推动中华民族发展并走向复兴做出了不可磨灭的贡献。湘学“以禹墨为本，周孔为用”，贵“诚”而轻“浮”，重“实”以明“身”。崇尚实际、注重行动是湘学所追求的学风、特点和精神实质。实事求是、务实重行是湘学的哲学精髓。生于斯、长于斯、成于斯，从湖南生长起来的伟大的马克思主义者，受到湘学求实重行理念深刻影响的毛泽东，在承继和光大中华优秀传统实事求是思想的同时，也承继和发扬了湘学崇实的理念和学风。

湖南长沙岳麓书院为中国古代四大书院之一，是传承湘学“实事求是，务实重行”理念的重要策源之地。在岳麓山办学最早可追溯至唐末五代。自北宋开宝九年（976年）由朱洞始建书院，大中祥符八年（1015年），宋真宗御书“岳麓书院”匾额赐给当时的山长周式，书院的名称由此确定下来而从未改变过。1914年，从德国留学归来的宾步程出任湖南公立工业专门学校校长，将学校迁到岳麓书院。他以“实事求是”为校训，激励学生立足客观实际，矢志追求真理，踏实做人做事。从此，实事求是的为人做事的求实精神和治学方法

① 《实事求是，从这里走来——习近平总书记到过的红色圣地之湖南篇》，新华每日电讯2021年5月23日。

进一步深融入湘学。

从毛泽东承继和弘扬湘学优良思想传统的意义上，也可以说党的实事求是思想路线是从古老的岳麓书院走来，从深厚的湖湘文化中走来，从悠久的中华优秀传统文化中走来，从中国人民伟大的斗争实践中走来，从中国共产党人百年奋斗中走来。实事求是这一中华优秀传统文化的哲学概念，在近代中国社会激烈的变革中、在中华民族优秀传统文化以及湖湘文化的发展演进中，经毛泽东进行马克思主义批判式继承，将其改造为党的思想路线。党的实事求是思想路线就是马克思主义同中国实际、同中华优秀传统文化相结合的，最佳实现“两个结合”的光辉典范。

四

湖南省社会科学院（湖南省人民政府发展研究中心）党组书记、院长（主任）钟君组织科研团队推出论著《实事求是思想发展史论纲》及其姊妹篇《岳麓书院：实事求是从这里走来》，从中华思想发展史的角度对实事求是思想追本溯源、究理求真，上至夏商周时期，下迄中国特色社会主义新时代，将实事求是的历史发展脉络与内涵演变转化放在中华 5000 多年文明史与党的百余年奋斗史的历史视野中进行考察，结合中国古典文献与马克思主义经典文本的融通研究，对实事求是思想发展史进行了较为系统和深刻的梳理。这对于我们夯实实事求是思想路线的历史基础，认识把握实事求是思想演进形成的理论逻辑，践行实事求是思想路线；对于我们在强国建设、民族复兴新征程上坚定理论自信、文化自信、历史自信，增强理论自觉、文化自强、历史主动，无疑具有一定的理论和实践价值。该书编写组的同志邀我作序，借此机会，写了些关于实事求是思想发展史及其精神实质的体会，希望能够引起读者们对实事求是思想路线的敬畏之心、照行之志，也能够对“实事求是思想史”课题的深入研究有所帮助。

是以为序。

王伟光

中国社会科学院原院长、南开大学终身教授

目录

绪论

实事求是思想路线：『两个结合』的典范

2020年9月，习近平总书记在考察湖南时指出，岳麓书院是党的实事求是思想路线的一个策源地。在庆祝中国共产党成立100周年大会的重要讲话中，习近平总书记首次提出了马克思主义中国化“两个结合”的重要论述：“坚持把马克思主义基本原理同中国具体实际相结合、同中华优秀传统文化相结合。”[①]回顾党的百年奋斗史，实事求是从作为马克思主义中国化的重要命题，到中国共产党思想路线的提出、确立和发展，是中国共产党人运用马克思主义基本原理对中华优秀传统文化中“实事求是”这一哲学概念的科学改造，也是中国共产党人根据一定历史阶段内的时代主题、时代条件将马克思主义基本原理同中国革命、建设和改革实践相结合的必然结果。

①《习近平谈治国理政》第4卷，外文出版社2022年版，第10页。

实事求是思想路线是马克思主义基本原理同中华文化唯物求实传统的完美契合

中华优秀传统文化中唯物求实的传统源远流长。在春秋战国诸子百家的言论典籍中，很多蕴含着实事求是的思想萌芽。如《论语 · 八佾》中载，"子入太庙，每事问"，用今天的话来说，就是孔子是一个喜欢调查研究的人，对自己不清楚的事，都虚心向别人请教。荀子则强调"制天命而用之"，即掌握自然的变化规律并利用之为人类造福。《墨子 · 非命上》提出"言必有三表"，"三表"就是判断认识是否正确的三个标准，即"上本之于古者圣王之事"、"下原察百姓耳目之实"和"观其中国家百姓人民之利"，要求人的言论从实际出发，这个实际除了"事""实"之外，关键还要看"利"。韩非子提出"不期修古，不法常可，论世之事，因为之备"等讲求实际的唯物史观。东汉史学家班固编撰的《汉书》最早使用了"实事求是"一词，即称赞西汉景帝刘启之子河间献王刘德"修学好古，实事求是"。而唐代经学家颜师古为"实事求是"作注时说："务得实事，每求真是也。"

湖湘文化作为中华优秀传统文化百花园中的璀璨一枝，经世致用的学风一直在其中居于主流地位，"经世致用""实事求是"的优良办学传统在岳麓书院这一湖湘文化的圣地传承千年。两宋时，胡安国、胡宏父子创立"湖湘学派"，倡导"经世致用""以实事自律"。随后胡宏弟子、岳麓书院山长张栻将此继承弘扬。明末清初，岳麓书院学生王夫之将经世致用的学风提升至新的高度，提出"即事穷理""即物穷理"的命题。近代以降，为挽救国家危亡，魏源、曾国藩、杨昌济等岳麓书院师生，进一步发扬光大了经世致用传统。魏源提倡“以实事程实功，以实功程实事”，批评考据学家“锢天下聪明智慧尽出于无用之一途”，开启晚清务实之风。曾国藩以经世致用精神赋予实事求是新的内涵，重新解释了实事求是:“夫所谓事者，非物乎？是者，非理乎？实事求是，非即朱子所称即物穷理者乎？”这一解释具有将考据学命题转换成认识论命题的意义。杨昌济推崇“知行统一”，指出“湘省士风……人才辈出，为各省所难能，古来所未有……实亦学风所播，志士朋兴”。1917 年，改制后的湖南公立工业专门学校（今湖南大学前身）校长宾步程手书“实事求是”匾额，并将之悬挂于岳麓书院讲堂，引导学生从实际出发，追求真理，这也标志着实事求是正式以校训的方式将岳麓书院经世致用的治学传统予以固化与弘扬。

湖南公立工业专门学校改制并搬至岳麓书院办学之时，正是毛泽东寄住于岳麓书院之时，他由此深受岳麓书院实事求是学风的濡染熏陶，并将其不断内化为认知方式、价值追求和实践品格。在对中华优秀传统文化和中国革命实践清醒认识的基础上，毛泽东对实事求是这一中国传统哲学命题的马克思主义改造，生动体现了马克思主义的唯物辩证法。毛泽东把实事求是的“实事”解释为“客观存在着的一切事物”，指明了“实事”是离开人的意识而独立存在的客观实在。人们不能到主观臆想中去“求是”，只能到客观存在的“实事”中去“求是”，这即是马克思主义哲学关于物质第一性、意识第二性唯物主义基本原理的体现。毛泽东把实事求是的“是”，解释为“客观事物的内部联系，即规律性”，事物的内部联系就是指事物内部固有的矛盾，矛盾的对立面既统一又斗争，由此推动事物的运动、变化和发展。研究事物的内部联系，就是研究事物内部的矛盾运动，掌握事物发展变化的规律。实事求是所求的“是”，是事物不断发展变化的“是”。它不仅承认一切事物都依照自身固有的规律在向前运动、变化和发展，而且承认事物发展变化的根本原因在于事物内部的矛盾运动。毛泽东对实事求是中“是”的解释，与马克思主义哲学关于事物普遍联系的观点、运动的观点、事物发展规律的观点一脉相承。毛泽东把实事求是的“求”解释为“我们去研究”。这个“求”居于“实事”和“是”两者之间，它的两头，一头是客观存在，另一头是主观认识，通过“求”来达到主观符合客观。这深刻地体现了马克思主义辩证唯物论中的认识论。经过毛泽东的改造，实事求是这一中国传统哲学的命题，发生了质的变化，被赋予了新的内涵，它精辟地概括、确切地表述了辩证唯物主义的精神实质。马克思主义哲学的内容和中国的民族语言形式，两者精神相通、水乳交融、完美契合。

实事求是思想路线是马克思主义基本原理同中国革命具体实际相结合产生的理论飞跃

毛泽东对实事求是的马克思主义改造，一方面是马克思主义基本原理特别是马克思主义哲学同中华优秀传统文化相结合的产物，另一方面是毛泽东将马克思主义基本原理同中国革命实践相结合产生的理论飞跃。

1927 年，毛泽东领导发起了秋收起义。按照马克思列宁主义的无产阶级革命理论和俄国革命成功的模式，无产阶级及其政党的工作重心在城市，首先应该在城市举行武装起义，占领中心城市，然后向农村推进，这就是“城市中心”的革命道路。中国共产党的革命运动开始也是以城市为中心的。大革命失败后，中国共产党在中心城市发动了南昌起义和广州起义，秋收起义原计划也是以攻占长沙为目标的，但均遭失败。毛泽东审时度势，经过对敌我力量的分析，领导秋收起义部队退往文家市后毅然决定转向敌人力量薄弱的农村，在农村开辟新的革命阵地，迈出了以农村为中心、走农村包围城市的中国革命新道路的第一步。实践证明，在半殖民地半封建的中国，只有将马克思主义基本原理同中国革命具体实践相结合，开创中国革命道路，才能夺取革命胜利。

在土地革命时期，毛泽东坚决反对唯上、唯书的本本主义、教条主义。面对党内存在的依靠“本本”解决中国革命中出现的问题的错误，毛泽东提出了反对本本主义的想法。他认为，党的策略和路线之所以不能深入群众，就是本本主义在作怪，不是说“本本”不好，“马克思主义的‘本本’是要学习的，但是必须同我国的实际情况相结合。我们需要‘本本’，但是一定要纠正脱离实际情况的本本主义”①。毛泽东强调了本本主义的错误性，说明它“完全不是共产党人从斗争中创造新局面的思想路线，完全是一种保守路线”。在党内，有一部分人长期拒绝中国革命的经验，否认“马克思主义不是教条而是行动的指南”这个真理；有一部分人拘泥于自身的片面经验，不了解理论对于革命实践的重要性。面对党内存在的这些问题，毛泽东在《实践论》中指出：“唯心论和机械唯物论，机会主义和冒险主义，都是以主观和客观相分裂，以认识和实践相脱离为特征的。以科学的社会实践为特征的马克思列宁主义的认识论，不能不坚决反对这些错误思想。”②同样，在《矛盾论》中，毛泽东也强调：“我们现在的哲学研究工作，应当以扫除教条主义思想为主要的目标。”③只要真正懂得了唯物辩证法，“我们就能够击破违反马克思列宁主义基本原则的不利于我们的革命事业的那些教条主义的思想；也能够使有经验的同志们整理自己的经验，使之带上原则性，而避免重复经验主义的错误”④。

---

①《毛泽东选集》第1卷，人民出版社1991年版，第111—112页。

②《毛泽东选集》第1卷，人民出版社1991年版，第295页。

③《毛泽东选集》第1卷，人民出版社1991年版，第299页。

④《毛泽东选集》第1卷，人民出版社1991年版，第337页。

毛泽东在《实践论》《矛盾论》中对教条主义、经验主义的危害作了深刻揭露并阐述了其认识论根源，为党的实事求是思想路线的确立奠定了理论基础。

在毛泽东的正确领导下，全党认识到了中国革命的特殊性，坚持实事求是的思想路线，找到了中国革命走向胜利的正确道路。1938 年 10 月，在党的六届六中全会上，毛泽东首次使用了“实事求是”概念，他指出：“共产党员应是实事求是的模范，又是具有远见卓识的模范。因为只有实事求是，才能完成确定的任务；只有远见卓识，才能不失前进的方向。”[①]1941 年 5 月，毛泽东根据中国革命的实践经验，从思想问题上总结了中国共产党党内路线的分歧，分析了广泛存在于党内的非马克思主义的思想作风，在《改造我们的学习》一文中，第一次对实事求是的内涵作出了科学的解释，并指出：“我们要从国内外、省内外、县内外、区内外的实际情况出发，从其中引出其固有的而不是臆造的规律性，即找出周围事变的内部联系，作为我们行动的向导。而要这样做，就须不凭主观想象，不凭一时的热情，不凭死的书本，而凭客观存在的事实，详细地占有材料，在马克思列宁主义一般原理的指导下，从这些材料中引出正确的结论。”[②]毛泽东对实事求是的科学改造，是马克思主义中国化的重大理论成果，也是在中国实践经验基础上理论创新的重大成果，标志着马克思主义基本原理同中国具体实际相结合所产生的理论飞跃。从此，实事求是就成为对中国共产党思想路线的集中概括。

①《毛泽东选集》第 2 卷，人民出版社 1991 年版，第 522—523 页。

②《毛泽东选集》第 3 卷，人民出版社 1991 年版，第 801 页。

实事求是思想路线是被中国革命、建设和改革实践证明了的马克思主义中国化的重大实践成果和理论成果

毛泽东曾经用“靠实事求是吃饭”的说法来总结我们党的成功之道。可以说，百年党史，就是一部坚持实事求是思想路线的奋斗史。一百多年来，我们党坚持一切从实际出发，解放思想，实事求是，推动中华民族实现从站起来、富起来到强起来的伟大飞跃。党的百年历史充分证明，什么时候坚持实事求是，什么时候就会不断取得胜利；什么时候违背实事求是，什么时候就会遭受挫折和失败。

以毛泽东同志为主要代表的中国共产党人，把马克思主义基本原理同中国革命的具体实践结合起来，找到了中国革命成功的道路，确立了实事求是的思想路线，创立了毛泽东思想，取得了新民主主义革命的胜利，建立了人民民主专政的中华人民共和国；中华人民共和国成立以后，顺利地进行了社会主义改造，完成了从新民主主义到社会主义的过渡，确立了社会主义基本制度，发展了社会主义的经济、政治和文化，是确立和坚持实事求是思想路线的典范。

“文化大革命”期间，党的实事求是思想路线没能继续坚持下去，并造成十年内乱。党的十一届三中全会以来，以邓小平同志为主要代表的中国共产党人对思想路线进行了拨乱反正，指出实践是检验真理的唯一标准，重新确立了实事求是的思想路线，总结中华人民共和国成立以来正反两方面的经验，围绕什么是社会主义、怎样建设社会主义这一根本问题，借鉴世界社会主义历史经验，坚持解放思想、实事求是，创立了邓小平理论，作出了我国处于社会主义初级阶段的重大判断，明确了社会的主要矛盾是人民日益增长的物质文化需要与落后的社会生产之间的矛盾，实现了全党工作中心向经济建设的转移，确立

了"一个中心、两个基本点"基本路线，开启了改革开放的历史新时期，成功开创了中国特色社会主义。

党的十三届四中全会以后，以江泽民同志为主要代表的中国共产党人，加深了对什么是社会主义、怎样建设社会主义和建设什么样的党、怎样建设党的认识，坚持解放思想、实事求是、与时俱进，形成了"三个代表"重要思想，在国内外形势十分复杂、世界社会主义出现严重曲折的严峻考验面前捍卫了中国特色社会主义，发展了社会主义市场经济，开创了全面改革开放新局面，推进党的建设新的伟大工程，成功地把中国特色社会主义推向21世纪。

党的十六大以后，以胡锦涛同志为主要代表的中国共产党人，深刻认识和回答了新形势下实现什么样的发展、怎样发展等重大问题，坚持解放思想、实事求是、与时俱进、求真务实，形成了科学发展观，抓住重要战略机遇期，聚精会神搞建设，一心一意谋发展，强调坚持以人为本、全面协调可持续发展，着力保障和改善民生，促进社会公平正义，推进党的执政能力建设和先进性建设，成功地在新形势下坚持和发展了中国特色社会主义。

党的十八大以来，以习近平同志为主要代表的中国共产党人，坚持把马克思主义基本原理同中国具体实际相结合、同中华优秀传统文化相结合，科学回答了新时代坚持和发展什么样的中国特色社会主义、怎样坚持和发展中国特色社会主义等重大时代课题，坚持实事求是、守正创新，创立了习近平新时代中国特色社会主义思想。以习近平同志为核心的党中央坚持推进实事求是的方法原则在新的时代背景、时代主题下的发展运用，守正创新，科学分析新时代中国发展实践的现实国情，统筹国内国际两个大局，提出"中国特色社会主义进入新时代"的重大论断，立足"国之大者"之实，求强国建设、民族复兴之是；立足新发展阶段之实，求中国式现代化之是；立足人民民主专政之实，求全过程人民民主之是；立足社会主要矛盾新的转化之实，求人民美好生活之是；立足社会思想观念深刻变化之实，求立心铸魂之是；立足资源环境约束趋紧之实，求生态文明建设之是；立足大党独有难题之实，求全面从严治党之是；立足世界之变、时代之变、历史之变之实，求国家安全之是；立足世界百年未有之大变局之实，求构建人类命运共同体之是。坚持稳中求进工作总基调，出台一系列重大方针政策，推出一系列重大举措，推进一系列重大工作，战胜一系列重大风险挑战，解决了许多长期想解决而没有解决的难题，办成了许多过去想办而没有办成的大事，推动党和国家事业取得历史性成就、发生历史性变革，是坚持和发展实事求是思想路线的典范。守正创新是实事求是思想路线的新时代表达。

中国共产党的百年历史，就是中国共产党坚持实事求是、把马克思主义基本原理应用于中国实际的历史，就是推进马克思主义基本原理同中国具体实践相结合、同中华优秀传统文化相结合的历史。我们党百年奋斗的历史经验，证明了一个颠扑不破的真理：实事求是是中国共产党人百战百胜的强大思想武器。

第一章

实事求是的哲学意蕴与文化溯源

实事求是的哲学意蕴与文化溯源

实事求是命题的提出：汉唐经学

西汉古文经学在民间兴起时所秉持的实事求是思想

★ 五经博士的确立
★ 古文经学在民间的兴起
★ 《汉书》评价河间献王刘德"实事求是"

东汉古文经学的官学化及今古文经学融合后的实事求是思想

★ 三次论争后古文经学逐渐官学化
★ 训诂求真下的经学思想演变

实事求是思想的孕育：先秦诸子之学

实事求是思想对"是"的追求

★ "是"的古文字源头
★ 墨子"三表法"对是非之辨的判定标准
★ 稷下道家学派的求是法则
★ 荀子"虚一而静"的认识方法
★ 孔子"正名"思想中的求是

实事求是思想对"实"的追求

★ 孔子的务实
★ 荀子对天道现实的关注

实事求是思想对规律的探寻

★ 《诗经》中的"有物必有则"
★ 荀子的"天行有常"
★ 韩非子的"道"与"理"

宋明理学"即物穷理"中的实事求是

实事求是思想在程朱理学中的发展

★ 经学诠释学范式转变下对教条主义的排斥
★ 程朱理学"即物穷理"思想下对事物的求真认识

实事求是思想在陆王心学中的发展

★ 王阳明对格物致知的新解
★ 陆王心学的求理之实

实事求是思想在湖湘学派中的发展

★ 《胡氏春秋传》中经世致用思想对湘学精神的奠基
★ 胡宏、张栻的经世致用思想
★ 岳麓诸生在抗元战争中"学必实用"思想的践行

清代经学中的实事求是

明末清初实学思潮对实事求是思想的提倡

★ 心学泛滥下的实学思潮涌动
★ 东林学派对空谈学风的扭转

清代经学求真精神对实事求是思想的回归

★ 乾嘉学派考据中的实事求是
★ 考据泛滥后的流弊

晚清今文经学重举实事求是旗帜

★ 龚自珍、魏源今文经学思想中的"通经致用"
★ 康有为变法思想中的"通经致用"

实事求是思想的近代转化

晚清新思潮下实事求是思想的体用之辨

★ 张之洞推广冯桂芬的"中体西用"说，在简化"中体"的同时引入"西用"
★ 以汉学为主的传统书院开始注重近代实学
★ 古文经学长期以来的"通经致用"观念发生了动摇

近代资产阶级实业救国思潮下的实事求是诉求

★ 1905年科举与八股取士制度的废止，新式学校和学科制度的建立，使实事求是思想更加注重实学与实业
★ 一批早期民族资产阶级的代表人物将发展实业、以工立国、实现工业化为奋斗目标

实事求是思想史的发展是中国哲学中诸多学派之间相互碰撞、相互争鸣而推动的螺旋式上升过程，是一个辩证发展的历史进程，由先秦萌芽，汉唐初成，宋明发展，清初集大成，至晚清民国间实现近代转化。实事求是思想在2000年的历史发展中，包含了对经典知识的求真、对民生经济的务实以及对事物普遍规律的探求，这三方面的内容共同构成了中华优秀传统文化中实事求是思想的丰富性。“实事求是”一词最早出现在东汉班固所写的《汉书》中，在其河间献王刘德的本传中，班固以史家之笔评价刘德说：“河间献王德……修学好古，实事求是。”[①] 刘德是先秦古籍的收集整理者与古文经学的先驱者。他的实事求是思想主要表现在他治学方法的“求真”主张上。随着中国社会的发展，不同的学术流派和思潮呼应着时代需要，新旧更替，前后相随，螺旋式地发展。实事求是思想的具体形态也随着各种学术思潮的出现而逐步呈现。

① [汉]班固：《汉书》第8册，中华书局1962年版，第2410页。

第一节

先秦诸子之学与实事求是思想的孕育

先秦诸子阶段是实事求是思想的孕育与萌芽时期。具体而言，在先秦诸子争鸣中，在各个学派的思想主张中，或多或少都表现出了“求真”、“务实”与“探寻事物规律”三个方面的萌芽，尤其是从战国中晚期出现的经典文本中，我们可以观察到实事求是思想的雏形，并且其大多带有朴素的唯物主义色彩。

一、实事求是思想对“是”的追求

实事求是作为中国古代的一个命题出现，主要的一个内容在于其中的“是”字。《说文解字》说：“是，直也，从日、正。……昰，籀文是，从古文正。”段玉裁注曰：“以日为正则曰是。从日正，会意。天下之物莫正于日也。”[①] 这就是说，“是”在先秦古文中是一个会意字，表示正、直、正确的意思，与偏、曲、谬误相对立。“求是”就是“求正确”。人类社会是在对宇宙中一切事物的

① [汉]许慎撰，[清]段玉裁注：《说文解字》，上海古籍出版社1988年版，第69页。

认识中逐步发展进步的。怎样获取正确的认识，中国先秦典籍积累了丰富的智慧。段玉裁说“天下之物莫正于日也”，说明在上古农业社会中，对太阳运行轨迹的记年、记时在农业生产中是具有决定性的重要意义的。比如，古人用日晷来衡量太阳影子在表盘上的位置、长短，并由此确定一天之内的时刻，以及一年中的节气和月份。这些都需要人类对自然界进行科学观测，从而正确地判断是非。春秋时墨翟以日晷之“立朝夕”，来譬喻“求是”明辨行为的重要性：“言必立仪。言而毋仪，譬犹运钧之上而立朝夕者也，是非利害之辨，不可得而明知也。”如同日晷之“立朝夕”必须有一个标准（立仪）。如果没有标准，就如同在旋转的转盘（运钧）之上立朝夕，这样将无可明辨利害，不能“求是”。至于如何“立仪”，《墨子》提出了著名的“三表法”：“有本之者，有原之者，有用之者。于何本之？上本之于古者圣王之事。于何原之？下原察百姓耳目之实。于何用之？废以为刑政，观其中国家百姓人民之利。此所谓言有三表也。”[①] 这就是说墨家主张以书本中流传下来的前人的间接经验、以百姓在生产劳动中形成的直接经验为判断是非的依据，进一步施政于民，以人民是否收获利益、是否获得幸福为检验，并以此作为施政是非的标准。可见墨翟提出的“三表法”已经蕴含了如何判定是非的朴素唯物主义和实践检验的思想雏形。战国稷下道家学派的《管子》四篇就“求是”这个实践活动中理性“心官”和感性“感官”之间的关系展开了辩证讨论：“心之在体，君之位也。九窍之有职，官之分也。心处其道，九窍循理。嗜欲充益，目不见色，耳不闻声。故曰：上离其道，下失其事。毋代马走，使尽其力；毋代鸟飞，使弊其翼。”[②]《管子》

① 吴毓江：《墨子校注》上册，中华书局 1993 年版，第 400—401 页。

② 黎翔凤：《管子校注》中册，中华书局 2004 年版，第 759 页。

四篇的作者将认识过程中心官与感官的作用比喻为君臣间的关系，认为如果心官被欲望充盈，那么眼耳等感官就会被蒙蔽，从而无法从客观世界获取认知。所以《管子》四篇提出了“毋代马走”“毋代鸟飞”的治心原则，通过“洁其宫，开其门，去私毋言”而实现“神明若存”[①]。这种克制主观臆欲，尽量真实反映外在世界的“求是”认知方法，在后来荀子的思想中发展为“虚一而静”的主张。《荀子·解蔽》对“心何以知”的设问，回答说：“虚一而静。心未尝不藏也，然而有所谓虚；心未尝不满也，然而有所谓一；心未尝不动也，然而有所谓静。……不以所已藏害所将受，谓之虚。”[②]荀子指出，在认知过程中，应该尽量抛弃已有成见，虚心、静心、专一，才能解蔽而求是。另外，儒家创始者孔子对“求真”思想也有所提及，只是在礼制观念下，“求真”的诉求更多地表现为“名实”关系，所谓以名则实，看重的是社会关系中的名实相符：“必也正名乎！……名不正则言不顺，言不顺则事不成，事不成则礼乐不兴，礼乐不兴则刑罚不中，刑罚不中则民无所错手足。故君子之名之必可言也，言之必可行也。”虽然孔子是从礼制的恪守与僭越方面来说“名正言顺”的，但这也成为战国时期丰富的“正名”思想之滥觞。公孙龙等名辨家与墨家从逻辑学的角度对名实之辨展开了激烈的争鸣，留下了丰富的遗产。孔子在认识论方面的主张，还有“子绝四：毋意，毋必，毋固，毋我”“知之为知之，不知为不知，是知也”“我非生而知之者，好古，敏以求之者也”等。尤其是借“好古，敏以求之”一句，孔子明确地把自己定位为敏锐于求知的学而后知者，这也是后来古文经学诠释者把孔子视为“述而不作”之先师的经典依据。我们由此可以看出，古文经学者在看待先师的问题上，也是实事求是的。

---

① 黎翔凤：《管子校注》中册，中华书局2004年版，第764页。

② [清]王先谦：《荀子集解》，中华书局2012年版，第383页。

二、实事求是思想对“实”的追求

实事求是思想的另一项重要内涵，落于“实”字。传统中国是一个十分重视“实用”的社会，这一特点在先秦思想中也有所萌芽。孔子十分注重现实层面的事物，所议所论尽在可见可闻的礼乐教化之中，所以子贡说：“夫子之文章，可得而闻也；夫子之言性与天道，不可得而闻也。”战国晚期形成的《庄子·天下篇》从道家的角度总结了儒家思想：“其在于《诗》《书》《礼》《乐》者，邹鲁之士、搢绅先生多能明之。《诗》以道志，《书》以道事，《礼》以道行，《乐》以道和，《易》以道阴阳，《春秋》以道名分。”[①] 说明了先秦儒家所诵读的五经，最终目的都是落实在“志”“事”“行”“和”“阴阳”“名分”等之上，必是见用于社会的。后来今文经学所倡导的“以《禹贡》治河，以《洪范》察变，以《春秋》决狱，以（《诗》）三百五篇当谏书”[②] 的通经致用思想，毫无疑问可以在《庄子·天下篇》中找到先秦儒家的早期形态。战国大儒荀子关心的问题同样是现实的，他反对神秘化自然之天，在《天论》中，荀子说：“星坠、木鸣，国人皆恐。曰：是何也？曰无何也，是天地之变，阴阳之化，物之罕至者也。怪之可也，而畏之非也。”[③] 先秦儒家对自然世界“务实”的态度，既不同于西汉谶纬经学的虚妄不实，也与宋明理学家高谈阔论于心性玄微大不一样。可以说先秦儒家始终充满了对现实社会的关注与务实，这是儒家思想中的一条主流，一直存在于后来2000多年的文化传承之中。这也决定了儒家知识分子在主体上对实事求是的理解，是始终关注在现实层面上的。荀子标

---

① [清]郭庆藩：《庄子集释》，中华书局2013年版，第937页。
② [清]皮希瑞：《经学历史》，中华书局1959年版，第90页。
③ [清]王先谦：《荀子集解》，中华书局2012年版，第306页。

举出的“制天命而用之”的唯物主义世界观：“大天而思之，孰与物畜而制之？从天而颂之，孰与制天命而用之。”[①] 这样一种唯物主义世界观的精神，一直深刻地影响着后来中国人的思维。

三、实事求是思想对规律的探寻

实事求是思想中还蕴含了对事物规律性探索的精神。这在先秦典籍中也是广泛而隐含地存在着的，不过这个规律在诸子百家中往往有不同的语言表述，如“道”“常”“则”“理”等，其思想内涵也未必完全一样，甚至相差较大，但是“规律性”这一层含义却是共有的。如《诗经》中说：“天生烝民，有物有则；民之秉彝，好是懿德。”[②] 这个物之“则”就是指规律性。孔子整理《诗经》三百篇时说：“‘为此诗者，其知道乎！’故有物必有则；民之秉彝也，故好是懿德。”[③] 由于万事万物具有规律性，所以人们在把握了这些不变的规律之后，就有了善良的品德。这似乎有些类似于轴心时代另一位大哲学家苏格拉底的名言“美德即知识”[④]。这种从民风中采撷规律，赞扬烝民优良品质的诗作，在《诗经》中多有出现。在儒家看来，这体现了《诗》三百言志讽喻的优秀传统。战国时，荀子在《天论》中说：“天行有常，不为尧存，不为桀亡。应之以治则吉，应之以乱则凶。”[⑤] 荀子对“天道”的唯物主义表述，在剥落了巫史时代宗教之天神秘性的同时，将自然之天的客观规律性凸显了出来，也就是

① [清]王先谦：《荀子集解》，中华书局2012年版，第310页。
② 周振甫：《诗经译注》，中华书局2019年版，第495页。
③ 杨伯峻：《孟子译注》，中华书局1960年版，第75页。
④ [古希腊]苏格拉底：《苏格拉底的教化哲学》，刘烨编译，吉林出版集团有限责任公司2013年版，第186页。
⑤ [清]王先谦：《荀子集解》，中华书局2012年版，第300页。

“天行”之“常”，如果人们把握了这个“常”，就可以“制天命而用之”。战国法家集大成者韩非子也说：“道者，万物之所然也，万理之所稽也。……万物各异理而道尽。稽万物之理，故不得不化。不得不化，故无常操。”[①] 韩非子将万事万物的规律进一步区分为“道”和“理”两种：“道”是万物最普遍的共同规律，“理”则是不同类别的事物的具体性规律，并且这个具体规律是可以发展变化、与时俱进的。

从先秦诸子的经典古籍中，我们可以归纳总结出实事求是思想“求真”、“务实”和“规律探寻”三个方面的内涵，在先秦时期均以思想史早期的形态存在着，体现了先秦劳动人民朴素的唯物主义世界观和方法论。随着战国后期大一统局面的加速形成，诸子百家思想逐渐融合，百虑而一致。实事求是命题的正式产生，也随着秦汉的一统而呼之欲出。

---

① [清] 王先慎：《韩非子集解》，中华书局 1998 年版，第 146—147 页。

第二节
汉唐经学与实事求是命题的提出

汉唐经学分为今文经学与古文经学两大派别。今文经学在西汉初最早确立为官学，而古文经学长期在民间流传，最早的倡导者之一就是河间献王刘德。古文经学由于在文字形态、文本内容以及思想主张上与今文经学存在差异，在西汉时期长期受到汉武帝等的排斥。但古文经学相对更注重名物训诂，远离迂阔而神秘的阴阳谶纬，所以延续了先秦思想中的“求真”精神，也第一次被史家评价为“实事求是”。东汉经学经历过多次古今文争论，在争论中，两家思想逐步融合，至隋唐，儒家经文的阐释学发展到了新的高峰，唐代经师在对五经的正义中，引经据典，必求其真，但同时也带来了烦琐化的倾向。

一、西汉古文经学在民间兴起时所秉持的实事求是思想

汉武帝罢黜百家、独尊儒术以后，儒家思想成为中国社会主流的意识形态。然而此时的先秦儒家典籍，经过秦火焚烧之后所剩无几。所以在汉初文景时代，伏生等第一代经师凭借残存的典籍和记忆，用汉代的隶书把先秦五经

重新书写出来，并加以解释，这就形成了今文经学。为使今文经学成为朝廷官学，汉武帝始置五经博士，以一经一师确立博士官，由于《诗经》人才缺乏，实际只立了四经博士。据《汉书·儒林传》记载:“自武帝立五经博士，开弟子员……初,《书》唯有欧阳,《礼》后,《易》杨,《春秋》公羊而已。”① 随着西汉今文经学的发展、家法的分化以及博士官确立的争夺，一经多师现象逐渐出现，汉宣帝时已立十二博士，至东汉初光武帝时，确立五经博士达十四家之多，分别是申培、辕固、韩婴所传《诗经》，欧阳生、夏侯胜、夏侯建所传《尚书》，戴德、戴圣所传《礼记》，施雠、孟喜、梁丘贺、京房所传《周易》，严彭祖、颜安乐所传《公羊春秋》。这十四家全是今文经学。

然而自西汉初年，民间就不断地有先秦古籀文书写的经书被发现，并被私下地结集和整理，因为它是以古文字的形式面世的，所以被称为古文经。民间流传的古文经并没有受到汉初中央政府的认可或重视，也就没有被立为官学。在刘歆效力于王莽之前，古文经始终在民间流传，支持古文经的人中地位最高者就是河间献王刘德。与朝廷诏令耆老硕德讲学于学官、经师家法相传的今文经学传授系统不同，据《汉书》记载，古文经和古文经学的来历大约有以下几种：其一，古籍来源于孔子故宅等老屋的复壁密室中，为秦时所藏，在汉初被发现。“武帝末，鲁共王坏孔子宅，欲以广其宫，而得《古文尚书》及《礼记》《论语》《孝经》凡数十篇，皆古字也……孔安国者，孔子后也，悉得其书，以考二十九篇，得多十六篇。安国献之，遭巫蛊事，未列于学官。”② “《礼古经》者，出于鲁淹中及孔氏，与十七篇文相似，多三十九篇。”③ 其二，来源于河间

① [汉]班固:《汉书》第11册，中华书局1962年版，第3620—3621页。
② [汉]班固:《汉书》第6册，中华书局1962年版，第1706页。
③ [汉]班固:《汉书》第6册，中华书局1962年版，第1710页。

献王的搜集。“河间献王德，以孝景前二年（前155年）立，修学好古，实事求是。……四方道术之人不远千里，或有先祖旧书，多奉以奏献王者，故得书多，与汉朝等。……献王所得书，皆古文先秦旧书，《周官》《尚书》《礼》《礼记》《孟子》《老子》之属，皆经传说记，七十子之徒所论。其学举六艺，立《毛氏诗》《左氏春秋》博士。”[①] 可见河间献王刘德对古文经学兴起作出了巨大的贡献。刘德是景帝之子，汉武帝刘彻的同父异母兄，景帝时被封在比邻齐鲁孔孟之乡的河间赵地，加上他酷爱儒学，所以收集来的古文先秦旧书最为丰富。司马迁记载：“河间献王德……好儒学，被服造次，必于儒者，山东诸儒，多从之游。”[②] 甚至有人说“天下雄俊众儒皆归之”[③]。比较典型的是赵人毛苌，自谓从孔子弟子子夏那里相续传得《诗经》，献给刘德，“河间献王好之”，乃立为“河间献王博士”。这使得河间献王拥有的古籍数量不仅“与汉朝等”，而且私立博士官，颉颃中央，更为关键是与朝廷所立《鲁诗》《齐诗》《韩诗》在篇章、内容、诠释发挥上标新立异。此举引起了汉武帝刘彻的猜忌。《西汉文记》记载：“孝武帝艴然难之，谓献王曰：汤以七十里，文王以百里，王其勉之！”显然，汉武帝刘彻认为刘德对儒家经典诠释话语权的掌控已对自己的权力基础构成了威胁，刘德不得不“知其意，归即纵酒听乐，因以终”[④]。今文经学掌控儒家经典诠释话语权的局面在西汉持续了较长时间，直到西汉末年，刘歆在王莽支持下才将古文经短暂地立于学官，但是随着王莽改制的失败，很快又被废止了。这就是说，在西汉的绝大部分时间内，古文经学都是被朝廷排

---

① [汉]班固：《汉书》第8册，中华书局1962年版，第2410页。
② [汉]司马迁：《史记》第6册，中华书局1959年版，第2093页。
③ [汉]司马迁：《史记》第6册，中华书局1959年版，第2094页。
④ [清]纪昀等编著：《文渊阁四库全书》第1369册，北京出版社2012年版，第588页。

斥的，以至于只能在民间流传。

历史记载，古文经采用籀书写成（有学者认为是战国时期东方六国的文字），在文字形式上与今文经学的隶书不同。更重要的是，今古文经在字句、篇章、内容和诠释上的不同，带来了师承不同以及经师利益分配的不同。例如，在对待孔子的看法上，今古文经师的看法就大相径庭。今文经学推崇孔子，把孔子看作政治家，认为孔子是素王，功在改制，所以在解释五经尤其是《公羊春秋》时偏重“微言大义”，甚至“极精而有用。以《禹贡》治河，以《洪范》察变，以《春秋》决狱，以（《诗》）三百五篇当谏书”。再加上与西汉时流行的阴阳五行谶纬思想结合在一起，今文经学多少带有些迂阔、神秘和不切实际的弊病。[①] 相对而言，古文经学推崇西周初年辅佐周室、制礼作乐的周公姬旦，把孔子看作祖述周公的历史学家，他们认为孔子“述而不作”，对五经的处理只是删削整理。所以古文经学偏重于对经典的“名物训诂”，其特色是考证性的。除去文字形态和政治地位上的不同，就学派的思想性主张而言，古文经学比较明显的一个特点就是反对今文经学可能流于的附会虚妄，如

① [清] 皮希瑞著，周予同注释：《经学历史》，中华书局 2012 年版，第 56 页。周予同解释说：以《禹贡》治河，盖指平当。《汉书·平当传》云“当以经明《禹贡》，使行河”。以《洪范》察变，盖指夏侯胜。《汉书·夏侯胜传》云“胜当乘舆前谏曰：天久阴而不雨，臣下有谋上者……召问胜，胜对言在《洪范传》”。以《春秋》决狱，盖指董仲舒，《汉书·艺文志》云“《公羊董仲舒治狱》十六篇”。以三百篇当谏书，盖指王式，《汉书·儒林传》云“式对曰：臣以三百五篇朝夕授王，至于忠臣孝子之篇，未尝不为王反复诵之也”。克实而论，今文经学以经文作治术的做法在“通经致用”的同时带有一定的偶然性，甚至附会、神秘的成分，这与西汉谶纬学的流行是有一定关联的。这也是清末以后，在新思潮的冲击下，2000 多年的“通经致用”观念遭遇冲击，实事求是思想摆脱了传统儒经的束缚，向更切实际的“真实处”转向的历史原因。此问题将在本章末节详论。

同班固褒扬河间献王刘德时所说的为学“实事求是”——这也是“实事求是”一词最早在中国思想史上被提出的地方。刘德“从民得善书，必为好写与之，留其真，加金帛赐以招之”[①]。所以我们可以说“实事求是”在中国思想史上第一次被完整提出的时候，就是以考据学、历史学上“求真”的面目出现的。这与先秦史学“求真”的精神是一脉相承的，也为后世古文经学中发展出乾嘉考据学派奠立了基础。

虽然在西汉时长期处于“私学”的地位在民间流传，但古文经学在西汉末年因刘歆的倡导顿为“显学”。据传刘歆跟随其父刘向在朝廷秘府整理古籍时，发现了鲁壁所出并由孔安国传授注释的《古文尚书》和《逸礼》，于是他向汉哀帝建议列古文于学官。汉哀帝下诏征求臣下的意见，毫无疑问，这项改革计划遭到了今文博士的抵制和冷处理，他们“不肯置对”。刘歆对此十分恼火，立即写就了一篇《移让太常博士书》的檄文。这是经学史上的名篇，该文虽然在道理辨析上有较为充分的理据，但言辞激烈，冲撞当权官僚，所以也激起了今文经学官的集体反击。他们纷纷弹劾刘歆“改乱旧章，非毁先帝所立”[②]。刘歆被迫离开京师，直至病退。汉平帝即位后，王莽自比周公，操纵朝政，重新起用刘歆。古文经学阴差阳错地成为王莽篡汉的工具，被康有为等诟病，加上古文经后出于民间，有些篇章始终存在伪造的嫌疑和可能，使它的实事求是的主张与其自家文献的“辨真”之间存在一个难以道明的鸿沟，或者说存在不能自圆的矛盾。所以，我们认为实事求是命题在西汉古文经学治经史上第一次被提出的时候，经学家们对“求真”的认识还处于起步阶段，但不可否认其思想的种子已经萌芽，而“求真”理念的发展成熟是在后来随着社会生产

① [汉]班固:《汉书》第8册，中华书局1962年版，第2410页。
② [汉]班固:《汉书》第7册，中华书局1962年版，第1972页。

力的发展而逐步实现的。

二、东汉古文经学的官学化及今古文经学融合后的实事求是思想

东汉时期，古文经学虽然处于被动的局面，但与今文经学发生过三次论争，产生了较大的影响，并逐渐获得了朝野的同情与支持。

第一次论争发生在光武帝建武年间。尚书令韩歆上疏要求为古文传承的费氏《易》《左氏春秋》立博士，光武帝诏令臣议，今文经学学官仍然保持保守的立场，排斥古文经学，竭力反对朝廷设立古文博士。在他们看来：第一，经典必须是先圣孔子所作，而《左传》是左丘明所传，不该立为经学博士。第二，今文经学师徒相传，其传承脉络是清晰明确、官史档案中有明确记载的，而古文经一直流传于民间，来历存疑，师徒之间授受不明，存在伪作的可能。第三，西汉并没有确立起稳定的古文经学学官制度。其中的代表人物博士官范升说："《左氏》不祖孔子，而出于丘明，师徒相传，又无其人，且非先帝所存，无因得立。"由于西汉名史司马迁在《史记》中多处引用了《左传》，使得《左传》的可信度大为增加，光武帝遂立李封为《左传》博士。但李封被立博士后不久就去世了，《左传》博士之位无人继承，这一古文经博士就又被废除了。

第二次论争发生在汉章帝建初元年（76 年）。古文经学家贾逵上疏朝廷，建议将《左氏春秋》《古文尚书》立为博士，受到了汉章帝的欢迎，但遭到今文学家李育的反对。建初四年（79 年），白虎观讲议将论争推向了高潮，双方的言辩最终由班固辑为《白虎通义》。从此开始，古文经学在朝廷的地位逐渐巩固，不再如西汉时那样在民间流传。不仅汉章帝本人喜好古文经学，奉旨编撰《白虎通义》的班固等也都是偏向古文经学的儒生。通过第二次论争，今古

文经学发生了第一次融合。我们从中可以看到，正是由于班固对古文经学的同情，他在正史《汉书》中，对古文经的源头做出了客观的评价，并且第一次揭橥出了古文经学在文献考据上实事求是的治学特征。

由于古文经学长期在民间流传，远离朝廷学官，也就较少地沾染“上者奉之以进身，下者持之以糊口”的“利禄之学”的弊病。清代经学大师刘师培也因此褒扬古文经学“不以显讳易其心，故精殚思，实事求是”。所以说实事求是的学风与古文经学远离权势的发展史是有关联的。侧重实事考证的古文经学，从汉代开始就留意于文字训诂，反对疏阔玄远的穿凿附会，这是有别于讲求“微言大义”的今文经学的。贾逵的弟子许慎继承了古文经学先驱刘德广事搜取的务实学风，从汉和帝永元十二年（100年）至安帝建光元年（121年），耗时21年，上求京师秘府，下搜古简逸文，完成了我国第一部文字学专著《说文解字》。许慎撰著一丝不苟，直到最后病中，才命儿子将定稿上交朝廷。《说文解字》经过他的反复推敲琢磨，收录540个部首、9000多个汉字，堪称呕心沥血之作。后世声名大振的“说文学”就是在许慎学问的基础上形成的，这不仅发清代朴学之先声，而且使得文字学在近代逐步发展成为专门的语言哲学的学科。

第三次论争也是最后一次今古文经学的论争发生在汉桓帝时。主张今文经学的何休作《春秋公羊解诂》《公羊墨守》《左氏膏肓》《穀梁废疾》诸书，对古文经学发起批评。同时代的经学大儒郑玄作《发墨守》《箴膏肓》《起废疾》等文予以驳斥。由于郑玄治学兼通古今，知己知彼，所以何休不得不折服叹曰：“康成（郑玄）入吾室，操吾矛以伐我乎！”这是后来成语“同室操戈”的出处。虽然郑玄袒佑古文经学，驳斥了何休等今文经学家的非难，但实际上是糅合了古今文的思想特点而自成一家。郑玄广学博闻，兼采古今，遍注群经，史称“郑学”。例如，郑玄之笺《诗经》以古文《毛诗》为主，但又兼采鲁、韩、齐三家。唐代孔颖达、贾公彦对“十三经”疏释时，多以郑玄注为底本。郑玄的经注如此流行，以至于齐、鲁、韩三家之《诗》，欧阳、大小夏侯的《尚书》等今文经学逐渐失传。郑学的兴起，标志着经学今古文之间的关系由对立逐渐走向了融合。

走向融合后的今古文经学，继承了古文经学名物训诂上的实事求是传统。隋唐经学对文字的考订十分认真，引经据典，必求其真。唐代经师对经典的整理，包括对经典重要性的排序，家法、师法传承的考证梳理，都本着实事求是的治学态度。唐代陆德明的《经典释文》可以说是唐代经学集大成的一部作品，对十二部儒家经典进行了注音释义，初步形成了儒家“十三经”的经典体系雏形。由于唐初科举制度的需要，孔颖达《五经正义》、唐玄宗御注《孝经》等官方主导的经典定本成为科举考试的标准教材。唐太宗李世民曾经夸赞孔颖达编撰的《五经义赞》道：“卿等博综古今，义理该洽，考前儒之异说，符圣人之幽旨，实为不朽。”[①] 并赐名为《五经正义》，交付国子监作为科举考试的教材。圣颁“正义”，当然具有了官方权威性，排除了民间对经典的解释。与此同时，唐代解经也走向了烦琐，一字音训，动辄数百言，往往使人望而生畏。可以说汉代经学发展至唐代，虽然在史料、文字的考证上充分实现了“求真”“务实”的目的，但由于出现教条化和烦琐化的弊端，渐失学术之真谛。儒家思想的精髓毕竟不在区区文字上，而必落实于经邦治国之道上。这就说明唐代经学已经走到了史学式经学的顶峰，开始孕育经学的新转向——宋明理学。这个转向也必然会带来对实事求是思想的新诠释。

① ［后晋］刘昫等：《旧唐书》第 8 册，中华书局 1975 年版，第 2602—2603 页。

第三节
宋明理学中的“即物穷理”

由于汉唐经学的烦琐化弊端日渐呈现，北宋学者开启了对儒家经典的新的阐释范式，他们在阐释经典时，不再追求对古典经文逐字逐句的解释，而转向对经文承载之“道”的探求。宋明理学家追求的万物之“理”、古今之“道”蕴含了对宇宙万物规律普遍必然性的探求，这也是传统实事求是思想的一个重要内涵。宋明理学家提出了“即物穷理”的命题。同时以湖湘学派为代表的南宋理学在“穷理”的总诉求下，大力主张抗金救国、经世致用，这也使得南宋实事求是思想中“务实”的面向得以彰显。

一、实事求是思想在程朱理学中的发展

北宋理学的产生意味着从汉代发端的经学诠释学进入了第二个重要阶段：理学阶段。周予同说：“宋学以孔子为哲学家，以六经为孔子载道之聚，所以

偏重于心性理气，其特色为玄想的，而其流弊为空疏。”[①] 宋明理学和汉唐经学一样，是对先秦儒家经典的诠释，只不过它的诠释方法与汉唐经学注重名物训诂不太一样，而是要发掘名物背后的心性命理之道，也就是将名物作为一种存在现象，探索其背后所以然的规律。用现代哲学的话来说，就是寻找物之所以是的依据。这种探寻规律、道理的学问，同样离不开实事求是。宋明理学对宇宙间万事万物规律的“求是”，为后来实事求是思想看重事物的客观规律性提供了传统文化的来源和依据。

实事求是思想的规律性，在宋明理学那里，表现为一个“理”字，也称之为“道”。冯友兰指出，周敦颐《通书》中所说的“一阴一阳之为道”指的是宇宙事物的演化及其规律。[②] 在二程看来，“事物时时刻刻都在变化之中。变化有一定的规律，这就是‘道’，也就是‘性命之理’”[③]。北宋理学家扭转了汉唐经学逐字逐音训释先秦经典的诠释传统，认为应该通过周公、孔、孟的圣人言说，探寻天地万物所以然的必然规律，追问人作为社会存在，其价值意义所寓的“孔颜乐处”。于是，从北宋开始，实事求是的“求真”工夫不再拘泥于字音之上，而是在训诂之外的义理体悟上，在宋明理学家看来，这当然是一种务实。所以程颢说：“吾学虽有所授受，天理二字却是自家体贴出来。”[④]“（太虚之中）无非理也，惟理为实。”[⑤]

在经典的安排上，宋明理学与汉唐经学有所不同，朱熹强调了“十三经”

① 周予同著，朱维铮编校：《经学和经学史》，上海人民出版社 2012 年版，第 3 页。

② 冯友兰：《中国哲学史新编》下册，人民出版社 1998 年版，第 70 页。

③ 冯友兰：《中国哲学史新编》下册，人民出版社 1998 年版，第 134 页。

④ ［宋］程颢、程颐：《二程集》，中华书局 1981 年版，第 424 页。

⑤ ［宋］程颢、程颐：《二程集》，中华书局 1981 年版，第 1169 页。

中的《论语》和《孟子》二书，并且把《礼记》中的《大学》和《中庸》两篇单独提取出来，合称“四书”，置于《诗》《书》《礼》《易》《春秋》之前，故称“四书五经”。到了元明时期，科举考试甚至以朱熹的《四书集注》作为解释经义的标准读本。所以有人说儒经的诠释学从汉唐的以“五经”为重点，转变成了宋元明清的以“四书”为首要。而位列“四书”之首的《大学》第一章中就有这么一段话：“古之欲明明德于天下者，先治其国；欲治其国者，先齐其家；欲齐其家者，先修其身；欲修其身者，先正其心；欲正其心者，先诚其意；欲诚其意者，先致其知，致知在格物。物格而后知至，知至而后意诚，意诚而后心正，心正而后身修，身修而后家齐，家齐而后国治，国治而后天下平。”① 这一段话后来被称为“大学八条目”，即格物、致知、诚意、正心、修身、齐家、治国、平天下，成为儒家知识分子修养工夫、践行操履的八个经典步骤。其中修身、齐家、治国、平天下的外王工夫必由格物、致知、诚意、正心的内圣修养发展而来。而自我修养的最初一步，在《大学》里被称为“格物”。对格物的诠释尽管在宋明理学不同学派之间存在一定差异，但对于求得性理的初始工夫而言是首要的，这是各个学派都认同的。

按朱熹的解释：“致推极也。知，犹识也。推极吾之知识，欲其所知无不尽也。格，至也。物，犹事也。穷至事物之理，欲其极处无不到也。”② 所谓“格物致知”，用今天的话说，就是接触事物，推及知识，使主观的认知无所不尽，对事物之理无所不穷。所以说在南宋时，接近于近代哲学中朴素的唯物主义认识论的观点已经在程朱一派的理学家中萌芽了。朱熹不仅要求认识主体在认识活动中主动接近、触及事物，而且要求认识主体在接触事物后，增长知

① 王国选译注：《大学 中庸》，中华书局 2007 年版，第 4—5 页。
② ［宋］朱熹：《四书章句集注》，中华书局 1983 年版，第 4 页。

识，举一反三，归纳推广事物中蕴含的普遍规则和物理。尤其值得注意的是，朱熹在整理《大学》经文时，认为现存版本在解释“格物致知”时，由于脱简等原因缺失一段文字，“盖释格物致知之义，而今亡矣”。朱熹不拘泥于汉唐经师以经书为金科玉律的陈规，发挥二程对“格物致知”的解释，增补了一段文字，这就是后来称为“朱子补传”的一段《大学》传文，兹录于下：

所谓“致知在格物”者，言欲致吾之知，在即物而穷其理也。盖人心之灵莫不有知，而天下之物莫不有理，惟于理有未穷，故其知有不尽也。是以《大学》始教，必使学者即凡天下之物，莫不因其已知之理而益穷之，以求至乎其极。至于用力之久，而一旦豁然贯通焉，则众物之表里精粗无不到，而吾心之全体大用无不明矣。此谓物格。此谓知之至也。[①]

朱熹这里将“心知”与“物理”相对应，认为只有“穷理”方能“尽知”。要求学者主动触及天下之物，使得自己的知识从已有的认知扩展到未曾有的认知。一旦豁然贯通，把握了事物的普遍规律，则事物的“表里精粗”等属性，必然在心中朗然呈现。朱熹认为，这就是《大学》始教的“格物致知”的认识和实践过程。在宋明理学家那里，这也被称为“工夫论”。

二、实事求是思想在陆王心学中的发展

关于格物致知的认识论，我们还应该看到，不同的理学家之间存在着一定的差异。比如，与朱熹生活在同一时代的陆九渊以及后来的明代大儒王阳

① 王国选译注：《大学 中庸》，中华书局 2007 年版，第 17 页。

明形成的陆王心学一派，就对二程、朱熹的“格物说”持有不同意见。王阳明认为，“格字之义，有以至字训者，如‘格于文祖’‘有苗来格’，是以至训者也”，但是“格物致知”的格不能作“至”训[1]，应当“格物如《孟子》‘大人格君心’之格，是去其心之不正，以全其本体之正。但意念所在，即要去其不正以全其正，即无时无处不是存天理，即是穷理”[2]。《传习录》中更记载了一则关于阳明格竹的典故，形象地说明阳明心学与朱子理学之间的不同。

众人只说“格物”要依晦翁，何曾把他的说去用！我着实曾用来。初年与钱友同论做圣贤要格天下之物，如今安得这等大的力量？因指亭前竹子，令去格看。钱子早夜去穷格竹子的道理，竭其心思，至于三日，便致劳神成疾。当初说他这是精力不足，某因自去穷格，早夜不得其理，到七日，亦以劳思致疾，遂相与叹圣贤是做不得的，无他大力量去格物了。及在夷中三年，颇见得此意思，方知天下之物本无可格者；其格物之功，只在身心上做；决然以圣人为人人可到，便自有担当了。这里意思，却要说与诸公知道！[3]

在王阳明看来，像朱熹那样向外格取窗外竹子之理，只会让自己劳思成病。“格”应该是去心之不正，是向内心的反省工夫，故求理“只在身心上做”。后人把朱熹和王阳明这两种诠释差异，借《中庸》中的话称为“道问学”与“尊德性”的不同。朱熹的总体看法是学以成圣，通过道问学的向外格物获

① [明]王阳明撰，王晓昕译：《传习录译注》，中华书局2018年版，第213页。
② [明]王阳明撰，王晓昕译：《传习录译注》，中华书局2018年版，第29页。
③ [明]王阳明撰，王晓昕译：《传习录译注》，中华书局2018年版，第498页。

取对天理的把握；而王阳明则以尊德性统摄道问学，“道问学即所以尊德性也。晦翁言‘子静以尊德性诲人，某教人岂不是道问学处多了些子’，是分‘尊德性’‘道问学’作两件。且如今讲习讨论，下许多工夫，无非只是存此心，不失其德性而已”①。虽然儒家的主张一贯以伦理道德为主，最终的知识对象往往隶属于修身成圣的终极目标，但也不能完全排除他们对“物理”即事物规律的求真务实。尽管朱熹是更多地通过向外的途径格物，而王阳明是更多地从本体心性处下手，但毕竟伦理和物理在理学的世界观中是贯通的，此即朱熹在《大学补传》中所说的“天下之物莫不有理”，格物作为修养的一门工夫，最终目的还是在“求理”之实。这个对天地人伦间“实理”的把握，不论在程朱理学，还是在陆王心学那里都是要通过“格物”来实现的。这也就是宋明理学的“格物穷理”中体现出来的实事求是的精神。

三、实事求是思想在湖湘学派中的发展

程朱理学与陆王心学是宋明理学中的两大重镇，他们都通过“格物穷理”的哲学思辨，阐释了对蕴含于天地万物之中“实理”的追求，彰显了宋明儒家对自然万物、社会人伦中客观规律的求真务实的探索精神。除此之外，宋明理学中还有一些学派具有实事求是精神的独特风格，如以“体用合一”“经世致用”主张见长的南宋湖湘学派的代表人物胡安国、胡宏和张栻等人。

胡安国是湖湘学派的创始人，时值两宋更替之际，胡安国与子侄及学生长期隐居著述于潭州的南岳衡山与碧泉书院。胡安国少年时曾游历太学，遍

① [明]王阳明撰，王晓昕译：《传习录译注》，中华书局2018年版，第506页。

览群经，尤其擅长《春秋》。晚年的胡安国在授徒之余，潜心完成《胡氏春秋传》。《春秋》在“五经”中本就是一部专门讲述尊王攘夷、王道政治的儒家经典，在金兵逼迫、家国忧患之际，胡安国毕其心力凝聚而成的《胡氏春秋传》，被宋高宗高度评价为“深得圣人之旨”。到元延祐二年（1315年），《胡氏春秋传》甚至被立于学官，成为科举取士的教科书，影响深远。较之以往的《公羊》《穀梁》《左传》三传，《胡氏春秋传》糅理学与经传于一体，凸显出通经致用的实事求是学风，对南宋以后的政治哲学产生了巨大的影响。在该书中，作者对时政的关心随处可见，尤其与抗金相关的夷夏之辨，胡氏三致意焉。胡安国每每借助《春秋》史事表达对现实政治的褒贬。如在对庄公九年“公与齐大夫盟于蔇”一段经文的传释中，胡安国写道：“讥公之释父怨亲仇雠也。……怨莫甚乎父母之仇，而德莫重乎安定其国家而图其后嗣也。有父之仇而不知怨，乃欲以重德报之也，则人伦废，天理灭矣。”[①] 鲁庄公之父桓公曾被齐襄公手下彭生杀死，而此时又与齐国结盟于蔇。胡安国对这种不合礼制的行为给予辛辣讽刺，借以抨击在徽钦二帝被掳的时局下，南宋投降派仍与金兵媾和，胡安国以春秋笔法贬之为人伦废弃以及天理的丧失。所以《胡氏春秋传》既张扬了《公羊春秋》以来使“乱臣贼子惧”的微言大义，又将理学的天理人伦贯穿于治国、平天下的经世致用之中。

胡宏是胡安国之子，自幼继承其父对家国的忧患意识和经世情怀，拒绝与秦桧等权臣同流合污，甘居山林讲学。在《与秦桧书》中，胡宏写道：“稽诸数千年间，士大夫颠冥于富贵、醉生而梦死者，无世无之，何啻百亿？虽当时足以快胸臆、耀妻子，曾不旋踵而身名俱灭。某志学以来，所不愿也。至于杰然

① [宋]胡安国：《春秋传》，岳麓书社2011年版，第86页。

自立志气，充塞乎天地，临大节而不可夺，有道德足以赞时，有事业足以拨乱，进退自得，风不能靡，波不能流，身虽死矣，而凛凛然长有生气，如在人间者，是真可谓大丈夫矣。……长沙湘西岳麓书院……湘山负其背，文水萦其前，静深清旷，真士子修习精庐之地也。……今若令潭守与漕臣兴复旧区，重赐院宇，以某有继述其先人之志，特命为山长……于以表朝廷崇儒广教之美。”[①] 胡宏在信中明确拒绝了秦桧的招徕，指斥其“颠冥于富贵、醉生而梦死”，预言其“不旋踵而身名俱灭”。胡宏以宋儒的担当精神，极大张扬了孟子以来“自立志气，充塞乎天地”的大丈夫豪气。胡安国、胡宏父子这种活用经典于现实政治的做法，正是使孔孟精神千百年后重新焕发生机的真正“实用”。这种经世致用的学术诉求并不像两汉经学那样，汲汲于博士官的名利而争论不休，它表现为胡宏以一介布衣的身份，隐居山林“议而不治”[②]。胡宏积极地谋求岳麓书院的复建，为的是把这种经世致用的实践精神，借助书院这个传统的儒家思想载体传承下去。虽机缘未熟，但这个愿望最终在其弟子张栻那里获得了实现。

南宋乾道二年（1166年），湖南安抚使刘珙修复岳麓书院，请张栻主讲其中。张栻不仅是胡宏的入室弟子，而且其父是南宋抗金名将张浚，一生以收复中原为志向。这奠定了岳麓书院经世致用、爱国为民、不惧牺牲的治学传统。宋末德祐元年（1275年），在抗击元兵入侵的战役中，“岳麓诸生荷戈登陴，死者十九”[③]。这不能不说是张栻主持岳麓书院后，湖湘理学“学必实用”思想在具体社会中的贯彻落实。

---

① [宋]胡宏著，吴仁华点校：《胡宏集》，中华书局1987年版，第104页。

② 朱汉民：《湖湘学派史论》，湖南大学出版社2004年版，第89页。

③ [清]黄宗羲著，陈金生、梁连华校：《宋元学案》第1册，中华书局1986年版，第13页。

第四节
清代经学中的实事求是

明代后期，心学末流泛滥，在解放思想的同时，也渐渐产生了空疏虚妄的弊病。明末清初，一批儒家士大夫在对阳明心学进行总结的同时，开始倡导“实学”。乾嘉时期，一部分学者延续了东汉古文经学的“求真”精神，不尚空谈，所议皆主实证，纷纷以实事求是来自我标榜。稍后，另一批学者发扬了西汉今文经学微言大义的传统，在“通经”的名义下，倡导致用，将传统实事求是思想中的求真与务实两方面内容统一起来，在数千年未有之大变局下，推动了近代的维新变法。

如果说汉唐经学在文献学、历史学领域表现出了实事求是思想对音义训诂的求真精神，宋明理学在哲学领域表现出了实事求是思想对实理的归纳，对客观规律的探索精神，以岳麓书院为重镇的湖湘学派在讲求性理的同时，看重实事求是思想的学以致用、经世致用的实践层面，那么清代经学中的实事求是精神则主要表现在两个方面：其一是清代朴学对古文经学求真的回归与超越；其二表现在清代中后期今文经学在“通经”的基础上，发扬湖湘学派经世致用的传统。前者主要体现在史学、文献学领域，也对近代文字学、音韵学、版本学、目录学、考据学，甚至数学、物理学等近代学科的引入与建立提供了先期准备；后者在晚清成为资产阶级改良主义思潮的重要组成，并进一步推动了实事求是思想的近代转化。

一、明末清初实学思潮对实事求是思想的提倡

明代中后期，阳明心学崛起并迅速传播。在王阳明及其弟子王龙溪时代，王学中人尚且强调“儒者之学，务于经世”[①]。王阳明甚至亲自平定了宁王朱宸濠叛乱。然而正如黄宗羲所说：“阳明先生之学，有泰州、龙溪而风行天下，亦因泰州、龙溪而渐失其传。……泰州之后，其人多能赤手以搏龙蛇，传至颜山农、何心隐一派，遂非名教之所能羁络矣。”[②] 在明清之际提倡实学的一批学者看来，阳明学中的诸多唯心命题，如“心即理”“心外无物”“心外无理”“无善无恶心之体”等，在一定条件下合理的解释尚能契合孔孟心传，不至于离经叛道。但如果不受约束，像王学末流那般，把心体的地位无限扩大化，往往会造成“袭语录之糟粕，不以六经为根柢，束书不观，但从事于游谈”[③] 的空疏虚妄的流弊。杜国庠先生批评“六经注我”的传统时指出：“主观主义者，蔑视客观、脱离客观，不以客观为标准。故其所谓理者，常是高下在心，恣意说话，其引用解释前人的言论，也往往断章取义，任意附会，不惜强使古人以就自己。”[④] 事实上，明代中期以后，泛滥的心学在主观主义流行

① ［明］王畿：《王龙溪全集》第 3 册，华文书局 1970 年版，第 1200 页。
② ［清］黄宗羲：《明儒学案》，中华书局 2008 年版，第 703 页。
③ ［清］江藩著，锺哲校：《国朝汉学师承记》，中华书局 1983 年版，第 126 页。
④《杜国庠文集》，人民出版社 1962 年版，第 477 页。

下，脱离现实、率性附会，高谈阔论、凌虚蹈空，已经较为严重地脱离实事求是的治学态度。在晚明天启、崇祯二朝，士人集团内部已酝酿了治学取向的新转化。

万历、天启年间兴起的东林学派，就以程朱正学为标榜，反对蹈虚空谈，提倡经世致用。以顾宪成、高攀龙、赵南星、冯从吾、邹元标等为首的一批儒家士大夫，共同结成“天下东林讲学书院”[①]，风气相投，倡导“有用之学”。高攀龙明确说出：“若是个腐儒，不通事务，不谙时事，在一身而害一身，在一国而害一国，当天下之任而害天下。”[②]在反对“不谙时事”空谈心性的学风下，东林书院一堂师友，冷风热血，洗涤乾坤，践行了“风声雨声读书声声声入耳，家事国事天下事事事关心”的实践理学和儒家情怀。

二、清代经学“求真”精神对实事求是思想的回归

然而清初，统治阶级在“黜异端以崇正学”的名义下，表面上推崇以程朱理学为道统的儒学，但实际上加大了对儒学的管控力度，大兴文字狱。康熙、雍正、乾隆三朝被记载下来的较为严重的文字狱就有40起左右，如著名的“庄廷龙《明史稿》案”“戴名世《南山集》案”“吕留良《文选》案”等。在文字狱的打击下，不少儒生开始回避现实，躲避政治，东林书院倡导的经世致用之

①《明史·熹宗本纪》载：“（天启五年）八月壬午，毁天下东林讲学书院。”该名实为东林学派的敌对者所加，但也不是不可接受。无锡的东林书院、京师的首善书院以及关中书院、江右书院等，不论是在讲学风格上对程朱的推崇，还是在政治诉求上对议政的积极参与，都是接近的，共同反映出明末学风开始“丕变”（陈垣语）的先兆。

②《东林书院志》整理委员会整理：《东林书院志》，中华书局2004年版，第89页。

学昙花一现，旋即被埋没。曾经被宋学抛弃的汉唐古文经学中的音训考据，在清初死灰复燃式地迅速发展起来，甚至成为一门显学。梁启超对此总结道：

吾尝言当时“经世学派”之昌，由于诸大师之志存匡复。诸大师始终不为清廷所用，固已大受猜忌。其后文字狱频兴，学者渐惴惴不自保，凡学术之触时讳者，不敢相讲习。然英拔之士，其聪明才力，终不能无所用也。诠释故训，究索名物，真所谓“于世无患，与人无争”，学者可以自藏焉。又所谓经世之务者，固当与时消息，过时焉则不适且。治此学者既未能立见推行，则藏诸名山，终不免成为一种空论。等是空论，则浮薄之士，何尝不可剿说以自附？附者众则乱真而见厌矣。故乾嘉以降，此派衰熄，即治史学地理学者，亦全趋于考证方面，无复以议论行之矣。①

以“诠释古训，究索名物”见长的考据学派在乾嘉朝一枝独秀起来，乾嘉之学因此被称为考据学。因其朴实无华，又被称为朴学。乾嘉考据学与侧重“大学三纲领”“大学八条目”的宋明理学的关注点有所不同，往往自称小学。因为延续了汉代古文经学的“实事求是，无征不信”的传统，乾嘉考据学也被宽泛地称为汉学。梁启超在《清代学术概论》中对乾嘉考据学给出了一个概括：“其治学根本方法，在‘实事求是’‘无征不信’。其研究范围，以经学为中心，而衍及小学、音韵、史学、天算、水地、典章制度、金石、校勘、辑逸等等。而引证取材，多极于两汉，故亦有‘汉学’之目。”②其中著名的代表人

① 梁启超著，朱维铮导读：《清代学术概论》，上海古籍出版社2019年版，第46—47页。
② 梁启超著，朱维铮导读：《清代学术概论》，上海古籍出版社2019年版，第7—8页。

物有吴派的惠栋和徽派的戴震，还有段玉裁、王念孙、王引之等人，他们皆是一代著名的考据学者。

乾嘉考据学虽然因文字狱等客观原因而兴起，但从另一方面来看，也促进了实事求是考据求真之学的深度发展。梁启超的概括是抓住了乾嘉考据学的根本特征的，因为乾嘉考据学发轫处的西汉古文经学，早已被班固总结出了实事求是的治学特点。在“诠释古训，究索名物”基础上发展起来的文字、音韵、天算、水地、典章制度、金石、校勘等具体学科，在乾嘉时期都取得了精益求精的成果，并在晚清西方科学进入中国后，为现代学科的建立奠定了基础。

在历史考证等问题上，乾嘉考据学派议论皆主实证，不尚空谈。章太炎赞许戴震所传说：“凡戴学数家，分析条理，皆参密严瑮，上溯古义，而断以己之律令。”① 对研究对象，乾嘉考据学派从客观事实出发，按逻辑规律缜密推理分析，在扎实可靠的实证下，才得出自己价值判断上的“律令”结论。这种学风，直到今天仍然是学界中的通识，所以在近代就受到像章太炎这样的学术大家的肯定。《清史稿》称：“震之学，由声音、文字以求训诂；由训诂以寻义理，谓‘义理不可空凭胸臆，必求之于古经’。”其学“研精注疏，实事求是，不主一家”②。值得注意的是，实事求是的学问方法并不局限于戴震一人，乾嘉学者抛弃汉宋门户之间，对古籍校勘无不以实事求是为圭臬。即便是古文经学自家所尊奉的古文经，也一视同仁，认为一切观点都要靠实证实据得出。正是基于这种对知识对象求真务实的态度，阎若璩穷本溯源，辨核一书，致检数十书相互印证，“沉潜二十余年”写出《古文尚书疏证》，证明今传五十八篇《尚书》

①《章太炎全集》第3册，上海人民出版社2018年版，第483页。
② 赵尔巽等:《清史稿》，第43册，中华书局1977年版，第13198页。

中的二十五篇为晋人伪作。四库馆臣评价说："至国朝阎若璩《古文尚书疏证》出，条分缕析，益无疑义，论者不能复置一词，然创始之功实为鸾之先也。"[①] 著名朴学家阮元在《研经室集自序》中表明自己的治学立场时称："余之说经，推明古训，实事求是而已，非敢立异也。"[②] 此外，标榜实事求是的考据学家钱大昕倡导："通儒之学，必自实事求是始。"[③] 洪亮吉称赞晋涵治学"推求本原，实事求是"[④]，等等。所以我们说实事求是是当时乾嘉考据学派的共同主张，可以说代表了乾嘉考据学派的根本学术特征。

有学者将乾嘉考据学称为知识考古学上的实事求是，这是有一定道理的，乾嘉学者把大量的精力用在虫鱼鸟兽的名物考订上，用在版本、史事的真伪鉴别上，的确如其自身所标榜的那样，在相应的学科方面推进了实事求是的运用。但是在另一方面，他们主动或被动地疏远了传统儒家经世致用的实践精神和理想。这也引起了崇尚程朱理学的清代理学家的不满。清代中叶以后，文网渐松，较乾嘉考据学者略晚的理学家方东树撰写了《汉学商兑》，对发源于汉学（古文经学）的治学方法进行商榷。他认为，这种自汉代刘德以来的"实事求是"虽然"言言有据，字字有考"，但也只是"向纸上与古人争训诂形声"，而对于正心诚意，进而"推之民人家国了无益处，徒使人狂惑失守，不得所用"。正如南宋岳麓书院山长张栻在其理学思想中贯彻了经世致用的理学情怀，方东树同样认为，实事求是不能脱离实用而局限于纸上经典。无用之学只

① [清]纪昀等编著:《文渊阁四库全书》第64册,(台北)商务印书馆1986年版，第2页。

② [清]阮元:《研经室集》上册，中华书局1993年版，"自序"第1页。

③ [清]钱大昕:《潜研堂集》，上海古籍出版社1989年版，第421页。

④ [清]洪亮吉:《卷施阁文甲集》第9卷，光绪三年授经堂刻本，第3页。

是至虚的学问，谈不上追求实事的学问。所以从实用这一层面上讲，“实事求是，莫如程朱”[①]。王兴国由此认为，“显然，汉学家已开始向汉学家争夺‘实事求是’这面旗帜了”[②]。然而或许由于程朱理学作为科举的意识形态长期僵化的原因，方东树基于程朱理学的实事求是主张，除了在晚清倭仁、曾国藩等人那里获得了有限的回应外，并没有取得更大的发展，或者说并没有超越宋明之学。

三、晚清今文经学重举实事求是旗帜

清代中期以后，西风东渐，在李鸿章等晚清人常说的“数千年未有之大变局”的时代背景下，不再拘泥于故纸堆中的饾饤考据，将中国传统中的实事求是思想推向社会实践的主力军，不是清代回光返照的程朱理学，而是逐步复兴的今文经学。较早复兴今文经学，尤其是公羊学的，是浙江的龚自珍和湖南的魏源。龚自珍和魏源都师从于常州学派的刘逢禄，刘逢禄则是清代公羊学先驱庄存与的外孙。龚自珍与魏源的治学兴趣与施政主张相仿，两人常被并称为龚魏。清代今文经学自庄存与、刘逢禄开始，试图摆脱“家家许郑，人人贾马”的纯粹训诂学风，而发扬公羊学的经世义理。龚自珍、魏源沿着庄存与、刘逢禄开辟的路径继续前行，在鸦片战争前夕，敏锐地感受到了时代的迫切要求，重举公羊学旗帜，以通经的名义，呼唤变法。比如，龚自珍从“张三世、存三统”的传统公羊学观念出发，倡言变法先声：“自古及今，法无不改，势无不

① [清] 方东树著，漆永祥校：《汉学商兑》，北京联合出版公司 2017 年版，第 57 页。

② 王兴国：《实事求是论：马克思主义“实事求是”命题与中国传统文化》，湖南人民出版社 1998 年版，第 91 页。

积，事例无不变迁，风气无不移易。”[①] 魏源痛斥乾嘉学术之无用：“以诂训音声蔽小学，以名物器服蔽《三礼》，以象数蔽《易》，以鸟兽草木蔽《诗》，毕生治经，无一言益己，无一事可验诸治者乎！”[②] 其代表作《默觚》分《学篇》与《治篇》，由学而治的意图十分明显。魏源与龚自珍相应共唱变法之先声，他引《诗经》“物其有矣，维其时矣”，而主张“变古愈尽，便民愈甚”[③]。盖学风之转变，“其作始也简，其将毕也必巨”[④]。由庄存与、刘逢禄发微，龚自珍、魏源推衍的清代今文经学通经致用的学风，到了清末康有为、梁启超之时，终于发展成声势浩大、托古改制的变法潮流。

在清代中晚期兴起的今文经学中，尤其受到湖湘文化熏染的魏源有意识地将汉学“贯通经典”的实学考证，与宋学（尤其湖湘学派中的）“经世致用”的实事经邦结合起来。魏源说：“士之能九年通经者，以淑其身，以形为事业，则能以《周易》决疑，以《洪范》占变，以《春秋》断事，以《礼》《乐》服制兴教化，以《周官》致太平，以《禹贡》行河，以《三百五篇》当谏书，以出使专对，谓之以经术为治术。曾有以通经致用为诟厉者乎？”[⑤] 魏源给予“通经致用”一个明确的说明性表述，即“以经术为治术”，也就是说以六经为蓝本，“形为事业”，直接为经世济民的治国之术服务。鸦片战争之后，特别是甲午战争之后，内忧外患的外缘性因素促使崇尚致用的今文经学由复活而高涨。康有为著《新学伪经考》《孔子改制考》，并以此为理论开展戊戌变法，将近

① [清]龚自珍：《龚自珍全集》，上海人民出版社1975年版，第319页。
② [清]魏源：《魏源集》上册，中华书局1976年版，第24页。
③ [清]魏源：《魏源集》上册，中华书局1976年版，第48页。
④ 罗志田：《清季民初经学的边缘化与史学的走向中心》，《汉学研究》1997年第2期。
⑤ [清]魏源：《魏源集》上册，中华书局1976年版，第24页。

代的“通经致用”观念推至极致。从魏源“出使专对”“以经术为治术”，到康有为“善言古者，必切于今；善言教者，必通于治”[①]，可以看出今文经学一个显著的特点就是大力提倡“通经致用”，要求学术服务于治术。今文经学家从自己的立场阐释六经、发扬春秋大义，并积极地为维新变法的政治诉求做理论铺垫，成为引导清末民初思想巨变的先声。[②]

---

①《康有为全集》第1集，中国人民大学出版社2007年版，第19页。

② 张利文:《“经世致用”与“通经致用”观念再议——以晚清湖南今古文经学论争为考察》,《湖南城市学院学报》2013年第6期。

第五节
实事求是思想的近代转化

鸦片战争后，西方思想伴随着枪炮涌入中国。1905 年，科举废而学校兴，物理、化学、机械、兵工等新式教育逐渐流行，一批知识分子怀着“实业救国”“科教兴国”的理念致力于“实用”之学的普及。这使得致用之本，从 2000 多年传统中的儒家经文转型为近代学科的创立，开启了实事求是思想的近代转化。

一、晚清新思潮下实事求是思想的体用之辨

毛泽东在《论人民民主专政》一文中说：“自从一八四〇年鸦片战争失败那时起，先进的中国人，经过千辛万苦，向西方国家寻找真理。洪秀全、康有为、严复和孙中山，代表了在中国共产党出世以前向西方寻找真理的一派人物。那时，求进步的中国人，只要是西方的新道理，什么书也看。”[①] 晚清至民国时期，西方各种文化思潮涌入中国，传统文化遭遇前所未有的挑战，“向日

①《毛泽东选集》第 4 卷，人民出版社 1991 年版，第 1469 页。

本、英国、美国、法国、德国派遣留学生之多，达到了惊人的程度”，“西方资产阶级民主主义的文化，即所谓新学，包括那时的社会学说和自然科学，和中国封建主义的文化即所谓旧学是对立的”①。在东西方文化碰撞、新旧势力冲突的19世纪末20世纪初近百年内，中国社会各种思潮风起云涌，“天下多得一察焉以自好”。社会处于某种半新半旧或亦新亦旧的“过渡时代”（梁启超语）。王国维曾经说：“泰西通商以后，西学西政之书输入中国，于是修身齐家治国平天下之道乃出于二。”②

在东西方文化碰撞的19世纪末，传统的修身、齐家、治国、平天下之道受到了前所未有的冲击，儒家经典在社会上的重要性也逐渐主动或被动地遭到淡化，预示实事求是的思想在清末民初必然发生近代性转化。这首先表现在洋务派的实事求是思想中。张之洞推广冯桂芬的“中体西用”说，在简化“中体”的同时引入“西用”。张之洞主张熟读《近思录》《东塾读书记》《御批通鉴辑览》《文献通考详节》四本综合性的儒家典籍，即可主宰“中学”，而将其余精力用在西学上。所谓“皆知外洋各国之强由于兵，而不知外洋之强由于学”③，引入“西学”以致用，成为张之洞《劝学篇》中的主要内容。

即便是以汉学为主的传统书院，也开始注重近代实学。比如，光绪五年（1879年）从岳麓书院迁出的湘水校经堂改名校经书院，要求诸生“寝馈于四书、六经”之余，要遍读经世之书，“以研究乎农桑、钱币、仓储、漕运、盐课、榷酤、水利、屯垦、兵法、马政之属，以征诸实用”。江标到任湖南学政后，对校经书院进行了改制，添购中西书籍以及天文、舆地、物理、化学方面的仪

① 《毛泽东选集》第4卷，人民出版社1991年版，1469—1470页。
② 《王国维全集》第14卷，浙江教育出版社2009年版，第212页。
③ ［清］张之洞：《张文襄公全集》第1册，中国书店1990年版，第684页。

器，同时改革课程，聘请教习讲授数学、英语、地理等新学。1897年江标更是在校经书院中设立实学会，在浏阳大力支持谭嗣同等人兴办算学社，由此变革湖南以科举为导向的陈腐的应试风气，倡导“实用”新学。同年，熊希龄、梁启超等人在湖南正式开办时务学堂，开创湖南近代的维新运动，强调“以天下为己任”，摈弃官学、书院教育的专习时文，而要“通古今，达中外”，兼讲中西之学。湖南巡抚陈宝箴后来告示全省学界：“湖南省城遵旨开设时务学堂，并将岳麓书院师课改章，讲求实学，以期渐次推广。”[①] 可见陈宝箴、江标等一批开明官绅在湖南省城校经书院、时务学堂推进的教育改革，以“讲求实学”为目的，通过引入西学为途径，使得书院改制和创设新式学校的浪潮很快遍及全省，进而与影响中国近代历程的清末维新运动紧密地关联了起来。

在西学的冲击下，古文经学长期以来的“通经致用”观念也发生了动摇。因为“通经致用”说的前提是，六经本身蕴含着道，只要从经中找出了这个一贯的道理，那么就可以用来经世而致用。比如，魏源认为的《禹贡》可以治河，《洪范》可以察变，《春秋》可以决狱，《诗经》可以讽谏。但是这个“经以载道”的观念在清末民初社会剧烈的变动下已经不再像以往那样使人确信不疑了。比如，章太炎就认为六经虽载远古之事，“先人手泽，贻之子孙，虽污垢伫劣者，犹见宝贵，若曰尽善则非也。《礼经》一十七篇，守之贵族，不下庶人。皇汉迄今，政在专制。当代不行之礼，于今无用之仪，而欲肄之郡国，渐及乡遂，何异宁人欲变今时之语，返诸三代古音乎！……故知通经致用，特汉儒所以干禄，过崇前圣，推为万能，则适为桎梏矣！”[②] 章太炎以经学大师的身份对“通经致用”说的非难，使得传统经学的实用性受到了较大的打击，预

①《两院告示》，《湘报》第1号。

②《章太炎全集》第8册，上海人民出版社2018年版，第155页。

示了传统文化中的实事求是思想在新旧文化交替的近代，面临进一步转化的时代要求。

二、近代资产阶级实业救国思潮下的实事求是诉求

1905年科举与八股取士制度的废止，新式学校和学科制度的建立，使得以传统经学为载体的实事求是思想，更加注重实学与实业。进入民国后，在实业救国、科教兴国的时代呼声下，早期民族资产阶级的一批代表人物将发展实业、以工立国、实现工业化作为奋斗目标，尤其重视在现代教育中引入实业教育的内容。例如，宾步程在宣统元年（1909年）留德归国后，即在湖南高等实业学堂担任讲师，后又兼任粤汉铁路局机械工程师，常年致力于实业的推进。尤其在他担任湖南公立工业专门学校校长期间，将学校迁入岳麓书院，使之成为民国初年湖南实业教育的最高学府，赢得了“中国南七省第一校”的殊荣。1916年宾步程在岳麓书院书写了“实事求是”牌匾，至今仍挂在岳麓书院讲堂檐下。宾步程学生曾回忆当时的校风说：“珍重师门求实语，相期直上最高峰。”[①]

总体而言，宋明理学从汉唐烦琐的解经训诂中解放出来，致力于探寻宇宙人心背后的天理，在“向上一路”中寻找社会伦理的“所以然”。以岳麓书院为重镇的宋明理学中的重要学派——湖湘学派，在抗金救亡爱国主义的时代主旋律下，从传统儒学“经世致用”思想下开出“实学”“实用”的理学实践工夫。从汉唐经学到宋明理学，实事求是思想在哲学上表现出经典上的求真与

① 宾步程著，宾睦新等整理：《宾步程集》第6册，广东人民出版社2019年版，第323页。

实践中的务实两个面向的内容，借助“性”“理”等宋明理学独有的哲学范畴，揭示出中国哲学对宇宙间规律性与必然性的探索，规律性成为传统文化中实事求是思想中第三个面向上的内容。明代中后期，顾宪成、高攀龙等东林学派反思心学末流的空疏虚妄，再次强调读书要与天下治平关联起来，凸显“有用之学”，开启了明末清初“实学”转向之先风。此后顾炎武、黄宗羲、王夫之等明末清初大儒，以及惠栋、戴震、阮元等乾嘉朴学学者，直接打出实事求是的旗号，将实学“无征不信”的精神贯穿于版本校勘、文字音义的考证中，通过“求真”与“辨伪”两个方面开启了知识考古的先河。清代中叶以后，龚自珍、魏源、廖平、康有为等今文经学学者将经典阐释与经济民生结合起来，将传统实事求是思想中的求真与务实两方面内容统一起来，倡导“通经致用”的新学风，主张“言教必通于治”，为近代的维新变革做好了理论和思想铺垫。清末民初，在“实业救国”“科教兴国”的口号下，物理、化学、机械、兵工等新学如雨后春笋般出现。八股取士、科举制的废止，使得传统观念中的“通经致用”思想发生裂变，“致用”之本由通儒经迅速转型为通新学、兴科教、干实业，传统文化中的“实事求是”思想，开始了近代化转变。

第二章

湖湘文化是实事求是思想路线的重要来源

湖湘文化是实事求是思想路线的重要来源

湖湘文化中的实事求是思想基因

精一执中，上下求索

★ 湖湘文化的显著特征
★ 精一执中即“惟精惟一，允执厥中”，是舜文化的核心内容
★ 上下求索即求真理、索大道，是屈原文化的突出特点

经世致用，知行统一

★ 湖湘文化显著的精神标识
★ 经世致用，是要学问有益于国家事业
★ 知行统一，是要学问与实践保持一致

心忧天下，敢为人先

★ 湖湘文化的鲜明特征
★ 心忧天下，忧的是苍生，是社稷，是道德，是文明
★ 敢为人先，为的是国家，是民族，是民生

兼收并蓄，放眼世界

★ 湖湘文化的鲜明特征
★ 内在驱动力：根据时代发展需要，实事求是、解放思想、与时俱进，广泛摄收融通一切有利于国家民族的优秀文化

早期湖湘学派的“康济时艰”“明体致用”思想

胡安国、胡宏的“康济时艰”“明体致用”思想

★ 胡安国提出“康济时艰”思想，强调要关注当时的政治局势与现实状况，为朝廷寻求治国安民之良策
★ 胡宏提出“明体致用”思想，强调“合体与用，斯为道矣”，“体用合一，未尝偏也”

张栻对“康济时艰”“明体致用”思想的阐扬

★ 进一步提出“心主性情”论
★ 强调“知行互发”

朱熹对早期湖湘学派的影响与相互成就

★ 倡导“主敬穷理”“格物致知”
★ “朱张会讲”：朱子闽学和湖湘学两大学派的思想交锋和学术论战，产生重大影响

魏源批判考据学开启晚清务实之风

对考据之学的批判

★ 大力驳斥当时充斥朝野的考据学风和空谈性理的理学思想

开启晚清经世务实之风

★ 力倡“经世致用”之学

曾国藩的“禁大言以务实”与左宗棠的“弃虚崇实”

曾国藩的“禁大言以务实”思想及实践

★ 认为“实事求是”就是朱熹的“即物穷理”
★ 治实学：不说大话，不谈高理
★ 践实行：行之以实，持之以久

左宗棠的“弃虚崇实”思想及实践

★ 提倡实学，读书致用
★ 洋务实践，追求实效
★ 一生活动和思想的核心：“崇实求是”

王夫之对经世实学学风的发扬光大

再叙《春秋》：王夫之的《春秋》家学

★ 继承《胡氏春秋传》反映的湖湘学派民族主义特征、经世实学特征，又在理论上有很大的发展，特别强调其中之“变”与“异”

对“体用一致”的经世致用思想的传扬

★ 在心性论上，将湖湘学派以心性为本体的哲学思想进一步阐明
★ 在工夫论上，提出了“知行相资以为用”“并进而有功”的辩证的知行观

对“知行统一”的经世实学思想的阐发

★ 主张“知”“行”是相依的，但是“知”与“行”并非并列关系，“行”是主导的方面

宾步程将实事求是上升为岳麓书院校训

对实事求是思想的继承与发展

★ 在学习过程中不断学习和吸收实事求是思想
★ 学成归国之后，宾步程继续跟随孙中山奔走革命，并将所学施行于国

实事求是成为岳麓书院的校训

★ 宾步程将实事求是作为湖南公立工业专门学校校训，并悬挂在岳麓书院讲堂前檐

湖湘文化的本质，不是一种地域文化，而是中华文化在近现代的一种重要形态。它是我们主流文化的一种重要形态、载体，也是中华文化核心道统的一种传承。湖湘文化蕴含的精一执中、上下求索、经世致用、知行合一、心忧天下、敢为人先、兼收并蓄、放眼世界等思想精髓，是湖南人民的智慧结晶，与实事求是思想具有高度契合性。在湖湘文化的形成和实事求是的思想发展史上，岳麓书院起到了至关重要的作用。北宋开宝九年（976 年），岳麓书院在此前僧人办学的基础上，由当时担任潭州太守的朱洞主持创建而成。此后，历经千年，弦歌未绝，培育了一批又一批经邦济世之才。岳麓书院从创办之始，就以“传道济民”为教育宗旨，前有胡安国、胡宏“康济时艰”“明体致用”的思想，后有王夫之的经世实学，至晚清魏源、曾国藩、左宗棠等重要人物将经世务实思想推上新的高度，形成独具湖湘地域色彩的经世致用思想谱系。在这一学风影响下，湖湘文化中的实事求是思想基因被不断激活，使实事求是从治学之道拓展至为学、为政、为人等方方面面，时至近代更是成为指引湖湘士子走出书斋、投身社会，去探寻救国救民真理的思想基点。

第一节

湖湘文化中的实事求是思想基因

湖湘文化中蕴含的精一执中、上下求索、经世致用、知行合一、心忧天下、敢为人先、兼收并蓄、放眼世界等精神特质，是中华优秀传统文化的重要内容。总体上，湖湘文化的精神特质在世界观方面蕴含把握事物客观规律和法则的朴素唯物主义思想，在认识论方面内含重视实践、不离实践的观点，在方法论方面具有注重矛盾双方对立统一关系的辩证色彩，在价值观方面呈现以民为本、关切民生的民本因素，等等，为传统实事求是思想的现代转化提供了思想与逻辑的基础，是实事求是内在的“思想基因”。

一、精一执中，上下求索

精一执中、上下求索是湖湘文化的显著特征。精一执中即“惟精惟一，允执厥中”，是舜文化的核心内容；上下求索即求真理、索大道，是屈原文化的突出特点。舜文化与屈原文化，共同塑造着湖湘文化。

注重“中”，是舜文化的突出特点。历代典籍多有记载，其中，《古文尚书·大禹谟》称舜传授禹“人心惟危，道心惟微，惟精惟一，允执厥中”，包括湖湘学派在内的宋明理学家多认为这十六个字是实录，承载着尧舜禹三圣相传的大经大法。何谓“中”？这是中国传统哲学的一个根本性范畴，具有多层语义，衍生出一系列与之相关的概念，如“中庸”“中和”“中正”“时中”“执中”“用中”等。舜“允执厥中”“执其两端，用其中于民”，实则是以“中”为政治原则，投入治国安民的具体实践。“中”也就是切中社会政治实践目标，这要求在事物矛盾运动的“两端”之间达到一种“不偏不倚、无过与不及”的动态平衡。因为世界上的任何事物都有着相互矛盾的两端，两端推到极致就是两个极端，而现实世界并不存在至善无恶和至恶无善这样的一对极端，一切事物都只是在不断向着某一极端运动而难以达到那个极端，因此两端本身就是复杂多样、变动不居的，也就不存在一个固定的、绝对的中间点。“中”就是要在事物不断运动变化的过程中，始终保持合乎时宜、随时变通、与时俱进的动态平衡。因此，“中”可以说是一种以达到实践目标为鹄的的辩证思维方式。毛泽东在《改造我们的学习》中强调“实事求是”，形象地指出中国共产党人要用马克思列宁主义这根“矢”射中国革命这个“的”，即是要通过辩证的方法切中实践目标。

“中”是很难做到的，但舜告诉我们：只要“惟精惟一”，精诚专注、一心一意，不断追求过程的动态平衡，结果自然不会坏。“惟精故一，惟一故中”，“惟精”是要专注精审于“两端”之间的全过程，“惟一”则是要在“两端”运动过程中保持双方的平衡、和谐、统一。“惟精惟一”，是关于“心”的脚踏实地、实实在在的学问。因为“人心惟危，道心惟微”，人的内在精神本是“人心”和“道心”的统一，但公正诚明的“道心”微妙难觉，易流为自然欲望的“人心”，常常变得很危险。只有精诚专注，才能辨明“人心”和“道心”；只有把握了“人心”与“道心”这一对矛盾，才能做到“人心”与“道心”矛盾的统一。“惟精惟一”就是要客观地、正确地直面自己的内心，始终保持内心的精诚、专一，进而全身心、无遗力，实实在在地去进行修养和实践，避免心猿意马、三心二意、投机取巧。质言之，在着重于人的内心实际与修养实际这一点上，“惟精惟一”与“实事”是相通的；而“执中”甚至可以直接理解为“求是”，毕竟“中”在中国传统文化中是至高的规律、法则和方法。

屈原曾在《离骚》中发出“路漫漫其修远兮，吾将上下而求索”的振奋人心之音。“上下”即天地，即客观事物，亦即“实事”；“求索”即寻求、思索，即从天地万物等“实事”中发现和总结宇宙和人生的规律、法则、道理、方法，来指导具体实践，即“求是”。湖湘学者的“上下求索”，核心的一点，就是立足于天地万物，寻求中正平和的宇宙真理，探索切中伦常的人生大道，从而达到“天人合一”的至高目标。在湖湘学者“天人合一”的视域中，作为“天下之大本”的“中”进一步日用伦常化，日用伦常亦随之“本体化”，这促使一种追求切合实际运用的文化传统的形成。张栻、朱熹、王夫之等思想家对“中”的求索，在湖湘文化这一传统的形成中，厥功至伟。其中，张栻认为“经者天下之常理，中之见于庸者也”[①]，“中”是人们日常生活中普遍运用的，就像河南人至今仍经常会用“中”来表达肯定、合适等意思。换言之，“中”并非玄奥的道理，而是每个人都能够很容易做到的状态，只要人们专注于实践过程，认真把当下的事情做好，那就是“中”。王夫之对“中”进一步阐发说：“天之显道、圣人之至教、君子之实学，合于一致者，则中庸是也。……皆以

① [宋]张栻撰，邓洪波校：《张栻集》上册，岳麓书社2017年版，第428页。

合乎无过不及之天则，而实徵之用者矣。”[①]“中”被建构为一种“实学”。近代以来，湖南人不畏生死、前仆后继，惟精惟一、上下求索的这种救国救民的精神和实践，其实也是“中”的一种生动呈现。相应地，富含辩证、实践意蕴的“中”，在中国革命中焕发出新的强大生命力。

二、经世致用，知行统一

经世致用、知行统一是湖湘文化显著的精神标识。经世致用，是要学问有益于国家事业；知行统一，是要学问与实践保持一致。放眼全国，湖湘文化中的经世致用精神尤为突出，这是因为经世致用精神致力于达到真知与力行的统一。

从屈原“眷顾楚国，系心怀王，不忘欲反。冀幸君之一悟，俗之一改也”[②]，到贾谊直言不讳地指出汉初“事势，可为痛哭者一，可为流涕者二，可为长太息者六，若其它背理而伤道者，难遍以疏举”[③]，并为汉代社会的发展献计献策，擘画蓝图，再到柳宗元在永州关心民生疾苦，于《捕蛇者说》《种树郭橐驼传》等诗文中抒发经世致用的精神与抱负，“衡湘以南为进士者，皆以子厚为师”[④]。湖湘文化中经世致用的精神传统，可谓由来已久。到宋代，岳麓书院等地方学校的建立以及湖湘学派的崛起，不仅为湖南培养出一批批经世致

① ［清］王夫之撰，《船山全书》编辑委员会编校：《船山全书》第7册，岳麓书社2011年版，第471页。

② ［汉］司马迁：《史记》卷八十四《屈原列传》，中华书局1959年版，第2485页。

③ ［汉］班固：《汉书》卷四十八《贾谊传》，中华书局1962年版，第2230页。

④ ［唐］韩愈撰，马其昶校注：《韩昌黎文集校注》，上海古籍出版社1986年版，第512页。

用之才，而且将经世致用精神提升到哲学思想的高度，成为指引士子立身处世的行动指南，形成独具湖湘地域色彩的经世致用的思想谱系。

湖湘文化中的经世致用，是知与行的统一。没有真知，经世致用就会缺乏正确的方向；没有力行，经世致用只会沦为一句空言。胡宏就认为："务圣人之道者，必先致知，及超然有所见，方力行以终之。"[①]张栻进一步发挥胡宏的知行统一论，提出"致知力行互相发"[②]的观点。王夫之对知和行的辩证统一关系有更为清楚的说明，使"知行论达到中国古代朴素唯物主义的最高水平"[③]。魏源则坚持"乌有不行而能知者乎"的重行主张，如果再结合其"以实事程实功，以实功程实事"[④]来看，现代语境中的实事求是已经呼之欲出了。毛泽东的老师杨昌济也极其注重知行统一，强调："知则必行，不行则为徒知，言则必行，不行则为空言，……故学者尤不可不置重于实行也。"[⑤]并且批评汉学家实事求是的治学方法说："近世汉学家言，薄虚悟而尚实证，夫其尚实证是也。然但求实证于古而不求实证于今，但求实证于文字而不求实证于事物，又岂得谓实哉？"进而提出："学者务积功于实事实物。"[⑥]这种尊重事实、重视实践的精神对青年毛泽东影响颇深，他在研读《伦理学原理》时即批注说："伦理学

① [宋]胡宏著，吴仁华点校：《胡宏集》，中华书局 1987 年版，第 34 页。

② [宋]张栻撰，邓洪波校：《张栻集》下册，岳麓书社 2017 年版，第 615 页。

③ 周秋光主编：《湖湘文化宏观研究》，湖南师范大学出版社 2001 年版，第 177 页。

④ [清]魏源撰，魏源全集编辑委员会编校：《魏源全集》第 13 册，岳麓书社 2011 年版，第 180 页。

⑤《杨昌济文集》，湖南教育出版社 1983 年版，第 365—366 页。

⑥ 杨昌济：《达化斋日记》，湖南人民出版社 1978 年版，第 74、24 页。

之正鹄在实践，非在讲求。”[①] 这种重力行、重践履的学风，在其日后的政治实践中不断得到丰富和发展，为他用马克思主义创造性转化实事求是奠定了思想基础。

三、心忧天下，敢为人先

心忧天下、敢为人先是湖湘文化的鲜明特征。中国自古就强调忧患意识，孟子说“生于忧患，而死于安乐也”，历朝历代均不乏心忧天下之人。而湖南在这一方面尤为突出，其中的一个重要原因，就在于湖湘文化中的心忧天下和敢为人先达到了内在的统一，心忧天下是情是知，敢为人先乃性乃行，湖南人民不仅心忧天下，而且奋起而行之，敢为天下先，在实践中艰苦奋斗、创造发明。

早在1903年，湖南民主革命家杨毓麟就发表了《新湖南》一文，文中阐述了湖南“特别独立之根性”[②]。所谓“特别独立之根性”，就是心忧天下、敢为人先。心忧天下，忧的是苍生，是社稷，是道德，是文明；敢为人先，为的是国家，是民族，是民生。浸润其间的，是对故土、故国、故人的深沉情感。湖湘文化中的心忧天下、敢为人先精神，最鲜明地体现在对文化危机的忧虑和对文明延续的努力上。例如，在宋代儒学陷入内外危机之际，周敦颐“师心独往”，通过对先秦经典文献尤其是《易传》《中庸》的融会贯通和发挥利用，进行社会伦理本体化和天道本体伦理化的双向建构，创立起一套以“诚”为核心范畴，沟通天人的本体理论思想，为宋代儒学复兴以及理学的兴起奠定了重要

---

①《毛泽东早期文稿》，湖南人民出版社2008年版，第114页。
②《杨毓麟集》，岳麓书社2001年版，第35—38页。

的基础，这也是后世不少学者将他看作宋明理学开山之祖的原因所在。明清鼎革之际，儒学再度陷入了深刻的危机，王夫之上下求索，从本体论、认识论、伦理学、政治哲学、历史哲学等方面，重开儒学生面。

心忧天下、敢为人先始终贯穿于湖南人的精神之中，这种精神在新民主主义革命时期，受到广泛推崇。1920 年 5 月，在青年毛泽东等人组织和领导驱逐北洋军阀张敬尧在湖南势力的“驱张运动”之际，陈独秀在《新青年》上发表《欢迎湖南人底精神》进行声援。同年 6 月，上海《申报》《民国日报》等报刊上发表了由青年毛泽东起草的《湖南改造促进会复曾毅书》，文中宣称要“充分发挥湖南人之精神，造一种湖南文明于湖南领域以内”[①]，由此引发了一场轰轰烈烈的湖南自治运动。“正是通过对这两个运动的经验总结，毛泽东终于走上马克思主义之路，并实现了将马克思列宁主义与中国实践相结合，创立毛泽东思想的伟大业绩。”[②] 进而言之，毛泽东思想（包括其实事求是思想）的形成和创立，与“湖南人之精神”是直接相关的，“为有牺牲多壮志，敢教日月换新天”的豪迈气魄内蕴的正是心忧天下、敢为人先的湖湘文化精神。

四、兼收并蓄，放眼世界

兼收并蓄、放眼世界，是湖湘文化的又一鲜明特征。因兼收并蓄，故能放眼世界，博采众长，成就其大。兼收并蓄、放眼世界的内驱力，实在于根据时代发展需要，实事求是、解放思想、与时俱进，广泛吸收融通一切有利于国家

① 《毛泽东早期文稿》，湖南人民出版社 2008 年版，第 440 页。
② 周秋光主编：《湖湘文化宏观研究》，湖南师范大学出版社 2001 年版，第 199 页。

民族的优秀文化。近代以来，湖湘文化的兼收并蓄，在放眼世界，引入科学的思想理论之后，不断激发出其本身的创新性实践活力。

早在晚明西学东渐时期，湖湘士人就开始关注起天主教。如王夫之敏锐地注意到儒家学说与天主教义之间的根本差异，并加以辨析，总体认为“西夷之可取者，唯远近测法一术，其他则皆剽袭中国之绪余，而无通理之可守也”[①]，从正面张扬理学价值立场来应对天主教的挑战。

到近代，湖湘人士进一步兼收并蓄、放眼世界，积极了解、吸收西学。魏源是“睁眼看世界”的先行者，郭嵩焘作为中国第一任驻外使节，他对西学的了解已深入到哲学、文学等深层次的价值精神。[②]谭嗣同更自觉地利用西学来建构自己的仁学体系，强调“凡为仁学者，……于西书当通《新约》及算学、格致、社会学之书”[③]。杨昌济在西学方面颇有造诣，著有《哲学上各种理论之略述》《各种伦理主义之略述及概评》等，在国内较早介绍和评论当时西方哲学、伦理学的主要流派。他认为，“吾人求学海外，欲归国而致之于用，不可不就吾国之情形深加研究，何者当因，何者当革，何者宜取，何者宜舍，了然于心，确有把握，而后可以适合本国之情形，而善应宇宙之大势”[④]。作为青年毛泽东的老师，他的这番重视国情研究的肺腑良言，对于毛泽东改造传统实事求是思想，注重将马克思主义同中国具体实际相结合、同中华优秀传统文化相结合产生了直接影响。

---

① ［清］王夫之撰，《船山全书》编辑委员会编校：《船山全书》第12册，岳麓书社2011年版，第439页。

② ［清］郭嵩焘：《郭嵩焘全集》第11册《经部十一》，岳麓书社2018年版，第53—54页。

③ ［清］谭嗣同撰，何执编：《谭嗣同集》，岳麓书社2012年版，第315页。

④《杨昌济文集》，湖南教育出版社1983年版，第199页。

第二节
早期湖湘学派的“康济时艰”“明体致用”思想

两宋之际，文化事业兴盛，讲明理学、宣扬道统蔚然成风。创建湖湘文化的湖湘学派和由湖湘文化孕育的一代代湖南学人，大都追求所谓“三不朽”的理想人生，在修身、齐家、治国方面均卓有建树，令人瞩目。作为湖湘学派的开创者，胡安国、胡宏父子在湖南创建书院、传道讲学、著书立说，形成以“湖湘”闻名的地域化学派，即“湖湘学派”，继而涌现出包括张栻在内的一批湖湘门生。胡安国的“康济时艰”思想、胡宏的“明体致用”思想成为早期湖湘学派的重要思想来源，为张栻等后学所秉承。湖湘学派及其思想主张在宋明时期得以发扬光大。

一、胡安国、胡宏的“康济时艰”“明体致用”思想

胡安国，字康侯，人称武夷先生，北宋熙宁七年（1074 年）生于福建崇安（今福建武夷山市），南宋绍兴八年（1138 年）病逝于湖南衡山自己所创立的文定书堂，享年六十五岁，谥号“文定”。胡安国是两宋著名的理学家和早

期湖湘学派的代表人物，更是湖湘学派的创始人、湖湘文化的奠基者。关于师承，胡安国自述“吾自从伊川书得之”，认为自身学问主要是读程颐的遗书之后自己领悟出来的，以二程的私淑弟子自居，同时也与程门高徒游酢、谢良佐、杨时等人交往甚密。作为宋代二程理学传承中的重要人物，胡安国对二程推崇备至，在他们的基础上形成了“康济时艰”的重要思想。

《宋史·儒林传》称“安国强学力行，以圣人为标的，志于康济时艰”[①]。胡安国身处宋金冲突的动荡时期，对中原沦陷、生灵涂炭的惨况深感悲痛，他倡导“康济时艰”，就是想要关注当时的政治局势与现实状况，为朝廷寻求治国安民之良策。胡安国关注到了《春秋》这一重要儒家经典，以《春秋》映照现实，并形成诠释《春秋》的心性之学。胡安国推崇二程，潜心研究《春秋》。“正心”与“体元”是胡安国心性之学的重要特征，胡安国将“三纲五常”与“天理”画等号，将“心”解释为“元”，事实上就是把“心”当成天、地和人生的主宰与起源；至于“体元”，就是体认“天理”这一宇宙和道德之元。胡安国对“心”性的重视已呈现出与程朱重“理”学风的不同，更为重要的是，胡安国强调“空言独能载其理，行事然后见其用”[②]，从而构成早期湖湘学派经世致用的学风。

胡安国由“体元”进而强调“谓一为元”，指出人君“即位之一年必称元年者，明人君之用也”[③]，从而使统治者明白“体元”“祖述尧舜”“宪章文武”之道恰恰是自己的天赋使命。正是怀着这样的思想，胡安国研治《春秋》这一“经世大典”以凸显其“辟邪说，正人心”的现实功用。胡安国于北宋宣和五

① [元]脱脱：《宋史》卷435《儒林传》，清乾隆四年武英殿校刻本，第20643页。

② [宋]胡安国：《春秋传》卷首，岳麓书社2011年版，第1页。

③ [宋]胡安国：《春秋传》卷1，岳麓书社2011年版，第11页。

年（1123 年）始撰《春秋传》，有感于经世济民，时事纷扰，往往借《春秋》寓意，不拘于章句训诂，而着力阐发“天理人欲之辨”“华夏夷狄之异”“君王臣子之论”。《胡氏春秋传》成为宋代理学家以义理治《春秋》的代表作，更饱含强烈的现实观照。南宋绍兴元年（1131 年）十二月，胡安国担任中书舍人兼侍讲，上呈朝廷《时政论》十二篇，从统治者的个人修养一直说到治理国家的各种具体举措，试图为统治者提供“经世济民”的具体指导。宋高宗称誉《胡氏春秋传》为“著一王之大法”，并御认其“深得圣人之旨”①。可以说，《胡氏春秋传》实现了义理旨趣（内圣）与经世致用（外王）的结合，要义即在“康济时艰”。胡氏所秉“康济时艰”的思想，正是心性之学与经世致用相结合的湖湘学派学风的先声。

胡宏，福建崇安（今福建武夷山市）人，字任仲，人称“五峰先生”，生于北宋崇宁元年（1102 年），卒于南宋绍兴三十一年（1161 年），其现存的著作主要有《知言》《皇王大纪》等。胡宏是胡安国的季子，自幼饱读经史。关于师承，胡安国、胡宏父子都是二程洛学的传人，胡宏曾受教于程门大弟子谢良佐、杨时，从而与程颢、程颐有了学术脉络关系。胡宏也将自己看作二程的私淑弟子。② 胡宏的理学思想对宋代理学的形成和发展具有承上启下的作用，他在其父胡安国“康济时艰”思想的基础上提出了“明体致用”思想。

和父亲胡安国相比，胡宏在心性之学与经世致用如何实现更好紧密联系的问题上有了进一步体悟，具体反映在他对心性之学的进一步深化和“内圣外王”之道完全意义上的契合中。胡安国致力于《春秋》大经的研治，希望能以

① [元]脱脱：《宋史》卷 435《儒林传》，清乾隆四年武英殿校刻本，第 20642 页。

② 朱汉民：《胡宏道学体用论的双重意义》，《求索》2022 年第 3 期。

此彰述为政之本、显明治国之道。对胡安国来说，为学与为治是内在统一、不可分割的，其体用思想主要落脚于儒家“外王”的领域，直接表现为实践论意义上的通达明道之“学”与经世济民之“治”的一体不二，也就是“明体”与“致用”之间的有机统一。胡宏则进一步完善这一思想，提倡“明体致用”，并强调“合体与用，斯为道矣”[①]。也就是说，儒家的“道”必是有体有用、体用连贯的，体和用不可或缺、不可分割，亦不可偏执于某一端。[②]用胡宏自己的话来说便是“体用合一，未尝偏也”[③]。这一思想落实到心性论上，则是“性体心用，心性一元”的心性关系论与“仁体义用，仁义一如”的仁义关系论两个方面；落实到工夫论上，则是既主张先知后行，强调“致知”的逻辑优先性，同时又很注重“即用”以求体，强调实行践履的现实优先性。这样一种以“致知”为先导、以“力行”为重点的工夫论主张即贯穿着“体用合一”的思想。[④]正是基于这一认识，胡宏将“体用合一”这一基本原则当作教育的目的，贯彻到自己此后的教育实践之中去，并提出“学者，所以学为治也”的教育主张，同时表明自身对当时学人以生产生活为“俗事”的说法和做法的批评态度。[⑤]应该说，胡宏“明体致用”思想中所蕴含的经世特征较胡安国更加突出。

生于北宋末期的胡宏感受到“靖康之变”“建炎之乱”带来的动荡不安。

① [宋]胡宏著，吴仁华点校：《胡宏集》，中华书局1987年版，第10页。

② 邹啸宇：《湖湘学派体用论思想研究》，武汉大学博士学位论文，2015年度，第129页。

③ [宋]胡宏著，吴仁华点校：《胡宏集》，中华书局1987年版，第122页。

④ 邹啸宇：《湖湘学派体用论思想研究》，武汉大学博士学位论文，2015年度，第152页。

⑤ [宋]胡宏著，吴仁华点校：《胡宏集》，中华书局1987年版，第146页。

抗金爱国思想、经世务实学风成为胡氏父子共同的秉承，而尤为胡宏所推重。胡宏以“明体致用”作为毕生追求，矢志于道，更以振兴道学为己任，自述“道学衰微，风教大颓，吾徒当以死自担”[①]。胡宏明确提出兴办书院之目的在于“今将寻绎五典之精微，决绝三乘之流遁。穷理既资于讲习，辅仁式藉于友朋”，期望通过讲学使“伊洛之业可振于无穷，洙泗之风一回于万古”[②]。如何抗金复仇，如何安邦治国是胡宏始终关注的问题。他与其兄胡寅于南宋绍兴年间分别上书宋高宗，为之谋划献策。胡氏父子是坚定的主战派，胡安国曾建议朝廷“当必志于收复中原，祗奉陵寝；必志于扫平仇敌，迎复两宫”[③]，力驳故相朱胜非丧地求和的提议；胡宏坚决拒绝投降派秦桧的召用，宁愿隐居衡山，过着清贫的生活。“康济时艰”“明体致用”思想中蕴含的崇尚气节的经世学风，直接影响了胡氏父子及其后学。

二、张栻对“康济时艰”“明体致用”思想的阐扬

张栻，汉州锦竹（今四川绵竹市）人，字敬夫，又字乐斋，号南轩，生于南宋绍兴三年（1133 年），卒于南宋淳熙七年（1180 年），主要著作有《南轩先生论语解》《南轩先生孟子说》《南轩先生文集》等。其父张浚为抗金名将，在宋高宗、宋孝宗两朝供职，官至丞相。南宋绍兴三十一年（1161 年），张栻禀父命，从学胡宏于文定书堂，得二程之学。他学识超群，为胡宏所赏识，遂

① [清]黄宗羲著，沈善洪主编：《黄宗羲全集》第 4 册，浙江古籍出版社 2005 年版，第 688 页。
② [宋]胡宏著，吴仁华点校：《胡宏集》，中华书局 1987 年版，第 210 页。
③ [元]脱脱：《宋史》卷 435《儒林传》，清乾隆四年武英殿校刻本，第 20638 页。

为胡宏高足。此后，张栻又同朱熹、吕祖谦、陈傅良、陆子寿等著名学者有密切的学术交往，互有影响。张栻之学得之胡宏又不拘囿于胡宏，又对周敦颐、二程之学有着“自得于心”之说[①]，成为与朱熹、吕祖谦齐名的“东南三贤”之一。胡氏父子“康济时艰”“明体致用”的思想也得到张栻及其后学的继承与发扬。

《宋史 · 道学传序》称：“张栻之学，亦出程氏，既见朱熹，相与博约，又大进焉。”[②] 同时，《宋史》把他同周、程、朱等人并列入《道学传》，可见他在理学史上的地位。在心性论上，张栻围绕胡宏“性体心用，心性一元”的主张，进一步提出“心主性情”论，指出“心也者，万事之宗也”[③]“仁，人心也，率性立命，知天下而宰万物者也”[④]，强调“心也者，贯万事，统万理，而为万物之主宰者也”[⑤]。张栻的“心”不但能主宰性情，而且能认知一切事物，同时还能主宰万物，参天地之化育。在工夫论上，张栻强调“知行互发”，他认为每个人的知与行都是一个不断深化、发展的过程，在这个过程中，知与行是相互影响、相互促进的。有鉴于社稷危亡，张栻肩担君命，誓诛敌寇，他思考并探索救国之路，故而提倡力行、强调践履，曾言“圣门实学，贵于践履，隐微

① 杨慎初、朱汉民、邓洪波：《岳麓书院史略》，岳麓书社 1986 年版，第 32—33 页。

② [元] 脱脱：《宋史》卷 427《道学传》，清乾隆四年武英殿校刻本，第 20252 页。

③ 朱杰人、严佐之、刘永翔主编：《朱子全书外编》第 4 册，华东师范大学出版社 2010 年版，第 158 页。

④ 朱杰人、严佐之、刘永翔主编：《朱子全书外编》第 4 册，华东师范大学出版社 2010 年版，第 173 页。

⑤ 朱杰人、严佐之、刘永翔主编：《朱子全书外编》第 4 册，华东师范大学出版社 2010 年版，第 202 页。

之际，无非真实”[①]。这对湖湘后学经世致用思想及其活动提供了直接的理论来源和根据。对此，黄宗羲给出了相当高的评价：“南轩之学，得之五峰，论其所造大要，比五峰更纯粹，盖由其见处高，践履又实也。”[②]主教岳麓，授徒讲学则是张栻重要的学术实践与贡献。

南宋岳麓书院已居于“潭州三学”之首，胡宏曾经上书秦桧，提出兴复岳麓书院，并自求为山长，终为不许。[③]胡宏逝世后，张栻不断修筑长沙城南书院，传胡氏学说，从学者甚多。理学在南宋乾道年间得以复兴，在此期间，张栻主教岳麓书院长达 7 年，从学者千人，岳麓书院遂成为湖湘学派的中心，进而成为南宋初声闻天下的理学重地。南宋时期，岳麓书院是湖湘学派的基地，岳麓书院的发展与湖湘学的发展是紧密联系在一起的，岳麓书院能有南宋之兴盛，恰恰在于湖湘学的兴盛。[④]此时岳麓书院在规模和影响上大大超过此前胡氏父子创建的碧泉书院。这样，源自衡山的湖湘学派的重心也就转移到了长沙，岳麓书院成为湖湘学派的中心点。[⑤]南宋绍熙年间流传着“道林三百众，书院一千徒”的谚语，可谓盛极一时。正如侯外庐等主编的《宋明理学史》所述：“张栻主岳麓书院教事，从学者众，因而奠定了湖湘学派的规模。”[⑥]

张栻将岳麓书院作为教育基地，使湖湘学派的规模得到了更大扩展。南宋

① [宋]张栻著，杨世文、王蓉贵校点：《张栻全集》，长春出版社 1999 年版，第 117 页。

② [清]黄宗羲著，沈善洪主编：《黄宗羲全集》第 4 册，浙江古籍出版社 1992 年版，第 981 页。

③ [宋]胡宏著，吴仁华点校：《胡宏著作两种》，岳麓书社 2008 年版，第 104—105 页。

④ 王观：《岳麓书院》，吉林文史出版社 2009 年版，第 68—69 页。

⑤ 杨慎初、朱汉民、邓洪波：《岳麓书院史略》，岳麓书社 1986 年版，第 33 页。

⑥ 侯外庐、邱汉生、张岂之主编：《宋明理学史》上卷，人民出版社 1984 年版，第 338 页。

乾道、淳熙年间，在长沙岳麓书院、城南书院从游张栻的学者甚众，湖湘学成为与朱熹“闽学”、吕祖谦“婺学”、二陆“江西学”并列的重要学派之一。[①]全祖望所补辑的《宋元学案》专门收录了《岳麓诸儒学案》和《二江诸儒学案》，介绍张栻的弟子达40多人，这批弟子得南轩所授“岳麓之教”，统称为“岳麓诸儒”，全祖望特别提出彭龟年、吴猎、游九言、游九功、胡大时等湖湘弟子的成就，称他们为“岳麓巨子”。张栻继承和发展胡安国、胡宏“康济时艰”“明体致用”的思想，特别体现在经世致用层面。正如张栻在《岳麓书院记》中所述：“侯之为是举也，岂特使子群居佚谈，但为决科利禄计乎？亦岂使子习为言语文辞之工而已乎？盖欲成就人才，以传道而济斯民也。”[②]张栻及其后学始终重视传道济民这一“经济之学”，在金军南下之时，湖湘学派都坚决主张抗金，坚拒议和，张栻更以力主抗金闻名于世、见于史册，朱熹在《张公神道碑》中称赞他“慨然以奋伐仇虏克复神州为己任”。张栻后学更涌现出一批优秀的抗金名将和爱国英雄。

三、朱熹对早期湖湘学派的影响与相互成就

朱熹，徽州婺源（今江西婺源县）人，字元晦，又字仲晦，号晦庵，晚称晦翁。生于南宋建炎四年（1130年），卒于南宋庆元六年（1200年），主要著作有《四书章句集注》《太极图说解》《周易本义》等，后人辑有《朱子大全》《朱子集语象》。朱熹是“二程”的三传弟子李侗的学生，其思想以二程的理

① 朱汉民、邓洪波：《岳麓书院史》，湖南人民出版社2017年版，第76页。

② [清]纪昀等编著：《文渊阁四库全书》第1167册，上海古籍出版社1987年版，第506页。

本论为基础，同时吸取周敦颐的太极说、张载的气本论以及佛教、道教的思想而形成，进一步发扬了“理”的概念范畴，倡导“主敬穷理”“格物致知”，开创“闽学”，后人尊称为“朱子”。作为宋代理学的集大成者，朱熹于南宋乾道九年（1173 年）撰成《伊洛渊源录》，书中阐释了宋代理学的内在发展轨迹与学术谱系。《伊洛渊源录》尊奉周敦颐为理学正宗，书中载：“伊川先生作明道先生行状曰：‘先生自十五六时，闻汝南周茂叔论道，便厌科举之业，慨然有求道之志。’河间刘立之叙述明道先生事曰：‘先生从汝南周敦颐问学，穷性命之理，率性防道，体道成德，出入孔孟，从容不勉。’”[①]朱熹认为二程之学，出自濂溪，“周子以主静立人极，明道易之以主敬，伊川又益之以致知，其学实一脉相承”[②]，可见朱熹视周敦颐为宋学开山之祖，二程则是其后宋学传承儒家道统的核心人物，是接继孟子道统的“圣人”，居于宋代道学体系中的核心地位。从周敦颐、二程继而到邵雍、张载等人，《伊洛渊源录》完成了宋代的理学建构，“至其哲学思想，则未有出于周、张、二程之外者”[③]，亦反映出朱熹的思想继承脉络。

当时与朱熹往来交游的大儒，包括张栻、吕祖谦，以及之后的陆九渊、陆九龄兄弟以及陈亮、叶适等人，他们之间发生了意义重大而影响深远的朱张之辩、朱陆之辩以及朱陈之辩，在理论争鸣中朱熹的思想体系得到进一步完善和补充。“朱张会讲”前后的朱张之辩背后是朱熹与湖湘学者的理论交锋，而这种交锋同时又影响着彼此。

伴随着湖湘学派和岳麓书院的交融与一体化，湖湘学派在规模、成就、影

① 王云五主编：《丛书集成初编》第 3340 册，商务印书馆 1936 年版，第 3 页。

② 吕思勉：《理学纲要》，上海书店 1988 年版，第 27 页。

③ 吕思勉：《理学纲要》，上海书店 1988 年版，第 94 页。

响力上都有了显著的扩大，逐步发展到全盛时期。南宋乾道三年（1167年）张栻主讲岳麓时，朱熹从福建来岳麓书院访学，与张栻在学术上相互辩难，“朱张会讲”成为岳麓书院历史上的一段佳话。这次会讲不仅对岳麓书院的历史进程产生了深远影响，而且对于朱熹、张栻学术思想的发展完善也有着重要的意义。这次会讲是朱子闽学和湖湘学这两大派“道南之脉”的思想交锋和学术论战，吸引了诸多远道而来的湖湘子弟，“学徒千余，舆马之众至引池水立竭，一时有潇湘洙泗之目焉”①，可见影响之大。“朱张会讲”对这两个学派的思想发展起到了积极的推动作用。会讲涉及问题包括“《中庸》之义”“太极”“知行”，朱熹、张栻围绕上面的问题展开了深入讨论，取得了很多共识，彼此都感到很有收获。②特别是在“知行”问题上，朱熹后来回忆时感慨：“旧在湖南理会乾坤。乾是先知，坤是践履；上是知至，下是终之。故不思今只理会个知，未审到何年何月方理会终之也。是时觉得无安居处，常恁地忙。”③有关知行问题，朱熹特别强调“论先后，知先行后；论轻重，知轻行重”的知行合一、知先行重的观点，也是受“朱张会讲”的影响。“朱张会讲”也开启了不同学派在同一书院讲学的先河，后人载“昔晦庵、南轩讲学于岳麓、城南两书院间，士人振振向往以千数。时称潭州为邹鲁”④。这种开放包容的教育组织的特点，形成了岳麓书院不限派别、自由讲学的特色。湖湘学派最终形成的“兼收并蓄”的特征，也与此息息相关。

① ［明］吴道行、［清］赵宁等修纂，邓洪波、杨代春等校点：《岳麓书院志》，岳麓书社2012年版，第225页。

② 肖永明：《事实与建构：“朱张会讲”叙述方式的演变》，《湖南大学学报（社会科学版）》2018年第1期。

③ ［宋］朱熹撰，朱人杰等主编：《朱子全书》第17册，上海古籍出版社、安徽教育出版社2002年版，第3435页。

④ ［清］陈宏谋、范咸纂修：《湖南通志》卷68，光绪年版，第19页。

从学术师承和人生经历看，朱熹和张栻有着共同的学术渊源和许多相同的经历，这就为他们的学术交游奠定了背景基础。从学术师承看，他们都是二程的“道南正脉”[①]，两脉分别形成朱子学派和湖湘学派。在同出一源的同时，在传承的过程中又相互融会，胡宏曾师事杨时和程门另一弟子侯师圣；朱熹既有得于谢良佐，又通过胡宪而成为胡安国的再传弟子。[②]从人生和思想经历看，朱熹、张栻都曾在地方担任官职，政治上两人皆反对议和、主张抗金。朱、张之学也有着很多共同点与互通之处：在本体论层面，尽管朱熹侧重“天下一理”，张栻侧重“心宰万物”，但都是以精神性的实体作为宇宙的本体，皆不同于张载“气”本论的思想主张；在认识论层面，朱熹和张栻都主张知先行后，同时强调践履的必要性；在理欲观层面，朱熹和张栻都表现出重义轻利、贵理贱欲的思想特征，力主性命道德之学。

在“朱张会讲”及前前后后的朱张论辩中，湖湘学派实现了从“胡张”到“朱张”的转变。早期湖湘学派“胡张”传统成型于张栻，张栻在继承和发扬胡安国、胡宏父子“康济时艰”“明体致用”思想的基础上，又吸收了浙学陈傅良“事功学派”的部分主张，最终形成性理与事功兼备的湖湘学“胡张”传统。伴随着张栻与朱熹交游的深入，湖湘学派与朱子“闽学”相互影响、互相取经，逐步形成湖湘学派的“朱张”传统。南宋绍熙五年（1194年），朱熹担任湖南安抚使，对岳麓书院的教学进行了整顿，将《白鹿洞书院揭示》（也

---

① 南宋大儒真德秀说：“二程之学，龟山（杨时）得之而南传之豫章罗氏（罗从彦），罗氏传之延平李氏（李侗），李氏传之考亭朱氏（朱熹），此一派也；上蔡（谢良佐）传之武夷胡氏（胡安国），胡氏传其子五峰（胡宏），五峰传之南轩张氏（张栻），此又一派也。”详见［清］纪昀等编著：《文渊阁四库全书》第706册，上海古籍出版社1987年版，第106页。

② 陈代湘：《朱熹与张栻的学术交往及相互影响》，《东南学术》2008年第6期。

称《朱子书院教条》）颁于书院，让学生明确“义理”，指明修身、处事、接物之要，规范和约束书院师生的言谈举止，这使得岳麓书院第一次有了正式的学规，同时对岳麓书院的教学、学风产生了重大影响。南宋嘉定十五年（1222年），朱子后学的重要代表人物真德秀担任湖南安抚使，对于岳麓书院以及湖湘学派有了进一步的推动，特别是对学派“朱张”传统的确立，起到了重大作用。[①] 真德秀认为“惟时湖湘渊源最正”，因为前有周敦颐，继有胡安国、胡宏父子，又有张栻、朱熹讲学于此，“讲明论著，斯道益以光”[②]。真德秀对湖湘渊源的叙述，特别强调张栻与朱熹的突出影响。此外，张栻之侄张庶早年受学于张栻，同时受到朱子之学的影响，后来他曾在岳麓书院讲学，对朱、张二人大力推崇。伴随着朱子地位的抬升，湖湘学派的“朱张”传统愈发被弘扬，然而“承朱张之绪”并不意味着“弃胡张之长”，性理与事功兼备、经世致用的主张依旧是湖湘学派的鲜明特征。

要言之，湖湘学派的特色主要为：第一，以心性为本体的哲学思想；第二，重践履的经世务实学风；第三，汇聚融合众家学术之长。胡安国的“康济时艰”思想包含着“正心”“体元”的心性之学，以及“空言独能载其理，行事然后见其功”的经世致用之特征。胡宏在此基础上提倡“明体致用”，形成自身“心性一元”“仁义一如”的心性论，以及“体用合一”的践履思想。张栻继承发扬了胡氏父子的思想，在心性论上，进一步提出“心主性情”论，强调“心”为万物的主宰；在工夫论上，融合“康济时艰”“明体致用”思想，提倡“经世济民”。朱熹也影响着早期湖湘学派，使得湖湘学派“朱张”传统

① 张天杰．：《从“胡张”到“朱张”——以张栻为中心的湖湘学脉检视》，《地域文化研究》2023 年第 2 期。
② ［宋］真德秀：《西山先生真文忠公文集》卷 49，商务印书馆 1937 年版，第 909 页。

逐步形成确立，然而“经世致用”依旧是早期湖湘学派的鲜明特征。虽然张栻后学“岳麓诸儒”对于理学的抽象本体、心性修养等问题关注不够，因而对胡氏父子、张栻等人的理学理论没有太大发展，但其始终崇尚气节，时刻以“经世济民”为己任。他们大多投身于现实的社会政治活动和抗金的爱国战争中，并在斗争中表现出了杰出的才能，取得了辉煌的成就。[①] 自此，崇尚气节的经世学风，作为湖湘子弟的精神底色，成为湖湘学派的重要特征。

① 杨慎初、朱汉民、邓洪波:《岳麓书院史略》，岳麓书社 1986 年版，第 53 页。

第三节
王夫之对经世实学学风的发扬光大

湖湘学派发轫于胡安国、胡宏父子，经张栻及其后学得以彰明。明清之际，以顾炎武、黄宗羲、王夫之为代表的杰出思想家，力倡经世致用，把批判的锋芒直指传统专制制度和唯心主义理学。王夫之认真思考导致明清鼎革、天下陆沉的原因，对二程及王学末流不重实际、空谈误国的弊端进行了深刻反思。王夫之阐述《春秋》，以史为鉴、求治之资，同时对湖湘学派“体用一致”的经世致用思想进行了进一步继承和发展，完成了对经世实学学风的发扬光大，以及对湖湘学脉的思想承接，最终使古代湖湘学派实现了向近代湖湘学派的转型过渡。

一、再叙《春秋》：王夫之的《春秋》家学

王夫之（1619—1692 年），湖南衡阳人，字而农，号姜斋，别号一壶道人，人称“船山先生”，与顾炎武、黄宗羲并称明末清初三大思想家。他自幼颖悟过人，十四岁即考中秀才。明崇祯十一年（1638 年），王夫之升入岳麓书

院，师从山长吴道行。求学期间，吴道行传授湖湘之学，主张朱张之道，较大地影响了王夫之的思想，在其思想上打下了深深的经世济民的烙印。明崇祯十五年（1642 年），王夫之参加乡试，与其兄王介之同时中举。明崇祯十七年（1644 年），李自成率领的农民起义军占领北京，崇祯帝殉难，明王朝覆灭，不久清兵入关，长驱中原。清顺治五年（1648 年），王夫之在衡阳举兵抗清，战败退至广州肇庆，任职南明桂王朝廷，后因不满王化澄贪赃枉法，愤然离去，辗转湘西及郴、永、涟、邵间。南明政权灭亡后，他归隐山林，在家乡衡阳石船山下筑草堂而居，发愤著作，誓为中华民族留下精神火种，撰写了许多重要的学术著作，后病逝于清康熙三十一年（1692 年）。王夫之一生著书颇丰，包括《周易稗疏》《考异》《尚书稗疏》《诗稗疏》《春秋稗疏》等著作。

王夫之关注《春秋》有着深厚的家学渊源。王夫之的父亲王朝聘对胡安国的《春秋传》很有研究，曾“三传之折衷，得文定而明；河南之举要，得文定而详，习其读者之所知也”[①]。文定即指胡安国。正是受到胡安国《春秋传》中华夷之辨、尊王攘夷思想的影响，在明朝灭亡，清军入关之际，王朝聘临终之前对王夫之兄弟说：“南岳莲花峰之麓，幽迥远人间，必葬我于此，勿载遗形过城市，与腥臊相涉。”[②] 表示与清廷势不两立。王夫之其后多次反清，永不出仕，应受此深刻影响。王夫之少时在父亲指导下学习《春秋》，明崇祯十五年（1642 年），王夫之考中举人，即以《春秋》中试第五名经魁。明亡之后，王朝聘指示王夫之编撰《春秋家说》。他遵照父亲的要求潜心研治，撰写的有关《春秋》的著作就有四种：《春秋稗疏》《春秋家说》《春秋世论》《续春秋左氏

① ［清］王夫之撰，《船山全书》编辑委员会编校：《船山全书》第 5 册，岳麓书社 1988 年版，第 105 页。
② ［清］王夫之撰，《船山全书》编辑委员会编校：《船山全书》第 15 册，岳麓书社 1996 年版，第 113 页。

传博议》。

湖湘学派创始人、湖湘文化奠基者胡安国推崇《春秋》，他通过诠释《春秋》的心性之学着力阐发“天理人欲之辨”“华夏夷狄之异”“君王臣子之论”，以申明经世致用的湖湘学派特征。王夫之在继承《胡氏春秋传》反映的湖湘学派民族主义特征、经世实学特征的基础上，在理论上又有很大的发展。王夫之特别强调其中之“变”与“异”：一是华夏与夷狄的界限不是绝对的、固定不变的。夷狄进化到华夏文明的条件，是“衣食足而后礼义兴”①，一旦不重视经济发展和精神体系，华夏也很有可能返回到原始的蛮夷状态。二是尽忠君主与维护民族利益有着本质的不同，需要强调高于“一人之正义”和“一时之正义”的“天下古今之通义”。所谓“一人之正义”，就是作为臣子效忠于某一位皇帝，为其尽忠死节，但是这个皇帝有可能只算是割据一方的豪杰；所谓“一时之正义”，即有的皇帝可能是一个朝代的君主，但是如果他不坚持爱国气节，而是选择投降卖国，这时效忠于他，就只能算是“一时之正义”。在王夫之看来，只有坚持夷夏之辨、坚持气节，方为古今之通义。② 王夫之终身不肯出仕清朝，展现出自己的气节，以及更加浓厚的经世实学色彩。

二、王夫之对“体用一致”的经世致用思想的传扬

王夫之学问渊博，对天文、地理、算数历法等都有研究，尤精于经学、史学、文学、哲学，在哲学上总结和发展了传统中国的唯物主义观念。在理气关

① ［清］王夫之撰，《船山全书》编辑委员会编校：《船山全书》第 3 册，岳麓书社 1988 年版，第 491 页。

② ［清］王夫之撰，《船山全书》编辑委员会编校：《船山全书》第 10 册，岳麓书社 1996 年版，第 525 页。

系上，王夫之认为“尽天地之间，无不是气，即无不是理也”[①]，强调“天下惟器而已矣”“无其器则无其道”[②]。在心性论上，将“仁义”看作“心之实”，将知觉看作“心之几”，而“心之实”也就是“心之本”[③]。在知行关系上，王夫之强调行是知的基础，反对陆王心学“以知为行”以及佛学“知有是事便休”的观点。由知行问题进一步延伸到经世主张，王夫之经世实学思想成为湖湘文化中实学思潮发展的高峰。

王夫之对早期湖湘学派“体用一致”的经世致用思想的传承，主要反映在心性论和工夫论上。在心性论上，王夫之在胡氏父子“心性一元”、张栻“心主性情”论的基础上，将湖湘学派以心性为本体的哲学思想进一步阐明：“学者切须认得‘心’字，勿被他伶俐精明的物事占据了，却忘其所含之实。邪说之生于其心，与君心之非而待格谓之心者，乃‘名从主人’之义。以彼本心既失，而但以变动无恒，见役于小体而效灵者为心也。若夫言‘存’、言‘养’、言‘求’，言‘尽’，则皆赫然有仁义在其中，故抑直显之曰‘仁，人心也’。而性为心之所统，心为性之所生，则心与性直不得分为二，故孟子言心与言性善无别。‘尽其心者知其性’，唯一故也。”[④]

王夫之认识论中表述“心”这一概念，既是指人先天具备的一种能动的功能，又指通过这一能动性从而反过来认识人性自身的特征以及诸事物的规

① ［清］王夫之撰，《船山全书》编辑委员会编校：《船山全书》第 6 册，岳麓书社 1991 年版，第 1067 页。

② 谷继明：《王船山〈周易外传〉笺疏》，上海人民出版社 2016 年版，第 229 页。

③ ［清］王夫之撰，《船山全书》编辑委员会编校：《船山全书》第 6 册，岳麓书社 1991 年版，第 895 页。

④ ［清］王夫之撰，《船山全书》编辑委员会编校：《船山全书》第 6 册，岳麓书社 1991 年版，第 895—896 页。

则，因而是先天的认识能力与后天发展的认识能力的有机结合。[①] 通过发挥人心的这种能动性，就能够使人成就自我德业。同时，王夫之没有过分地强调人的“心之实”（即“心之本”，心的本体）的一面，而恰恰是将重心放在“心之几”（即知觉）的一面，他高度肯定了人是在真实的生活环境里，每天与外部世界及各种事物打交道，从而使得人性不断丰富、发展、进步。由此进一步引述“天生良知”与“见闻之知”的差异，王夫之一方面肯定人固有的良能，另一方面更强调外在信息，即获取来自外界的事物信息，而非人心中本来有的内容。

在工夫论上，王夫之在胡氏父子“康济时艰”“明体致用”、张栻“经世济民”思想的基础上，提出了“知行相资以为用”“并进而有功”的辩证的知行观。他不仅将“行”规定为“知”的目的，而且将“知”的最高境界归结为“实践”“践行”。王夫之说：“知之尽，则实践之而已。实践之，乃心所素知，行焉皆顺，故乐莫大焉。”[②] 此处所说的“实践”主要还是指道德践履，但王夫之在历史与政治视野里所阐发的“君相造命”“一介之士，莫不造命”，以及“竭天成能”[③]，不与乱世同流合污的思想，就已经超越了个人道德修为这一层次与范畴，进而与认识事物、改造自然、改良社会的广泛实践活动联系起来了。王夫之在强调人的认识与实践能力时，也已经“眼光向下”，不再局限在少数圣贤身上，同时关注普通人，倡导平常之人也应有“相天造命”的能动性，表现出应用范围的延展与扩大。可以说，王夫之传承了早期湖湘学派“体用一

---

① 吴根友：《再论王夫之的“知行”观》，《学术月刊》2015 年第 3 期。

② ［清］王夫之撰，《船山全书》编辑委员会编校：《船山全书》第 12 册，岳麓书社 1996 年版，第 199 页。

③ ［清］王夫之撰，《船山全书》编辑委员会编校：《船山全书》第 10 册，岳麓书社 1996 年版，第 936 页。

致”的经世致用思想，并把着眼点从虚无的“天理”转向人间的具体实践，从观念世界转到客观世界，从个人修养转移到社会改造，从少数圣贤转移到普罗大众，在此基础上形成了自身“知行统一”的经世实学思想。

三、王夫之对“知行统一”的经世实学思想的阐发

王夫之经世致用的思想体系，是以“知行统一”论为基础的。王夫之所说的“知”，包括两方面含义：一方面，是指人们的主观认识能力；另一方面，是指认识的结果，包括对外在事物本身的认识与了解。王夫之所讲的“行”，指的是人的主观见之于客观的行动，它包括履、实践、为、习等在内。① 他反复强调“知行统一”，既反对朱熹提出的“知先行后”，也与王阳明的“知行合一”不同。王夫之主张“知”“行”是相依的，但是“知”与“行”并非并列关系，“行”是主导的方面：“知”有待于“行”，“知”必须从“行”中来，更必须以“行”为基础；而“行”又有赖于“知”的指导。简言之，“知”的目的在于“行”，故而“知之尽，则实践之而已”②。他又进一步讲到“知而后行之，行之为贵，而非但知也”③，学人探求知识，不是为认识而认识，而是为了更好地“行”。王夫之讲的“行为贵”，本身就包含着实践是知的目的之意。他承认人有天资禀赋的差别，认为所有的人都要通过力学以求知，圣人也不例外。而经过人的主观努力和实践锻炼，天资的好坏是可以变化的，人的耳目心

① 王兴国：《从湖湘学派到王船山》，《湖南社会科学》2017 年第 2 期。

② ［清］王夫之撰，《船山全书》编辑委员会编校：《船山全书》第 12 册，岳麓书社 1996 年版，第 199 页。

③ ［清］王夫之撰，《船山全书》编辑委员会编校：《船山全书》第 1 册，岳麓书社 1988 年版，第 824 页。

官都在视听思维的实践中不断得到锻炼与发展。王夫之认为:“此圣人所以倦倦于学知之人，而欲其探本原以会通乎众理也。夫能学之而能知之，又能推类以知之，其识量亦不小矣。”[①] 现实的“知行”过程恰恰是认识与实践相互交织和共同作用的过程。

由此，王夫之认为:“行可兼知，而知不可兼行。”[②] 在这里，他认为在“知”“行”关系中“行”是主导的，“知”是从属的;“行”是绝对的，“知”是相对的；在“知”“行”统一中，“行”是二者统一的基础。在此基础上，王夫之进一步强调:“凡知者或未能行，而行者则无不知。且知行二义有时相为对待，有时不相为对待。如‘明明德’者，行之极也，而其功以格物致知为先焉。是故知有不统行，而行必统知也。”[③] 应该说，王夫之正是靠着这种“以实践为基础的认识论”，为他的经世实学思想奠定了一个唯物主义认识论的基础，故而显得尤为可贵。他虽然没有像胡宏那样，从体用的角度去论证经世致用的必要性，但不论是胡宏所说的“体”还是王夫之所说的“知”，所指内容都是认识的结果。他们都认为，既然从经典或实际中获得了对事物的规律性认识，就必须付诸实践和实行，从而实现了这一思想的承续。

清顺治十一年（1654 年），王夫之为躲避清军追捕，辗转流徙于零陵、常宁一带山林，愤然写下“六经责我开生面，七尺从天乞活埋”的诗句，其强烈的学术抱负与爱国情感溢于言表。王夫之晚年自题墓志铭有言 :“抱刘越石之

① [清] 王夫之:《四书训义》卷 7《论语》，清光绪十三年刻本，第 702 页。

② [清] 王夫之:《尚书引义》卷 3，清道光二十二年刻本，第 142 页。

③ [清] 王夫之撰，《船山全书》编辑委员会编校:《船山全书》第 6 册，岳麓书社 1998 年版，第 815 页。

孤愤而命无从致，希张横渠之正学而力不能企。”[①] 这鲜明地表达了他的爱国与政治情怀和学术渊源与归属的认定。王夫之的学术成就得到后世的高度肯定，正如熊十力所言：“船山易内外传，宗主横渠，而和会于濂溪、伊川、朱子之间，独不满于邵氏。”[②] 从胡安国、胡宏父子到张栻，再到张栻后学吴猎等人，再经由吴道行至王夫之，湖湘学派的经世致用思想传承脉络未曾中断，更可谓相当明晰。

在思想内容层面，纵观王夫之的著作，可以看出他非常了解胡安国、胡宏、胡寅、张栻、吴猎等湖湘学派学者的思想，对湖湘学派给予了高度评价，其本人也由此实现了对湖湘学派经世实学思想的继承与发扬。无论是在理欲观、人性论，还是在知行观上都有了进一步推进，实现了“对湖湘学派天理人欲思想的继承”、“对湖湘学派人性学说的发扬”以及“对湖湘学派知行关系的推进”[③]。王夫之求学岳麓书院期间，就与书院学子成立“行社”，这个社团直接以“行”命名，显然深受重践履的湖湘学风的影响。他对中国传统知行学说的总结和反思，正是继承了湖湘学派重践履、重力行的传统并将其发展到了一个新的理论高度，同时更加强调求实以经邦济世的观点。在谈到经世的方法时，王夫之比较重视以史学经世，在历史的治乱之中，他主张发现历史发展的规律，认为史书的作用便是“资治”，“资治”不是简单地知晓历史上的治和乱，而是要资取，要善于从历史的治和乱中发现经验，进而治身治世。

综上所述，王夫之继承了早期湖湘学派“体用一致”的经世致用思想，同

① ［清］王夫之撰，《船山全书》编辑委员会编校：《船山全书》第16册，岳麓书社1996年版，第4页。
② 郭其勇编：《熊十力学术文化随笔》，中国青年出版社1999年版，第209页。
③ 方红姣、孙国洋：《论王船山对湖湘学派的思想承接》，《船山学刊》2020年第3期。

时阐发了“知行统一”的经世实学思想。早期湖湘学派经世学风中已包含强烈的爱国感情色彩。王夫之生活于明清变革之际，亲逢国亡家破的惨重灾难，这种爱国主义感情和意志更加强烈，见诸笔端。崇尚气节、经邦济世作为湖湘学人的传统精神，已融入湖湘学派经世实学的底色。此后，王夫之的经世实学影响了近代湖湘学派，大体包括两个方面：一是对经世实学本身所反映的湖湘学派知行观的关注，二是对经世实学所蕴含的爱国主义思想的阐发。对于前者，我们可以从陶澍、魏源等时人的思想及著作中看出来。特别是魏源，坚持“及之而后知，履之而后艰”的行先知后说，否认世界上有“不行而能知”的人；对于后者，湖湘学派经世济用中蕴含的厚重的爱国主义思想传统，可以说被王夫之发展到了极致，此后更是对近代湖湘学派产生了极其深远的影响。总结来看，王夫之承前启后，前继湖湘学派，后启近代湘学，正是湖湘学派由古代向近代转型的关键人物，实现了对湖湘学派经世实学学风的发扬光大。

第四节
魏源批判考据学开启晚清务实之风

魏源（1794—1857 年），字默深、墨生、汉士，原名远达，号良图，晚号菩萨戒弟子魏承贯，出生于湖南邵阳，著名思想家、史学家，是晚清社会转型时期具有重要意义的人物，代表作品有《皇朝经世文编》《圣武记》《海国图志》《道光洋艘征抚记》等。魏源提倡今文经学，重视经世致用，顺应时代潮流，以经学、史学致用，以实学、西学救国，在近代的动荡与变迁之中，他忧国忧民，以天下为己任，用“师夷长技以制夷”来自救，力图以之谋求强国富民之路，彰显了其以匡时济世为己任的经世情怀。

一、魏源对考据之学的批判

清嘉庆十九年（1814 年），魏源以拔贡生的身份随父入京深造，得到了许多当时在京的湘籍名人如陶澍、周系英、唐鉴等人的帮助和赏识。这对魏源学术思想的进一步发展至关重要。清道光二年（1822 年），魏源中举人。清道光二十四年（1844 年），魏源通过会试成为贡士。次年，魏源赐同进士出身，授江苏东台知县，正式步入仕途[①]。尽管仕途并不顺利，他在学术上的收获却非常丰厚。魏源早年治阳明心学，喜读史书，深悉汉学深奥，也曾在音韵训诂方面用心，但最终由习阳明心学而改从刘逢禄的今文经学，公开批判汉、宋之学。

魏源生活在清嘉庆、道光年间，这一时期的中国社会和学术都发生了深刻变化。这一历史变化不仅是清朝统治由盛转衰，而且是整个中国历史进程和学术风气的转折点。至鸦片战争前，清朝封建专制统治早已腐朽没落，社会危机四伏。在空前的民族危机前，魏源作为时代的先觉者，在这一新旧转型时期，认为以往作为学术主流的考证之学和因袭复古的古文经学已脱离社会现实，不能满足实际需要，迂腐空虚、无济于事。当此大转折的历史时代，迫切地需要一种深刻关注社会现实、呼吁变革的学术思想出现。

魏源跌宕起伏的人生经历也是他经世致用思想发展的重要一环。魏源自拔贡生开始，直至51岁才正式入仕，几十年科举的坎坷经历，使得他进一步认清了官场的黑暗，进一步激发了他对经世致用思想的发展，为他此后经世致用思想的形成奠定了基础。同时，魏源在岳麓书院学习期间，师从袁名曜，直接感受和继承了湖湘文化中的经世致用传统。随后，他先后作为幕僚，追随贺长龄、陶澍等人，参与处理了大量的农政、刑法、河工、盐法等实际事务，对漕运、盐政、河道治理等均有切实研究，这种长期的理论与实践活动的操练，促使魏源经世致用思想的形成。魏源还受到常州学派关注现实、忧患时局的影响。常州学派反对乾嘉时期汉学脱离实际的风气，强调要依据社会现实情况而经世致用，对于晚清的治学风气具有较大的影响。同时，魏源对于程朱理学、阳明心学都有着深刻的理解。正因处于这个时期，魏源在学术交往中有一批具

① 朱汉民、邓洪波：《岳麓书院史》，湖南大学出版社 2017 年版，第 462 页。

有“经世致用”思想和“开眼看世界”的师友，他们也将其推上了时代高峰。

魏源以经世致用的思想批判汉、宋二学是很深刻的。魏源论学以“通经致用”为宗旨，大力贬斥当时充斥朝野的考据学风和空谈性理的理学思想。他不拘古制，依据《春秋》公羊家学说，提出了“变古愈尽，便民愈甚”的主张。这一主张当时显然不为人们所接受。面对内外交困的社会现实，他感愤书生之无用，因此不惜对汉学加以猛烈攻击。他认识到了汉宋学派“空腐”的本质，比较客观地指出了两派的缺点：“饾饤为汉，空腐为宋。”他批评宋儒是只知“敬天法祖”，“以宴安鸿毒为培元气，以养痈贻患为守旧章，以缄默固宠为保明哲”，“鄙夫胸中除富贵而外，不知国计民生为何事”[①]，特别批评阳明心学空谈心性，“不识兵农礼乐工虞士师为何事”[②]。他批评汉儒只知烦琐的考据，其学问“锢天下聪明智慧，使尽出于无用之一途”[③]，穷年累月训诂、考据，不问世事，“罔知朝章、国故为何物”，“罔知漕、盐、河、兵得失何在”[④]，这样使得“举天下人才尽出于无用之一途”[⑤]。他进而主张学问要“通于天道人事，志于经世匡时”，此议一倡，士人“相与指天画地，规天下之大计”[⑥]。针对当时烦琐、空疏的学风，魏源提出了“通经致用”思想。他认为，如果只是空谈心性，或者只是注重琐事而不问民间疾苦，不探求民富国强之策，那就是无补于实际，就是政治上的无能。经过魏源的大力倡导，晚清学人议政之风渐开，经世致用之学得到提倡，尚虚的学风开始向务实转变。

① [清]魏源撰，魏源全集编辑委员会编校：《魏源全集》第12册，岳麓书社2004年版，第65页。
② [清]魏源：《魏源集》上册，中华书局1976年版，第23页。
③ [清]魏源：《魏源集》上册，中华书局1976年版，第361页。
④ [清]魏源：《魏源集》上册，中华书局1976年版，第359页。
⑤ [清]魏源：《魏源集》上册，中华书局1976年版，第163页。
⑥ 梁启超：《清代学术概论》，上海古籍出版社1998年版，第127页。

二、魏源开启晚清经世务实之风

魏源继承明末清初启蒙学者的思想传统，力倡“经世致用”之学。他认为，治学当施之以政事，然后其用始著，而致用则应以致富强为目的。魏源在《皇朝经世文编》中明确了改革的目的即是“经世致用”，他说：“道存乎实用，志在措正施行，何取纡途广径？既经世以表全编，则学术乃其纲领。凡高之过深微、卑之溺糟粕者，皆所勿取矣。时务莫切于当代。”[①] 可以说，魏源经世思想的提出就是针对清政府政治腐败、经济凋敝、思想落后的局面，希望解决国家所面临的深刻的社会危机，实现富国强兵。他的经世思想在他的代表作《皇朝经世文编》《圣武记》《海国图志》《道光洋艘征抚记》中有鲜明的体现。这些著作是魏源经世观念和学术实践结合发展的结果，其中，《圣武记》《海国图志》《道光洋艘征抚记》既是魏源对鸦片战争的学术反思，又是其爱国思想的真实写照。魏源入江苏布政使贺长龄幕府之后，受贺长龄委托，开始编写《皇朝经世文编》。魏源在这本书中以“存乎实用”为原则，在 19 世纪初已酝酿的经世思想基础上，对这一思想进行了一次集中阐发，旨在扭转当时知识分子不问政治、专事考据的学风。该书于清道光六年（1826 年）编成，刊行后大受欢迎，供不应求，一印再印，风行数十年。清同治中兴重臣的左宗棠将此书视作“体用俱备，案头不可一日离也”[②] 的有用之书。魏源在序言中开宗明义，道明此书的主旨：“总期文资于救时，例绝乎标榜”[③]，而“书各有旨归，通

① [清]魏源撰，魏源全集编辑委员会编校：《魏源全集》第14册，岳麓书社 2011 年版，第 243 页。

② [清]左宗棠撰，刘泱泱校点：《左宗棠全集·书信》，岳麓书社 2014 年版，第 84 页。

③ [清]魏源著，湖南省魏源诗文注释组选注：《魏源诗文选注》，湖南人民出版社 1980 年版，第 105 页。

存乎实用”，此书的实用价值就在于“知民务、集群虑、研几微、究中极”[①]。魏源在这本书中大张“经世”之旗，是鸦片战争前知识界提倡经世致用风气的开篇。

《圣武记》是魏源在鸦片战争爆发、清军失败的背景下撰写的。魏源写作《圣武记》意欲“溯洄于民力物力之盛衰，人材风俗进退消息之本末”[②]，达到“人材进则军政修，人心肃则国威遒”[③]。魏源在书中非常鲜明地展露了他一以贯之的救亡图存思想以及史学经世思想。《道光洋艘征抚记》写作于同一时期，这本书系统完整地记述了第一次鸦片战争的全过程。在这里魏源已经隐现了其后来提出的“师夷长技以制夷”的思想，并且全书以反侵略反投降为基调，体现出强烈的历史责任感与时局忧患意识。《海国图志》则是魏源基于林则徐在广州主持翻译的《四洲志》一书手稿和其他资料编辑而成，以期成为一部详尽可靠的西方史地全书。在不到两年的时间内，魏源基于《四洲志》，编成《海国图志》50 卷，清道光二十三年（1843 年）初次刻印，道光二十八年（1848 年）增补为 60 卷，咸丰三年（1853 年）增补为 100 卷。该书以知夷、师夷、振兴军备为核心思想，对鸦片战争的失败教训进行了深刻的总结。魏源在序言中开宗明义地说：“是书何以做？曰：为以夷攻夷而作，为以夷款夷而作，为师夷长技以制夷而作。”“然则执此书即可驭外夷乎？曰：唯唯，否否！此兵机也，非兵本也；有形之兵也，非无形之兵也。明臣有言：“欲平海上之倭患，先平人心之积患。”“以实事程实功，以实功程实事，艾三年而蓄之，网临渊而结之，毋冯河，毋画饼，则人材之虚患祛。”“寐患去而天日昌，虚患去而风

① [清]魏源撰，魏源全集编辑委员会编校：《魏源全集》第12册，岳麓书社 2004 年版，第 194 页。

② [清]魏源：《魏源集》上册，中华书局 2009 年版，第 166 页。

③ [清]魏源：《魏源集》上册，中华书局 2009 年版，第 167 页。

雷行。”[①]可以说，《皇朝经世文编》象征着魏源从尚虚的考据学转向务实的经世学，《海国图志》则意味着魏源已经跳脱出传统经世思想的藩篱，转而迈向与时俱进的近代经世精神，“师夷长技以制夷”即是对这一大变革时代的及时回应。此后维新派代表人物康有为将《海国图志》作为“西学”首选之书[②]，足见后人对于魏源经世思想的肯定。

魏源将史学经世致用的思想与他的政治抱负紧密相连，将经世致用的观点融入史学中。他关注社会实际，治史是为了考察国家命运，希望以史治世，改革时弊，抵御外侮。这种以论史为主、考史为辅的史学经世致用思想在当时形成了一种全新的学术气象。魏源所倡导的这种以史经世，将学术重心转移到现实问题之上的经世致用思潮是当时转折时代的产物，极大地推动了传统史学向近代史学的转变，冲破了当时史学界重视考据的风气，堪称一个时代的思想先驱者。

魏源的经世之术还体现在他对漕运、盐政、河政等的相关研究中，他于清道光五年（1825 年）至道光二十六年（1846 年）写过大量有关经济改革的文章，如《筹漕篇》《淮北票盐记》《淮北盐法轻本敌私议》《筹鹾篇》《筹河篇》《钱漕更弊议》，详细介绍了具体的治弊方法，集中体现了他以实学致用、利国利民的经济主张，具体表现在“以除弊为兴利”“以节用为兴利”“以塞患为兴利”“以开源为兴利”的“除弊兴利”主张中[③]。在漕运方面，魏源主张改海运，认为实行海运对国家、人民和海商都有利，明确指出：“海运之事，其所

① [清]魏源撰，陈华等点校注释：《海国图志》上册，岳麓书社 1998 年版，第 1—2 页。

② 中国史学会主编：《中国近代史资料丛刊》第 4 册《戊戌变法》，上海人民出版社 1957 年版，第 115 页。

③ 陈其泰、刘兰肖：《魏源评传》，南京大学出版社 2004 年版，第 352 页。

利者有三：国计也，民生也，海商也。”[①]同时指出，虽然海运存在“风涛”“盗贼”“霉湿”等困难，但这些和海运的优越性比起来都是可以克服的，而且提出用商人的海运来代替官方的漕运的主张，这种思想在当时相当具有远见。在盐法方面，魏源提倡改革盐法，即通过裁减不必要的开支来降低食盐成本，以达到降低官盐价格的目的。同时，他还主张实行盐票制，这样不仅可以大大减少百姓的生活负担，也可以增加国家的财政收入。在治河方面，魏源在1844年完成的《筹河篇》上中下三篇中鉴于历代治河的经验教训，主张将黄河南行入海改为黄河自行或人力北决，认为“必冲张秋，贯运河，归大清河入海，是大清河足以容纳全河，又明如星日”[②]。魏源的这些主张，都贯穿了其实事求是的经世致用思想。

魏源在《诗古微》《董子春秋发微》中突出表现了他的经学经世思想。魏源在对儒家经典进行研究的过程中，认识到儒家哲学强调的是“内圣外王”，关注的是人与人的关系、人与社会的关系，即个人的修为与外在政治事功的统一。那么，如何才能做到通经致用呢？魏源认为通经要“以经术为治术”[③]，这不仅是魏源经学理论的主旨，也是其经学理论的归宿。从个人角度而言，治经有益于自身学术的提升；从国家角度而言，治经有益于国家的强盛。同时，魏源借经议政，以期揭露时代问题，宣传改革思想，因此，他对古文经学重视训诂考据的治经方法大加批判，倡导今文经学“微言大义”的治经模式，并且他将自己的感悟融入对经书的解释中，结合自己对社会现状的反思，亲身践行

① [清]魏源撰，魏源全集编辑委员会编校：《魏源全集》第12册，岳麓书社2004年版，第396页。

② [清]魏源撰，魏源全集编辑委员会编校：《魏源全集》第12册，岳麓书社2004年版，第350页。

③ [清]魏源撰，魏源全集编辑委员会编校：《魏源全集》第12册，岳麓书社2004年版，第23页。

“以经术为治术”这一新的治经方式。

魏源的经世务实思想对后世产生了巨大影响，正如梁启超在其著作《清代学术概论》中所言，魏源实事求是的经世思想“实支配百年来之人心，直至今日，犹未脱离净尽，则其在历史上关系，不得谓细也”[①]。首先，他突破了作为学术主流的考据之学，摆脱了乾嘉朴学的统治地位，转而大力提倡经世之学，引导后学将目光集中于现实社会。其次，突破了传统经世之学的藩篱，其主张的“师夷长技以制夷”将目光投向西方，贯通古今、察时知变，在向西方寻求真理的同时对内主张改革，因时而变，其倡导士人开眼看世界，不仅影响了后世的知识分子，也成为洋务运动的思想理论基础。总之，在考据学盛行的时代，魏源承继岳麓书院以及湖湘文化实事求是的思想内核，重张经世致用的旗帜，批评考据学家皓首穷经，以经世致用作为观察问题和解决问题的理论武器。他在揭露和批判社会弊端的同时，也在此基础上提出改革社会的主张，在经世致用、开眼看世界上作出了卓越的贡献，他发时代之先声，开启了晚清学人议政、救世匡时务实之风，对中国由传统向近代的转变起到了重要的推动作用。

① 梁启超：《清代学术概论》，中华书局1954年版，第238页。

第五节
曾国藩的“禁大言以务实”与左宗棠的“弃虚崇实”

曾国藩（1811—1872 年），原名子诚，字伯涵，号涤生，湖南湘乡人。清道光十四年（1834 年），曾国藩来到长沙求学，从游于欧阳厚均门下，在岳麓书院学习的时间虽不到一年，但成绩突出，名声日噪。同年秋天，曾国藩参加乡试，后参加会试高中进士，入朝为官，历经道光、咸丰、同治三朝，为晚清重臣。左宗棠（1812—1885 年），字季高，一字朴存，湖南湘阴人。其父左观澜早年肄业于岳麓书院。清道光十一年（1831 年），巡抚吴荣光在岳麓书院创办湘水校经堂。同年，左宗棠入湘水校经堂，七次经堂考试都位列第一，深受吴荣光赞赏，后因参与镇压太平军而功绩卓著，入仕为官，与曾国藩等同为晚清重臣。曾国藩与左宗棠都曾游学于岳麓书院，其思想的形成和发展受到了岳麓书院“讲性理、笃践履、重经世”的学风的深深熏陶。曾国藩与左宗棠的实践活动也进一步丰富和发展了实事求是和经世致用的内涵。

一、曾国藩“禁大言以务实”的思想及实践

作为学术与军政兼于一身的晚清重臣，曾国藩不仅是影响中国近代史的重要人物，也是晚清理学的代表人物。他被誉为理学大师、一代儒宗。他的理学经世思想不仅代表了晚清学术发展的方向，还为洋务运动提供了思想基础与理论准备。曾国藩把理学和经世之学相结合，将格物致知向实事求是的方向进一步延伸，极大地丰富了经世致用的思想内涵。

“格物”一词最早源于《大学》的“致知在格物”。南宋朱熹云：“格，至也。物，犹事也。穷至事物之理，欲其极处无不到也。”[①] 朱熹认为“格物”就是穷理，穷理之后便可致知。到了明代，“格物致知”被赋予了新的含义，王阳明言：“格物者，格其心之物也，格其意之物也，格其知之物也。”[②] 王阳明认为的“格物”是由内而外以良知去体验外物的过程。清代中叶乾嘉朴学盛行，其治学精神奉行“实事求是”，被称为“汉学”。“汉学”的惠栋、戴震等人与朱熹的认识不同。汉学家们认为“即物穷理”就是回到儒学经典，从书籍里钻研考据，考证事实。

曾国藩在朱熹、王阳明和乾嘉学者的基础上对“格物致知”表达了自己的进一步理解。他的《书〈学案小识〉后》有言：“即物穷理云者，古昔贤圣共由之轨，非朱子一家之创解也……惠定宇、戴东原之流，钩研诂训，本河间献王实事求是之旨，薄宋贤为空疏。夫所谓事者，非物乎？是者，非理乎？实

① ［宋］朱熹集注：《四书集注》，岳麓书社 1997 年版，第 6 页。
② ［明］王阳明撰，叶圣陶点校：《传习录》，中国致公出版社 2018 年版，第 127 页。

事求是，非即朱子所称即物穷理者乎？”[①]曾国藩认为“实事求是”就是朱熹的“即物穷理”。具体而言，“实事求是”中的“事”和“即物穷理”中的“物”一样，是天下万物；而“实事求是”中的“是”和“即物穷理”中的“理”也相同，泛指客观规律。这样曾国藩就把“即物穷理”和“实事求是”串联融合了起来。

可以说，朱熹对曾国藩产生了极大的影响。作为岳麓书院的学生，曾国藩也是“朱张之绪”脉络的传承者。在心性论上，曾国藩继承了朱熹“理一分殊”的思想，进而阐发了“吾心之知有限，万物之分无穷，不究乎至殊之分，无以洞乎至一之理也”[②]的主张，从而承接了儒家道统，增强了义理之学的权威性；在认识论上，即对“格物致知”理论的认可与发扬；在修养工夫论上，则恪守朱熹主静居敬的训示，“居敬”是朱熹为自己所立12门日课的首条。曾国藩在日记中也写道：“此不能居敬者之不能养小体也……此不能居敬者之不能养大体也。是故吾人行父母之遗体，舍居敬更无他法。”[③]曾国藩对朱子及其著作进行潜心钻研，并将其应用于修身、齐家、治国、平天下的事业中。

在曾国藩对“即物穷理”和实事求是进行总结和升华后，汉学与宋学便成了相互贯通且殊途同归的两种学派，虽治学方式不同，但都是从客观事物出发，探寻事物的内在联系和客观规律性。就此而言，曾国藩不仅调和了汉学和宋学之间的分歧，更使中国传统治学的务实精神得以重新彰显。在曾国藩看来，实事求是实质上就是“即物穷理”，二者都能体现传统儒学的实用精神。

① ［清］曾国藩：《曾国藩全集·文集》上卷，河北人民出版社2016年版，第16页。
② ［清］曾国藩：《曾国藩全集》第22册《书信之一》，岳麓书社2011年版，第17页。
③ ［清］曾国藩：《曾国藩全集·日记（一）》，岳麓书社1987年版，第155页。

这在一定程度上改变了晚清宋学高谈空论的学术风气，同时也打破了汉学埋头纸堆、脱离现实的弊端，对清代学术向经世致用的转型具有重要的推动作用。

曾国藩的务实理念不仅体现在调和宋汉之争上，还表现在治学和实践上。“禁大言以务实”就是曾国藩实事求是观的典型表现。“禁大言以务实”出自曾国藩的日记：“绅士之道以四者为最要：一曰保愚懦以庇乡，一曰崇廉让以奉公，一曰禁大言以务实，一曰扩才识以待用。”[①]意为做人做事禁说大话，要做到求真务实。曾国藩十分重视“实”和“诚”，认为做人应表里一致，一切都可以公之于世。他看重实用价值，讲求现实功效，践行实事求是思想，表现出了鲜明的务实性和实践性的特征。

第一，治实学：不说大话，不谈高理。曾国藩在日记、书信中常常会有告诫子弟勤于治学的言论。那么如何治学？曾国藩给出了自己的答案，即“所知而力行之，是不欺也，知一句便行一句”[②]。先知后行，知一行一的思想反映了他求真务实、脚踏实地的治学精神。曾国藩曾批评读书人的通病在于“志大言大，而实不副也”[③]。他极力宣示“今与诸君子约为务实之学”，“禁大言以务实”。他还说过：“凡道理不可说得太高，太高则近于矫，近于伪。吾与僚友相勉，但求其不晏起，不撒谎。二事虽最浅近，而已大有益于身心矣。”[④]也正因如此，学术界大多把他当成晚清“实学”的代表人物。曾国藩不仅极力倡导“实学”，还注重亲身实践。

---

① [清]曾国藩：《曾国藩全集》第17册《日记之二》，岳麓书社2011年版，第198页。
② [清]曾国藩：《曾国藩全集》第20册《家书之一》，岳麓书社2011年版，第35页。
③ [清]曾国藩：《曾国藩全集》第13册《批牍》，岳麓书社2011年版，第202页。
④ [清]曾国藩：《曾国藩全集》第13册《批牍》，岳麓书社2011年版，第176页。

曾国藩以自己作字为例，详谈人要躬行实践，不能只是空想不干，不仅是读书，做人做事都应不说空话，“行一句算一句，行十句算十句”[①]。“余早年于作字一道，亦尝苦思力索，终无所成。近日朝朝摹写，久不间断，遂觉月异而岁不同。可见年无分老少，事无分难易，但行之有恒，自如种树畜养，日见其大而不觉耳。”[②]他对弟弟妄谈空言多有批评，规劝他多读书写字，不要张口就来。“贤弟论袁诗，论作字亦皆有所见，然空言无益，须多做诗多临帖乃可谈耳。譬如人欲进京，一步不行，而在家空言进京程途，亦何益哉？即言之津津，人谁得而信之哉？……然我用功，实脚踏实地，不敢一毫欺人。若如此做去，不作外官，将来道德文章必粗有成就。”[③]曾国藩脚踏实地，不像旁人一样空言谈道，求务实，重实效，终有所成就。

曾国藩不仅自己治学遵循着实事求是思想，在教导后辈治学时同样讲求实际，认为不可脱离实际情况漫谈读书方法。在对儿子曾纪泽的读书进行指导时，他曾反复叮嘱他读经史书籍时要认真和细心，注意不同史家所著的疏解的优缺点，不可将书本奉为不可移易的圭臬，轻信书上内容。这种治学方法曾国藩在日记中也有提及：“凡汉人传注、唐人之疏，其恶处在确守故训，失之穿凿；其好处在确守故训，不参私见……朱子《集传》，一扫旧障，专在涵泳神味，虚而与之委蛇，然如《郑风》诸什，注疏以为皆刺忽者固非，朱子以为皆淫奔者，亦未必是。尔治经之时，无论看注疏，看宋传，总宜虚心求之。”[④]曾

① [清]曾国藩:《曾国藩全集》第20册《家书之一》，岳麓书社2011年版，第197页。

② [清]曾国藩:《曾国藩全集》第21册《家书之二》，岳麓书社2011年版，第12页。

③ [清]曾国藩:《曾国藩全集》第20册《家书之一》，岳麓书社2011年版，第92页。

④ [清]曾国藩:《曾国藩全集》第20册《家书之一》，岳麓书社2011年版，第389页。

国藩从自己的治学经验出发，认为先贤圣书虽十分重要，但阅读起来要慎之又慎，要结合生活经验对事物进行正确和深入的认识。

第二，践实行：行之以实，持之以久。曾国藩一生波澜壮阔，历经三朝，皆为朝廷重臣，享有“中兴第一名臣”之美誉。这与他奉行“禁大言以务实”的做官准则有很大关系。

曾国藩曾说：“但求脚踏实地，颠扑不破。其初或多磨折，久后著有成效。”[①] 做官如做人，要脚踏实地，在逆境中接受磨炼。他一再强调“实者，不说大话，不好虚名；不行驾空之事，不谈过高之理”[②]。为官不要说大话，也不要对官职有过多追求，不要做不切实际的事情，也不要谈大道理。从这段话中能看出曾国藩十分倡导躬行和实践，强调做官不能只说不做，不能空想不作为，也就是他所说的“禁大言以务实”。

做官要怎么作为，曾国藩给出了自己的见解。在咸丰十年（1860 年）的批牍中，他给下属点明了如何做官做事，内容直切做官之道：“办事之法，以五到为要。五到者，身到、心到、眼到、手到、口到也。身到者，如作吏则亲验命盗案，亲巡乡里，治军则亲巡营垒，亲探贼地是也；心到者，凡事苦心剖晰，大条理、小条理、始条理、终条理，理其绪而分之，又比其类而合之也；眼到者，着意看人，认真看公牍也；手到者，于人之长短，事之关键，随笔写记，以备遗忘也；口到者，使人之事，既有公文，又苦口丁嘱也。”[③] 其中的“身到”之句，是指发生命案盗案时，官员须亲自勘验并巡视乡村。若治军将

① [清]曾国藩：《曾国藩全集》第 28 册《书信之七》，岳麓书社 2011 年版，第 753 页。

② [清]曾国藩：《曾国藩全集》第 17 册《日记之二》，岳麓书社 2011 年版，第 87 页。

③ [清]曾国藩：《曾国藩全集》第 13 册《批牍》，岳麓书社 2011 年版，第 143 页。

官须亲自巡视营垒，亲自查探敌情。做到摒虚去文，力求实际。任两江总督期间，曾国藩亲撰《劝诫浅语十六》，劝诫和教导州县勤政务、营官勤兵务、委员勤职务、绅士勤乡务，以此来提升地方官员素质。

在洋务运动期间，曾国藩积极吸纳西学，与其他晚清重臣共同兴办洋务，还倡导“资夷智”“救时”，引进西方先进技术。创办江南制造总局、设立译书局、创建洋务学堂、校印《几何原理》、派遣幼童赴美留学等洋务活动，不仅反映出他对科学技术和实用知识的重视，也体现了他经世致用和求真务实的精神。

二、左宗棠“弃虚崇实”的思想及实践

在19世纪60年代开始的洋务运动中，左宗棠是洋务派的重要人物。洋务派主张学习西方，以求国家富强之术，左宗棠也不例外，不过左宗棠的思想主张更加务实。在给魏源的《海国图志》作序时，左宗棠曾言：“泰西弃虚崇实，艺重于道。官、师均由艺进，性慧敏，好深思，制作精妙，日新而月有异，象纬舆地之学尤征专诣，盖得儒之数而萃其聪明才智以致之者。其艺事独擅，乃显于其教矣。”[①] 左宗棠看到了当时在中国占统治地位的宋明理学的弊端：空谈理论，不求实际。而与之相对的是西方列强的优势，他们“弃虚崇实”因而国利民强，这个“实”给了左宗棠很大的启发。

第一，提倡实学，读书致用。和曾国藩一样，左宗棠也对当时乾嘉朴学拘泥于考据训诂进行了批评：“穷经将以致用也，而或泥于章句训诂之学，据

① [清]左宗棠撰，刘泱泱校点：《左宗棠全集·家书 诗文》，岳麓书社2014年版，第227页。

摭遗义，苏索经馀，前人所弃，后复拾之，纵华辨之有馀，究身心之何补？”[①] 在他看来，乾嘉朴学的考据和训诂虽然能得到真义，但对身心无益，且脱离现实，读书在于致用，而非在字、词、句读中打转。所以左宗棠主张将读书与实践相结合，“所谓识字者，非仅如近世汉学云云也。识得一字即行一字，方是善学……务实学之君子必敦实行，此等字识得数个足矣”[②]。对左宗棠而言，只读书不躬行，和学舌鹦鹉没有区别。读书够用即可，敦实行才最为重要。他还指出：“纵读数千卷奇书，无实行不为识字。”[③] 左宗棠多次强调读书和实践的关系，可见其对实践的重视和倡导。

左宗棠提倡实事求是的读书和治学精神，批评了当时儒学空读书、空著书的学风。他在给朋友罗研生的信中说道：“近人著书，多简择易成而名美者为之，实学绝少。仆近阅新书殆不啻万卷，赏心者不过数种已耳。”[④] 所以他纂写农书，提倡实学，以求实效。在给儿子左孝威的信中，左宗棠说：“所贵读书者，为能明白事理。学作圣贤，不在科名一路，如果是品端学优之君子，即不得科第亦自尊贵。”[⑤] 左宗棠对当时的空虚学风大为不满，认为读书只为做官，却不明白事理，通晓实务，那登科取士又有何用，现在国家人才不佳，原因就是“专心做时下科名之学者多，留心本原之学者少……八股愈做得入格，人才

① [清] 左宗棠撰，刘泱泱校点：《左宗棠全集·家书 诗文》，岳麓书社 2014 年版，第 359 页。

② [清] 左宗棠撰，刘泱泱校点：《左宗棠全集·书信 诗文》，岳麓书社 2014 年版，第 6 页。

③ [清] 左宗棠撰，林鸣凤等整理：《左宗棠全集·书信 诗文》，岳麓书社 2009 年版，第 419 页。

④ [清] 左宗棠撰，刘泱泱校点：《左宗棠全集·书信一》，岳麓书社 2014 年版，第 45 页。

⑤ [清] 左宗棠撰，刘泱泱校点：《左宗棠全集·家书 诗文》，岳麓书社 2014 年版，第 19 页。

愈见庸下”[①]。因此他教儿子读书，并不是读死书，而是主张把读书明理和做人做事联系起来，多读有用之书，多做有用之事，“只要读书明理，讲求做人及经世有用之学，便是好儿子，不在科名也”[②]。努力学做好人，做实事，不必一心追求功名，也不必做苟且草率功夫。

左宗棠不仅教育后代以实学为主，还在洋务运动的教育领域进一步推崇实事求是之风。左宗棠亲自创办福州船政学堂，为中国培养了一大批海军人才和科技人才。左宗棠为学堂取名求是堂艺局，带有“求是”二字，是他多年奉行实事求是原则的反映。在学堂筹备阶段，左宗棠“延致熟习中外语言文字洋师，教习英法两国语言文字、算法、画法，名曰求是堂艺局，挑选本地资性聪颖、粗通文义子弟入局肄习”[③]。此举为近代人才的培养起到了重要的倡导作用。

第二，洋务实践，追求实效。其实在推行洋务活动之前，左宗棠已经在用行动践行“崇实”的思想了。左宗棠读书时便对经世致用有很浓厚的兴趣，他对顾炎武的《天下郡国利病书》爱不释手，一心研究书中内容。三次入京会试都名落孙山后，左宗棠专心钻研农学。他用积蓄在家乡买田，休假归来就在田地里躬耕。在左宗棠看来，他种地不是为了一人一家的温饱，而是为了研究种地的方法，如果能推广开来，使“一乡温饱，即是我辈一大功德”[④]。为此，他还作《朴存阁农书》将自己实践所得的种田之法记述下来，以诏农圃。除此之外，左宗棠还对地学、农桑、水利、漕运等多有探求，早年积聚的这些历史、

① [清]左宗棠撰，林鸣凤等整理:《左宗棠全集·家书 诗文》，岳麓书社1987年版，第20页。
② [清]左宗棠撰，林鸣凤等整理:《左宗棠全集·家书 诗文》，岳麓书社1987年版，第21页。
③ [清]左宗棠撰，刘泱泱校点:《左宗棠全集·奏稿三》，岳麓书社2014年版，第297页。
④ [清]左宗棠撰，刘泱泱校点:《左宗棠全集·附册》，岳麓书社2014年版，第191页。

地理、兵学、农学知识，为他后来用兵作战、治理地方打下了深厚的基础。

在洋务运动期间，左宗棠把“崇实”的思想贯彻到了洋务实践中去，兴办大型企业，以求国家自强和民族振兴。他非常注重解决社会实际和民生问题，具有强烈的改革精神。在洋务运动中，左宗棠主要以造船为中心。在筹办福州船政局的奏折中，他明确提出了如何用“实事求是”来“求实效”：“募练水兵，以求实效，必须镇道得人，同心共济，而部中不复以旧制相绳，庶几实事求是，而船政可举也。”[①] 只要能实事求是地做事，就会有明显的实效。而只要是能有实效的东西，都可以为我们所学，为我们所用。同时，左宗棠认为学习西方，不能全盘照搬，要结合中国具体实际，因地制宜，实事求是，坚持中西结合。“长短相间，参用中西之法，而兼其长。”[②] 以此思想为指导，根据中国当时的国情，左宗棠极大地注意了“有益实用者”，如“念泰西水器最利民用，数百年来有人说过，无人仿造，岂不可惜”[③]。以实用为原则，左宗棠后来还在创办新式学堂、提倡农桑、制造枪支弹药、治水等利于国计民生的领域进一步开展洋务活动。

左宗棠实事求是的洋务思想和实践所带来的成果令人瞩目。福州船政局造出的船只和新式军舰组成了中国第一支海军舰队。左宗棠平定西北时在西安创建了机器局，后将部局迁往兰州，改名为兰州制造局。制造局中研制的新式枪炮在左宗棠平定西北、收复新疆伊犁等多次战役中发挥了重要作用，左宗棠“崇实”的洋务实践不仅促进了晚清民族资本的发展，还有效抵御了外来侵略，

---

① [清]左宗棠撰，刘泱泱校点：《左宗棠全集·奏稿三》，岳麓书社2014年版，第130页。

② 罗正钧著，朱悦、朱子南校点：《左宗棠年谱》，岳麓书社1983年版，第272页。

③ [清]左宗棠撰，刘泱泱校点：《左宗棠全集·书信三》，岳麓书社2014年版，第444页。

对中国的近代社会转型起到了重要作用。

“崇实求是”是左宗棠一生活动和思想的核心。在人生的前半段，他虽屡试不第却悉心钻研实学，后半生将其所学施展于做官的实践中，“百工技艺及医学、农学，均是一件事，道理尚易通晓。至吾儒读书，天地民物，莫非己任”[①]。他对实事求是的践行和体会十分深刻，临终之前仍在奏折直言：“上下一心，实事求是。臣虽死之日，犹生之年。”[②]这些都展示了左宗棠以天下为己任的强烈的责任感和对实事求是思想的终身践行。

近代湖湘士人对“实”的领悟和践行，极大地丰富了实事求是的内涵，使实事求是成为在经世致用和躬行实践精神引领下的一种为学路径、思维方式和处事之法。无论是王夫之、魏源，还是曾国藩、左宗棠，他们都是实干家、行动派。其中曾国藩和左宗棠作为“中兴名臣”常常并称，二人年龄相当，都曾在岳麓书院学习，同受到湖湘文化的熏陶，人生道路和治学为官也多有相似之处。他们在中国晚清政治舞台上虎啸生风，在读书、治学、政治、外交等领域都充分发挥了经世致用的理念和躬行实践的务实作风，彰显了湖湘知识分子特有的精神气质，堪称湖湘人士理学经世的典范。

① [清]左宗棠撰，刘泱泱校点：《左宗棠全集·家书 诗文》，岳麓书社2014年版，第10页。

② [清]左宗棠撰，刘泱泱校点：《左宗棠全集·奏稿八》，岳麓书社2014年版，第554页。

第六节
宾步程将实事求是上升为岳麓书院校训

宾步程（1880—1943 年），谱名孝聪，字敏陔，号艺庐，湖南东安人。他曾就读于两湖书院与湖北将弁学堂，后去德国留学，归国后担任过工程师、政府官员、校长等职务。“实事求是”上升为岳麓书院校训是在 1917 年宾步程任湖南公立工业专门学校的校长时所为，其手书“实事求是”四字，悬匾额于书院讲堂前檐。实事求是思想延续至今，不仅熏陶了湖南大学一代又一代的青年学子，也影响了无数前来参观岳麓书院的文人骚客。宾步程选择实事求是作为岳麓书院校训，与其生平经历、岳麓书院的学术传统和湖湘文化的近代化转型密切关联。

一、对实事求是思想的继承与发展

宾步程在学习过程中不断学习和吸收实事求是思想，后来的实践经历正是其在自身对实事求是思想继承基础上的落实与发展。

少时，宾步程跟随井头圩町尾村的秀才读私塾，自学能力强且十分刻苦。

稍长，宾步程被选入两湖书院。由于家贫，父母变卖水田，供其读书。临行前，父亲训示他说："我家贫穷，衣食不支，如今倾家中所有，为你交学费，学不成，不要来见我。"① 为了节省费用，宾步程在清光绪二十四年（1898 年）从家乡湖南东安步行至湖北武昌两湖书院。他牢记父亲训示，攻读刻苦，成绩优秀，后被选入湖北将弁学堂读书。少时读私塾和后来入两湖书院与湖北将弁学堂的经历为其实事求是思想的形成打下了基础。

宾步程在少时就读私塾时，就对河间献王刘德"修学好古，实事求是"的治学态度有所了解，后来就读两湖书院的经历则进一步推动了其"实事求是"思想的形成。两湖书院处于传统与变革之间，于清光绪十六年（1890 年）为张之洞所设。清光绪二十四年（1898 年），张之洞在两湖书院按照学堂办法，改定课程，"一洗帖括词章之习，惟以造真才济时用为要归""分习经学、史学、地舆学、算学四门，图学附于地舆，每门各设分教，诸生于四门皆须兼通。四门轮日分习"。另外，"设院长总司整饬学规，考核品行，讲明经济，用宋太学积分之法，每月终核其所业分数之多寡，以为进退之等差"②。就此两湖书院的管理制度、教学内容、方法等都发生了巨大的变化。宾步程在两湖书院的研习正值书院改革之际，书院"求实"的趋向影响着他，而在被选入湖北将弁学堂读书后继续受这种"求实"风气的影响，也与将弁学堂"讲求行军、布阵，分合进退、攻守迎拒、设伏包抄，一应调度指挥之实际"③ 的教授内容分不开。此后，宾步程去德国留学的经历更是推动了他回国后一系列的实事举动

① 东安县志编纂委员会编：《东安县志》，湖南出版社 1995 年版，第 785 页。

② [清] 张之洞著，苑书义等主编：《张之洞全集》第 2 册，河北人民出版社 1998 年版，第 1299 页。

③ [清] 张之洞著，苑书义等主编：《张之洞全集》第 6 册，河北人民出版社 1998 年版，第 4128 页。

的出现。

清光绪二十八年（1902 年），张之洞被委派兼管全国学务事宜。其代表总理学务部门规定："泰西各国，或以道远费多，资送甚少。亟应广开风气，着各省督抚选择明通端正之学生，筹给经费，派往西洋各国，讲求专门学业，务期成就其才，以备任使。"① 因此，清光绪二十九年（1903 年），在张之洞和端方选派学生留欧时，宾步程被派往德国留学。他先是在德国炮兵学校学习军事，探索救国救民之道，但"深感'兵战不如商战'，决心利用德国在第二次技术革命中崛起、工业技术雄居世界前列这一得天独厚的优越条件，改入柏林帝国工科大学，学习机械工程，着意于'兵学制造'"②。这一学习方向的转变不无道理，"兵战没有雄厚的工业支撑也无法维持，唯有实业救国才是真正可行的"③。在德国留学的 8 年时间里，宾步程所学均为世界上的前沿科技，比如无线电等，潜心研习兵造以期用先进科技救国。日常学习之余，他还经常去欧美各国考察和实习，足迹遍布 20 余国，真正做到了"读万卷书"和"行万里路"的结合。除了对科技的学习，宾步程还革新思想，积极参与民主革命。清光绪三十一年（1905 年），宾步程以留德学生会会长的身份接待了前往德国柏林开展革命活动的孙中山，并秘密加入了同盟会。学成归国之后，宾步程仍继续跟随孙中山奔走革命，并将所学施行于国，开展了一系列的"科技救国"、"实业救国"与"教育救国"活动，其中涉及最多的当数教育方面，这也促进

① [清] 朱寿朋编，张静庐等点校：《光绪朝东华录》，中华书局 1958 年版，第 4932 页。

② 许康、姜明：《继往开来的工程教育创新者——纪念宾步程校长逝世六十周年》，《湖南大学学报（社会科学版）》2003 年第 6 期。

③ 许康、王道平：《20 世纪中国最早的"理工科"期刊——纪念〈理工〉创刊 100 周年》，《湖南大学学报（社会科学版）》2008 年第 1 期。

了岳麓书院“实事求是”匾额的出现。

清宣统二年（1910年），宾步程归国。归国后，他先是担任了粤汉铁路长沙株洲段机械工程师，打破了火车头需从外国购买且需外国人组装的限制，实现了自行装配，也节省了很大一笔开支。1912年，孙中山和黄兴为发展军事工业，在上海《申报》上登载寻找宾步程的广告，“各报转宾步程、钱方度君鉴：有要事待公等担任，希即来宁陆军部一谈。盼复。”[①]宾步程见报赶往南京，在3月份接任金陵机器制造局局长。任职后，他“在短时间内克服了经费拮据、设备老旧等困难，率先仿制成具有国际领先水平的美国白朗宁手枪和德国马克沁重机枪”，“还自行设计了‘七五式山炮’”[②]。这些技术均可以代表当时国内的先进水平。1924年，农商部还授予宾步程工业技师证书。[③]

宾步程在实业方面也有颇多活动。1915年，他与唐生智的父亲唐承绪、雷铸寰等同乡在东安县大牛头寨创办了天宝锑矿公司。1921年，宾步程等人筹资18000元，创办了岳华皮革公司。1934年对此公司进行调查时，发现资本已近50000元，而且除1927年、1930年两年短暂停业外，其余均营业顺利。[④]1922年，他与唐承绪等人筹备创办永州电灯灰面公司，公司地址设在永州零陵城北。除此以外，他还担任湖南造币厂厂长、处理水口山矿务局事务、接办河南中原煤矿公司等。宾步程在新闻业方面有所涉猎，创办了多种报刊，其中《霹雳报》最能代表宾步程对于时事政治的观点。1922年，宾步程与杨

① 宾步程著，宾睦新等整理：《宾步程集》第6册，广东人民出版社2019年版，第480页。

② 朱有志、郭钦主编：《湖南近现代实业人物传略》，中南大学出版社2011年版，第138页。

③ 宾步程著，宾睦新等整理：《宾步程集》第6册，广东人民出版社2019年版，第492页。

④ 孟学思：《长沙重要工厂调查》，湖南经济调查所，1934年，第G4页。

绩荪等人创办《霹雳晚刊》，后改为《霹雳报》，1923 年 8 月停刊，1932 年复刊。其办报目的明确，“记的是当天所见闻的事，说的是大家所要说而不敢说的话，在现今十几家堂堂皇皇的大报当中，本刊愿拿出短小精悍的能力，担负冲锋陷阵的责任。篇幅虽小，精力不弱”[①]。而这份报纸也因针砭时弊而屡被查封，但从未改变办报初衷。

教育是宾步程涉及最多的领域，他先后创办了濂溪中学（后改名为湖南第十三联合县立中学）、明宪女子中学（即今长沙市第十五中学）、湖南省立零陵高级中学，还多次为其他教育活动捐款和募捐。1914 年，宾步程出任湖南公立工业专门学校校长。关于建设工业人才，他认为学习知识应与实际做工结合起来，“抑知工业之事，学问与经验二者缺一不可”。然而，很多同学营谋做官，“究有几人曾在矿山中作过数年工程之事？不过凭着在学校中所得书本上之知识，昂然自命为专门人才而已。湖南官矿虽多，各同学除有做局长资格者以外，又有几人能担任工程师一席耶？”“吾湘建设事业犹在萌芽时期，工业人才固不患其多，亦不患其无用处，患在此项人才专欲做官而不做工耳”[②]。对此，他提议厅内专门人才“素未做过工人事业者，轮流派往工厂、矿山做工，定期换班，以资实验”[③]。在任职湖南公立工业专门学校校长期间，宾步程设法将学校迁到岳麓书院，进而在 1917 年将实事求是作为岳麓书院校训。即使在处理水口山矿务局事务时，他也不忘推广教育。1923 年 12 月初，宾步程发布《水口山工人学校布告》，宣布“照得教育为立国根本，工人教育，在今日尤为

① 宾步程著，宾睦新等整理：《宾步程集》第 6 册，广东人民出版社 2019 年版，第 487 页。

② 宾步程著，宾睦新等整理：《宾步程集》第 1 册，广东人民出版社 2019 年版，第 41 页。

③ 宾步程著，宾睦新等整理：《宾步程集》第 1 册，广东人民出版社 2019 年版，第 42 页。

重要，本局长从事工业教育有年，深知工人无学之可悯，对于工人教育，竭力提倡，不遗余力。查前工人俱乐部，办有工人学校一所，兹该俱乐部既经省令解散，所有工人学校，应即由本局委人接办，力图整顿，以免工人子弟有失学之忧”[①]。从他的教育观中，我们可以清楚地看到实事求是的影子。而宾步程这种从实际出发的教育理念，均源于他所受到的中式传统教育启蒙与近代新式教育的熏陶，从他的各种教育履历中也可以看出他是切切实实地践行了这种理念。

二、实事求是成为岳麓书院的校训

宾步程将实事求是作为湖南公立工业专门学校校训，并悬挂在岳麓书院讲堂前檐，这一举动不仅与岳麓书院的历史传统相契合，也是湖湘文化在近代转型这一大背景下的必然结果。

传统书院以经史之学为主要内容，以登科入仕为主要目的，难以适应洋务运动以来社会对新的知识文化的需求，再加上西学东渐冲击了中国传统思想，促进了中西文化的交流。在这种背景下，时人纷纷提出改革书院的主张，形成了书院改制的热潮。岳麓书院早已有经世致用的传统，因此，在面对全国书院改制的高潮时，也能与时俱进适应社会急剧变化的文化教育需求，步入改革、转型的历史进程。

岳麓书院的近代化改革始于清光绪二十二年（1896 年），山长王先谦订购《时务报》令诸生阅读，来改革思想、读书致用。清光绪二十三年（1897 年），

① 宾步程著，宾睦新等整理：《宾步程集》第 6 册，广东人民出版社 2019 年版，第 492 页。

王先谦发布《岳麓书院月课改章手谕》，认为“方今时事多艰，培才为急，将欲讲求实用，不能专恃制艺试帖以为造就之资”[①]，以通时务而务实为目的，对岳麓书院的教学内容进行了变革，“拟定经、史、掌故、算、译各学，列为五门，以舆地并归史学（舆地本史志一端，至环球舆图，论测绘须先通算学，论翻译须先通译学，故无庸分别）”[②]。在《改章手谕》发布的10天后，岳麓书院译学教习又制定了《岳麓书院新定译学会课程》，课程的设置差不多为现代外语教学的各个方面，可以从侧面证明岳麓书院拥有因循时代、因势变革的能力，并推动着时务学堂的创立。后岳麓书院虽与时务学堂产生矛盾分歧，近代化变革停滞了一段时间，但这种停滞毕竟是短暂的，岳麓书院最终仍在经世致用的学术传统下朝着近代化方向前进。清光绪二十九年（1903年），在湖南巡抚赵尔巽的推动下，岳麓书院改为湖南高等学堂，并将早已改为湖南高等学堂的时务学堂并入，组建成了新的湖南高等学堂。新高等学堂开办中学、预科、正科（本科），清光绪三十四年（1908年），又在所设正科中分设文、理两科，真正成为近代意义上的文理兼招的综合性高等学府。

中华民国成立后，由岳麓书院改制的湖南高等学堂停办。1912年，湖南大学筹备处首次成立，湖南大学虽然没有成立，但岳麓书院顺势成为高等师范学校校舍。1917年，高等师范学校停办之际，高师教授们再次组建了湖南大学筹备处。同时，宾步程为谋求湖南公立工业专门学校的发展，借用高师校舍办学，“设采矿、冶金、机械、应用化学、电机、土木、窑业等专业，聘请法、英、美籍教师讲授英文、力学、物理、化学分析、采矿工程、机械制图等

---

①《岳麓书院院长王月课改章手谕》，《湘学报》第9册，光绪二十三年六月十一日。

②《岳麓书院院长王月课改章手谕》，《湘学报》第9册，光绪二十三年六月十一日。

课程”[1]，并以实事求是作为校训，悬匾额于书院讲堂前檐，还在讲堂旁题“工善其事必利其器，业精于勤而荒于嬉”对联，带领书院继续朝着实用之学的方向发展。此时的湖南公立工业专门学校，拥有114种化学药品（3514磅）、23种化学器具（2113件）、20种洋文书（3640本）、4种中文书（1581本）等物品，[2]为之后培养大批工程技术人员提供了丰富的学习资源，学校本身也成为清末民初湖南实业教育的最高学府。1925年，湖南大学筹备处第三次组建，并在1926年成立了湖南大学，湖南公立工业专门学校成为湖南大学的一部分，实事求是精神成为湖南大学校训，影响着湖南大学一代又一代的学子与岳麓书院的参观学习者。

湖湘文化的近代转型可以说是朝着“实用”的方向转变，是随社会现状和社会所需的变动而变，而这一转型也是在一批经世的知识分子下推动的。从胡宏、张栻等人创立起“湖湘学派”，讲求实用，主张从国计民生中探寻富国强兵之道开始，湖湘文化就已经体现出了鲜明的经世致用特色。而以魏源的“师夷长技以制夷”为始，湖湘文化就依托其经世致用的特点开启了它的近代化转型。魏源除了介绍西方的坚船利炮等物质技术，还介绍了西方近代的制度与思想文化。在其之后的曾国藩、左宗棠继续朝“实用”的方向靠拢，进行了一系列的近代化活动。曾国藩创办江南制造总局，左宗棠创办福州船政局，两人均开办了近代军工企业，引进西方先进的军工与科技文化，这些都是分析中国现实情况后才做出的举动，非常符合中国的需要。郭嵩焘也是从实用理性的角度来看待西方近代的科学技术的，由于其对西洋的深切了解，他的近代化追求

① 朱汉民、邓洪波：《岳麓书院史》，湖南人民出版社2017年版，第555页。

② 宾步程著，宾睦新等整理：《宾步程集》第6册，广东人民出版社2019年版，第188页。

除了科学技术外，还包括制度和思想文化，因此他对西方近代技术、政治、思想等均有极高的赞赏，认为“西人格致之学，所以牢笼天地，驱役万物，皆实事求是之效也”①，“泰西立国之势与百姓共之。国家有所举废，百姓皆与其议；百姓有所为利害，国家皆与赞其成而防其患”②。正是这些知识分子对西方科学技术知识、商业文明、政治制度、民主思想等内容的全方位介绍，才使得国人不断更新、加深对西方文明的了解，进而推动了湖湘文化近代化转型的进程。

在这些经世的知识群体之后，维新变法运动中的士大夫促进了湖湘文化向近代形态更加深刻、全面的转变。维新运动时期，湖南在巡抚陈宝箴的支持下，形成了以谭嗣同、唐才常为核心的资产阶级维新派。他们引领湖湘学子改革社会现状，试图以维新变法挽救民族危亡。谭嗣同猛烈批判存在于中国根深蒂固的“三纲五常”与封建君主专制等陈旧思想，创建了融合中西文化、主张民权民主的新“仁学”。其挚友唐才常则在谭嗣同新“仁学”的基础上进一步提出“融通中西”的主张，并在《湘学报》《湘报》上发表大量宣传资产阶级民主民权的学说，反对封建君主专制制度。在这些维新派人士的影响下，湖南的风气得到了根本的转变，越来越多的湖南人以新的眼光看待西方。虽然维新运动失败了，但在这种新风气的影响下，又爆发了辛亥革命。在辛亥革命时期，接受过维新时期新式学堂教育的湖湘志士勇敢投身于民主革命，确立了反帝反封建的目标。在辛亥革命时期，湖湘文化的近代转型也初步实现。从早期的经世派知识群体到资产阶级革命人士，湖湘文化根据国家、社会现状与需求，不断调整转变的方向，实现了自身近代化的初步转变。而宾步程也正是在

① [清]郭嵩焘著:《郭嵩焘日记》第3卷，湖南人民出版社1982年版，第766页。

② [清]郭嵩焘著，杨坚点校:《郭嵩焘诗文集》，岳麓书社1984年版，第555页。

湖湘文化近代化转变的这种背景下，恰逢其时地将实事求是作为湖南公立工业专门学校的校训，并将其悬挂在作为校址的岳麓书院的讲堂门前檐上。

实事求是思想从古代开始就已在岳麓书院生根发芽，形成经世致用的学术传统。而生于清末民初风云变幻之际的宾步程，在面对中国五千年之未有大变局时，融合所学知识与实事经验，积极拯救国家危亡，在教育、实业等方面建言献策、出资出力。湖湘文化的近代化转型风气也影响着宾步程题“实事求是”匾额于讲堂前檐，并将此作为校训的举动，这一举动对后人产生了很大的影响。其中最不能忽视的便是对青年毛泽东的影响。虽然现在所说实事求是的含义是毛泽东在延安时期重新赋予的，但追根溯源则可以发现岳麓书院实事求是的思想源流。

第三章

毛泽东与实事求是思想路线的确立

毛泽东与实事求是思想路线的确立

毛泽东实事求是思想的形成与发展轨迹

毛泽东早期思想的务实倾向

★ 早期的哲学思想经历从唯心论发展到二元论，最终转变成唯物论，都体现出毛泽东鲜明的务实倾向

建党至大革命时期：实事求是思想的萌芽

★ 最先了解的是马克思主义唯物史观

★ 注重调查研究，始终坚持从中国社会的客观实际出发，提出“枪杆子里面出政权”的重要论断

土地革命战争时期：实事求是思想进一步发展

★ 撰写《反对本本主义》等经典理论文章，批判党内存在的主观主义、教条主义、机械主义思想

★ 进行了大量的农村调查，为全党树立了调查研究的典范

抗日战争及解放战争时期：实事求是思想在全党的确立

★ 写成了《实践论》《矛盾论》两篇经典著作，从马克思主义认识论和辩证法的高度来解决党的思想路线问题

社会主义革命和建设时期：实事求是思想的丰富发展

★ 撰写了《论十大关系》等理论著作，进一步丰富和发展了实事求是思想

毛泽东对实事求是命题的马克思主义改造

用辩证唯物主义认识论改造传统实事求是命题

★ 巧妙地将认识与实践的循环往复、螺旋式上升运用到实事求是的解释当中

用唯物辩证法改造传统实事求是命题

★ 坚持对具体的矛盾进行具体的分析

用历史唯物论改造传统实事求是命题

★ 将群众观点、群众路线与实事求是统一起来，坚持群众观点是实事求是的出发点和落脚点

实事求是是马克思主义中国化的理论基础

推动正确认识中国的国情和历史

★ 中国的国情与历史无疑是中国革命最重要的实际

赋予马克思主义以恰当的民族形式

★ 将马克思主义同中华优秀传统文化有机地结合起来，赋予马克思主义以恰当的民族形式

全面破除教条主义和经验主义的迷信

★ 必须注意总结中国革命的实践经验，将其上升到理论高度，进而得出对革命经验的规律性认识

实事求是思想路线的确立在中国近现代思想史上的地位

实现了传统经世致用思想的转型与发展

★ 成功跨越了“体”“用”关系的界限，根据中国半殖民地半封建的社会性质开出了救国救民的良方

实现了对“非此即彼”绝对主义思维方式的克服与超越

★ 帮助我们扭转了近代思想发展过程中“全盘西化论”和“东方文化救世论”的极端化倾向

毛泽东在实现马克思主义中国化的过程中，将实事求是思想进行了马克思主义的改造，实事求是思想也开始成为党的思想路线和毛泽东思想活的灵魂。毛泽东继承了中华民族悠久而丰富的实事求是传统，以马克思主义的科学世界观和方法论为基础，在继承中国古代朴素的实事求是思想的基础上，形成了具有完备科学形态的实事求是思想。习近平总书记指出："毛泽东思想活的灵魂是贯穿其中的立场、观点、方法，它们有三个基本方面，这就是实事求是、群众路线、独立自主。新形势下，我们要坚持和运用好毛泽东思想活的灵魂，把我们党建设好，把中国特色社会主义伟大事业继续推向前进。"①

①《习近平著作选读》第1卷，人民出版社2023年版，第209页。

第一节

毛泽东实事求是思想的形成和发展轨迹

毛泽东实事求是思想的形成，是一个长期的过程，从最初的务实倾向，到实事求是思想路线的确立，既是马克思主义同中国革命具体实践相结合的过程，也是马克思主义同中华优秀传统文化相结合的典范。

一、毛泽东早期思想的务实倾向

毛泽东早期的哲学思想经历了从唯心论发展到二元论，最终转变成唯物论的三个阶段。但无论哪一阶段，都体现出毛泽东鲜明的务实倾向，这与中国传统哲学，尤其与湖湘文化中经世致用思想的影响密不可分。1913 年，毛泽东在第四师范学校求学期间所记的《讲堂录》中关于求真务实、不慕虚名的条目随处可见，“有的条文突出理想情操，求实好学，不务虚名的内容”[①]。如“涤生日记，言士要转移世风，当重两义：曰厚曰实。厚者勿忌人；实则不说大话，

①《毛泽东年谱（1893—1949）》上卷，中央文献出版社 2013 年版，第 14 页。

不好虚名，不行架空之事，不谈过高之理”，“不行架空之事。福泽谕吉有庆应大学，以教育为天职，不预款、均利。福氏于学擅众长，有诲人不倦之志”，“不谈过高之理。心知不能行，谈之不过动听，不如默尔为愈”[①]。《讲堂录》中记载着国文教师袁仲谦的教导，“诗则须包三者而有之。虚渺、古事、实理，随其时地而著之可也”[②]，“宋儒之学都是切实的，元朝亦然，确有所见，发而为理”[③]。毛泽东还在《讲堂录》中对顾炎武讲求经世之学的精神推崇备至。

正是在中国传统文化务实精神的影响下，毛泽东在求学时期就特别注重经世致用之学。五四时期他在《湘江评论》上以湖南省学生联合会的名义发表过一篇《本会总记》。该文在回顾清代末年湖南学校的学风时说：“此时的学校，大都以鼓吹革命为校风，学生竞研究所谓经世的学问，抵掌讨论的，不外国事如何腐败，满政府如何推翻，怎样进兵，怎样建设，种种问题。”[④]1918 年，毛泽东开始投身于“改造中国与世界”的社会实践中。最初是组织赴法勤工俭学，继而是“五四运动”，接踵而来的是驱张运动和湖南自治运动。在这些社会实践的推动下，毛泽东更加深刻地认识到，必须认真地研究实际问题，力戒空谈，他在《健学会之成立及进行》一文中严厉批判了坐而论道的风气。在毛泽东看来，要了解中国的实际，首先必须研究中国的国情。1920 年 3 月 14 日，毛泽东在致周世钊的信中谈到他暂时不出国留学的原因时提出：“吾人如果要在现今的世界稍为尽一点力，当然脱不开‘中国’这个地盘。关于这地盘内的情形，似不可不加以实地的调查，及研究。这层工夫，如果留在出洋回来的时候做，因人事及生活的关系，恐怕有些困难。不如在现在做了，一来无方

①《毛泽东早期文稿》，湖南出版社 1990 年版，第 581 页。
②《毛泽东早期文稿》，湖南出版社 1990 年版，第 583 页。
③《毛泽东早期文稿》，湖南出版社 1990 年版，第 600 页。
④《毛泽东早期文稿》，湖南出版社 1990 年版，第 643 页。

才所说的困难；二来又可携带些经验到西洋去，考察时可以借资比较。”[①] 这就清楚表明，毛泽东在探索救国救民道路之初，就十分重视国情研究。

二、建党至大革命时期实事求是思想的萌芽

马克思主义关于阶级斗争的理论，是从各国阶级斗争历史当中总结提炼出来的普遍真理，但要与中国革命实践相结合，就必须认真调查分析和研究中国社会各阶级现状。建党初期，毛泽东在接受马克思主义理论时，最先了解的是唯物史观，当他掌握了这一学说之后，便运用它去指导实践，湖南自治运动就是毛泽东早年将理论同实际相结合的尝试之一。

毛泽东在领导湖南自治运动时便明确宣称：“无论什么事有一种‘理论’，没有一种‘运动’继起，这种理论的目的，是不能实现出来的。”[②] 表明毛泽东此时已经开始有意识地将理论与实践联系起来了。这是毛泽东“理论联系实际”思想的最初表述。理论的重要性不仅在于唤醒人们的思想觉悟，更重要的还在于指导实践。如果只将理论停留在“纸上”或“口上”，那“终究不能实现出来”。湖南自治运动是毛泽东早年将理论同实际相结合的最初尝试。此次运动虽以失败告终，但促使他走上了信仰马克思主义的道路。

要领导人民群众进行阶级斗争，就必须全面深入地认识中国社会各阶级现状，而要了解各阶级现状，就必须进行系统的调查研究。1924 年 12 月，毛泽东在韶山养病期间开展了广泛而深入的社会调查，并写作了《中国社会各阶级的

① 《毛泽东年谱（1893—1949）》上卷，中央文献出版社 2013 年版，第 54 页。

② 《毛泽东早期文稿》，湖南出版社 1990 年版，第 517 页。

分析》一文。通过调查研究和分析，毛泽东认识到中国革命问题的中心是谁是革命的主力，农民无疑是革命的主力，而农民问题的核心是土地所有权问题。为了解决土地问题，不仅要“打倒土豪劣绅，一切权力归农会”，而且要“推翻地主武装，建立农民武装”。1927 年 1 月，毛泽东在系统调研长沙、醴陵等五县的农民运动的基础上，撰写了《湖南农民运动考察报告》，得出农民运动是“必然的，必需的”，农民运动“好得很”的科学结论，为驳斥国民党右派的攻击提供了充分的佐证。通过调研，毛泽东确立了农民是无产阶级有力同盟军的信念。

正是通过农村实践调查，毛泽东深入了解和掌握了中国的农村的阶级状况和存在的各种社会问题，在此基础上正确分析了中国社会性质，找出了问题症结，从而为找到适合中国革命的正确道路奠定了坚实基础。在八七会议上指出“湖南这次失败，可说完全由于书生主观的错误，以后要非常注意军事。须知政权是由枪杆子中取得的”[①]，充分体现了毛泽东在中国革命道路探索上立足中国国情，具体问题具体分析的实事求是态度。

大革命时期，毛泽东极其注意调查研究农民问题，始终坚持从中国社会的客观实际出发，提出了“枪杆子里面出政权”的重要论断，指出了武装斗争的极端重要性，为工农武装割据思想的形成，以及农村包围城市、武装夺取政权革命道路的形成奠定了坚实基础。

三、土地革命战争时期实事求是思想的进一步发展

“历史告诉我们，正确的政治的和军事的路线，不是自然地平安地产生和

①《毛泽东文集》第 1 卷，人民出版社 1993 年版，第 47 页。

发展起来的，而是从斗争中产生和发展起来的。”[①] 土地革命时期，革命形势日益复杂，四一二反革命政变后，中国共产党人举行了上百次以城市为中心的武装起义，但均以失败而告终。毛泽东在秋收起义后，率起义军上井冈山，开始探索新的革命道路，然而此时根据地环境险恶、物质匮乏、条件艰苦，不少人对革命前途产生了悲观情绪，甚至于提出“红旗到底打得多久”的疑问。“农村包围城市，武装夺取政权”的革命道路在其他国家没有先例，对能否取得成功，党内不少人都存在疑虑。在这种情况下，毛泽东通过深入的调查研究，深刻揭示了中国革命的特殊性、长期性、复杂性，先后著述了《中国的红色政权为什么能够存在？》《星星之火，可以燎原》《反对本本主义》等经典理论文章，批判党内存在的主观主义、教条主义、机械主义思想。

毛泽东于 1930 年 5 月所写的《反对本本主义》一文，是中国共产党在 20 世纪 20 年代末 30 年代初反对教条主义的代表作，事实上已经涵盖了实事求是思想的基本要点。

首先，毛泽东强调“没有调查，没有发言权”，就是强调以掌握实际情况为一切工作的出发点。毛泽东明确指出：“离开实际调查就要产生唯心的阶级估量和唯心的工作指导，那末，它的结果，不是机会主义，便是盲动主义。”[②] 这样，便把调查研究、从实际出发，提到了坚持唯物主义世界观的高度。

其次，毛泽东强调“调查就是解决问题”，也就是主张在深入调查研究某个问题过程中实际上也就掌握了解决问题的方法。他说：“你对于那个问题不能解决吗？那末，你就去调查那个问题的现状和它的历史吧！你完完全全调

①《毛泽东选集》第 1 卷，人民出版社 1991 年版，第 186 页。
②《毛泽东选集》第 1 卷，人民出版社 1991 年版，第 112 页。

查明白了，你对那个问题就有解决的办法了。”[1] 因此，所谓“调查就是解决问题”，也就是要求人们透过现象看本质。毛泽东在谈到调查的技术时提出，要通过开调查会、明确调查对象、确定调查提纲等方式明确调查目的，并要亲自开展调查才有可能得出正确结论。毛泽东批评那些走马观花、浮光掠影式的调查，认为这种“调查的结果就像挂了一篇狗肉账”[2]，毫无意义和价值。

第三，反对“唯上”和“唯书”，强调理论必须与实际相结合。毛泽东在批评“唯上”的落后心理时指出：“不根据实际情况进行讨论和审察，一味盲目执行，这种单纯建立在‘上级’观念上的形式主义的态度是很不对的。”[3] 毛泽东在批评“唯书”的错误倾向时又指出：“马克思主义的‘本本’是要学习的，但是必须同我国的实际情况相结合。我们需要‘本本’，但是一定要纠正脱离实际情况的本本主义。”[4] 正是因为认为马克思主义理论不能脱离中国的国情而成为空洞的教条，毛泽东响亮地提出了“中国革命斗争的胜利要靠中国同志了解中国情况”的口号，认为除了大城市之外，山沟沟里也能出马克思主义。《反对本本主义》对如何开展调查，调查能够实现什么样的目的，调查必须突破什么样的桎梏进行了系统思考，为实事求是思想路线的形成进行了初步的理论创设。

此后，毛泽东进行了大量农村调查，为全党树立了调查研究的典范。1930年5月，他进行寻乌调查，11月在东塘等处调查；1931年1月在兴国调查，同年11月，毛泽东又在福建的长冈乡、才溪乡调查，在深入调查研究的基础上提出了工农武装割据的思想，体现了毛泽东对革命前途的科学预见。实际上

---

①《毛泽东选集》第1卷，人民出版社1991年版，第110页。
②《毛泽东选集》第1卷，人民出版社1991年版，第113页。
③《毛泽东选集》第1卷，人民出版社1991年版，第111页。
④《毛泽东选集》第1卷，人民出版社1991年版，第111—112页。

这些远见卓识均来源于毛泽东对中国社会性质的深刻把握、对国内社会矛盾的准确判断。调查研究帮助毛泽东穿透了革命短期内兴衰起伏的历史现象而直抵事物本质，指出了中国革命的光明前景，有力推动了实事求是思想的发展。

四、抗日战争及解放战争时期实事求是思想在全党的确立

全面抗战爆发前，一方面，党内教条主义者打着严格遵循马克思主义经典作家经典论述的旗号，将马克思主义的教条和共产国际的指示奉为圭臬，空喊理论而忽略中国实际情况，迷惑广大党员同志，给中国革命带来了重大损失；另一方面，党内经验主义者仅仅根据个人经历或某个地区的片面经验，拒绝将个性经验上升为规律性认识，同样对革命前途造成了不利影响。为了从思想层面批判党内存在已久的教条主义和经验主义，延安时期毛泽东着手从马克思主义认识论和辩证法的高度来解决党的思想路线问题，写成了《实践论》和《矛盾论》两篇经典著作。

毛泽东在《实践论》中深刻阐述了认识论和实践论的关系，提出中国革命理论正确与否必须置于中国革命的具体实践中去检验。在《矛盾论》中，毛泽东对具体问题具体分析这一哲学命题进行了全面解读："教条主义者不遵守这个原则，他们不了解诸种革命情况的区别，因而也不了解应当用不同的方法去解决不同的矛盾，而只是千篇一律地使用一种自以为不可改变的公式到处硬套，这就只能使革命遭受挫折，或者将本来做得好的事情弄得很坏。"[①] 可见，《实践论》和《矛盾论》是毛泽东从思想根源上反对主观主义，特别是教条主义的哲学升华，也是以毛泽东同志为主要代表的中国共产党人在领导中国

①《毛泽东选集》第1卷，人民出版社1991年版，第311页。

人民进行长期艰苦的革命实践中萃取的理论结晶，为延安整风运动提供了理论准备。

除了通过写作《实践论》《矛盾论》，从思想高度解决破除理论与实践脱节的问题，中国共产党还通过整风运动来扭转“知行脱节”的现象。1941 年 5 月，毛泽东在《改造我们的学习》一文中对教条主义进行了严厉批判：“我们学的是马克思主义，但是我们中的许多人，他们学马克思主义的方法是直接违反马克思主义的。”① 毛泽东认为这种主观主义作风，不仅有害于平时工作，还“是党性不纯的一种表现”②。

在《整顿党的作风》一文中，毛泽东对教条主义者进行了深刻批判：“我们读了许多马克思列宁主义的书籍，能不能就算是有了理论家呢？不能这样说。”③ 毛泽东认为对马克思主义经典作家的经典论述倒背如流不能代表具有高超的理论水平，反而有可能导致理论和实践脱节。在同一篇文章当中，毛泽东给出了解决理论与实践脱节的办法，他明确指出：“拿一句通俗的话来讲，就是‘有的放矢’。‘矢’就是箭，‘的’就是靶，放箭要对准靶。马克思列宁主义和中国革命的关系，就是箭和靶的关系。”④ 通过延安整风运动，中国共产党解决了党史上的重大路线是非问题，主观主义、宗派主义和党八股三股歪风得到了彻底整顿，教条主义和经验主义在党内的影响力被有效消除，全党确立了实事求是的思想路线。在 1945 年《论联合政府》的报告中，毛泽东指出：“必须使各级党的领导骨干都懂得，理论和实践这样密切地相结合，是我们共产党

---

①《毛泽东选集》第 3 卷，人民出版社 1991 年版，第 798 页。
②《毛泽东选集》第 3 卷，人民出版社 1991 年版，第 800 页。
③《毛泽东选集》第 3 卷，人民出版社 1991 年版，第 814 页。
④《毛泽东选集》第 3 卷，人民出版社 1991 年版，第 819 页。

人区别于其他任何政党的显著标志之一。”[①]这标志着实事求是思想路线已经在全党确立，从而使党在政治上、思想上、组织上达到了空前团结和统一。

五、社会主义革命和建设时期实事求是思想的丰富发展

在社会主义革命和建设时期，毛泽东撰写了《论十大关系》《关于正确处理人民内部矛盾的问题》《在扩大的中央工作会议上的讲话》等理论著作，进一步丰富和发展了实事求是思想。

新中国成立后，毛泽东在《论十大关系》一文中对在社会主义建设中如何探索符合本国国情的发展道路进行了深入思考。“波匈事件”发生后，毛泽东对苏联模式是否适用于所有社会主义国家产生了一定的疑虑，因而主张根据本国国情探索适合中国发展的道路：“特别值得注意的是，最近苏联方面暴露了他们在建设社会主义过程中的一些缺点和错误。”[②]他明确表示对于苏联社会主义建设的经验和教训要充分吸收，不能简单模仿。对苏联社会主义建设模式的反思，是新中国成立后毛泽东实事求是思想内容不断丰富和发展的表现，表明中国开始了走上自主探索本国发展道路的尝试。

社会主义制度在我国确立后，在社会主义建设过程中，如何处理阶级矛盾和人民内部矛盾是一个复杂问题，苏联在这个方面也缺少成功经验，没有现成的模式可资借鉴，只能依靠自己进行探索。毛泽东在《关于正确处理人民内部矛盾的问题》一文中认为，人民内部矛盾和阶级矛盾性质不同，处理方式自然也应当进行区别，这为科学处理人民内部矛盾提供了科学方法论的基础，体现

---

①《毛泽东选集》第3卷，人民出版社1991年版，第1094页。

②《毛泽东文集》第7卷，人民出版社1999年版，第23页。

了他直面问题、不回避矛盾的态度和一以贯之的实事求是思想。毛泽东在《一九五七年夏季的形势》一文中再次指出“总题目是正确地处理人民内部的矛盾和正确地处理敌我矛盾。方法是实事求是，群众路线”[①]。正确处理人民内部矛盾思想的提出，是马克思主义矛盾学说的重要发展，也是毛泽东实事求是思想的重要体现。

1960年末和1961年初，中央先后召开中央工作会议和党的八届九中全会，毛泽东认为国民经济工作中各种错误的发生，源自忽视调查研究工作导致思想方法上的主观主义和片面性，为此重新提倡实事求是，调查研究，并将他在1930年所写的《关于调查工作》（即《反对本本主义》）重新发表。中共中央通过《关于认真进行调查工作问题给各中央局、各省、市、区党委的一封信》，指出当前工作存在问题的根本原因是：“许多领导人员放松了在抗日战争期间和解放战争期间进行得很有成效的调查研究工作，满足于看纸上的报告，听口头的汇报，下去的时候也是走马看花，不求甚解。”[②]1960年末至1961年上半年，全党大兴调查研究之风，制定了“农业六十条”“工业七十条”“手工业三十五条”“商业四十条”“科学十四条”“文艺八条”等比较符合实际情况的工作指导方针，党和国家渡过了三年暂时困难，实现了国民经济的调整恢复。毛泽东晚年虽然在实事求是思想路线上有所偏离，但正如邓小平所说，他在领导革命的大部分时间内是坚持这条思想路线的。

---

①《建国以来重要文献选编》第10册，中央文献出版社2011年版，第430页。

②《建国以来重要文献选编》第14册，中央文献出版社2011年版，第199页。

第二节
毛泽东对实事求是命题的马克思主义改造

在继承中国古代传统文化实事求是概念的基础上，毛泽东将辩证唯物主义认识论、辩证法、唯物论运用到对实事求是的解释当中，赋予了实事求是新的语义解构，完成了对实事求是命题的马克思主义改造，使其转变为集马克思主义认识论、实践论、价值观于一体的全新哲学命题。

一、用辩证唯物主义认识论改造传统实事求是命题

实事求是本来是一个关于文献考据的成语，此后其含义逐步演变为根据实际情况办事，不浮夸。毛泽东对实事求是这个成语进行了重新阐释，在《改造我们的学习》中他指出："'实事'就是客观存在着的一切事物，'是'就是客观事物的内部联系，即规律性，'求'就是我们去研究。"[①]在保留传统成语基础上用辩证唯物主义认识论给予了实事求是这个传统命题新的诠释。毛泽东将"实事"明确定义为"客观存在着的一切事物"，即实事求是以唯物主义思想

① 《毛泽东选集》第3卷，人民出版社1991年版，第801页。

为基础。只有承认唯物主义这一基本前提，才能准确认识实事求是的必要性和可能性，并自觉地克服“自以为是”的主观主义作风。

同时，毛泽东在对实事求是的诠释中，认为它也不完全等同于务实，如果仅仅做到务实而不注意去“求是”，将其上升为规律性认识，那么就容易陷入经验主义泥潭。“求是”也不能仅仅对是非对错进行判断，关键还是要把握客观事物的内部联系，即规律性。毛泽东指出，经验主义的错误，“在于不知道感觉材料固然是客观外界某些真实性的反映（我这里不来说经验只是所谓内省体验的那种唯心的经验论），但它们仅是片面的和表面的东西，这种反映是不完全的，是没有反映事物本质的”[①]。认识的根本任务是要把握事物的本质，揭示事物的内在规律。毛泽东对“是”的科学界定，认为其意义不单纯是思想层面的，而且对实际工作有着强烈的现实指导意义。

在毛泽东对实事求是这个成语的解构当中，“求”并非静态概念而是动态过程。毛泽东认为，要在实践的基础上，通过从感性到理性认识的深化，才能把握事物的本质。中国古代和近代哲学家们由于不懂得人类认识是基于实践而由浅入深地发展的辩证道理，因此或不能正确解决认识发展两个阶段的关系，或不能正确解决检验真理的标准问题。但是马克思主义的认识论说明了认识与实践循环往复、无限上升的发展过程，毛泽东在《实践论》中对此予以充分肯定：“这种基于实践的由浅入深的辩证唯物论的关于认识发展过程的理论，在马克思主义以前，是没有一个人这样解决过的。”[②]

在《实践论》中，毛泽东不仅科学地论述了认识是实践的唯一来源、检验真理正确与否的唯一标准、认识的终极目的，而且系统论述了“基于实践的由

①《毛泽东选集》第1卷，人民出版社1991年版，第291页。
②《毛泽东选集》第1卷，人民出版社1991年版，第286页。

浅入深的辩证唯物论的关于认识发展过程的理论”，为人们在实事求是的过程中如何“求”是，即如何认识客观规律指明了方向。毛泽东认为，人们不仅要将在实践中已经获得的理性认识再回到实践中去检验，而且要在往复不断的实践中去发展，即“实践、认识、再实践、再认识，这种形式，循环往复以至无穷”，“这就是辩证唯物论的全部认识论，这就是辩证唯物论的知行统一观”①。毛泽东巧妙地将认识与实践的循环往复、螺旋式上升运用到实事求是的解释当中，实现了中国传统知行观的逻辑嵌入，从认识论层面完成了对实事求是的升级改造。

二、用唯物辩证法改造传统实事求是命题

“分析的方法就是辩证的方法。所谓分析，就是分析事物的矛盾。不熟悉生活，对于所论的矛盾不真正了解，就不可能有中肯的分析。”② 矛盾分析的方法是实事求是的题中应有之义。坚持实事求是与“照辩证法办事”是完全一致的。只有坚持对具体的矛盾进行具体的分析，才能揭示事物内部的真实联系，也才能真正求得其“是”。

1941 年 9 月，毛泽东在《反对主观主义和宗派主义》一文中谈到如何坚持实事求是的马克思主义、克服主观主义的不正之风的办法时指出：“我们要用分析和综合的方法，从整个事物中抽出问题来作分析，再加以综合。”③ 在实事求是的过程中，只有深刻把握唯物辩证法，才能够科学分析事物的矛盾和矛

①《毛泽东选集》第 1 卷，人民出版社 1991 年版，第 296—297 页。
②《毛泽东文集》第 7 卷，人民出版社 1999 年版，第 277 页。
③《毛泽东文集》第 2 卷，人民出版社 1999 年版，第 375 页。

盾运动的过程，实现分析与综合的结合，最终找到解决问题的方法。毛泽东指出："矛盾的普遍性或绝对性这个问题有两方面的意义。其一是说，矛盾存在于一切事物的发展过程中；其二是说，每一事物的发展过程中存在着自始至终的矛盾运动。"[①] 在新民主主义过程中，毛泽东对阶级斗争学说的运用可谓烂熟于胸，他深刻地分析了中国的社会矛盾，科学揭示了中国社会各阶级在中国革命中的地位，从而为新民主主义革命制定了一整套正确的路线、方针和政策。当中国进入社会主义建设阶段，阶级斗争基本结束之后，毛泽东又汲取了斯大林否认社会主义存在矛盾的深刻教训，客观地分析了中国社会的现实情况，科学地提出了正确处理人民内部矛盾的理论。这一理论的提出，是毛泽东运用矛盾普遍性的原理观察问题、解决问题的光辉典范。

毛泽东运用矛盾普遍性的原理观察社会主义社会，指出社会主义社会也存在矛盾，提出要将正确地处理人民内部矛盾和正确地处理敌我矛盾区分开来，这是他坚持实事求是思想、对马克思列宁主义的创造性贡献。要真正坚持实事求是，就必须坚持矛盾分析方法，不回避社会主义社会中存在的各种不同性质的矛盾，并且提出解决矛盾的正确方法。

矛盾的特殊性，是指矛盾虽然是普遍存在的，但各种现实的矛盾都是具体的，是依一定的时间、地点和条件而存在的。在《矛盾论》中，毛泽东用大量篇幅从七个方面对矛盾的特殊性进行了透彻的分析，从辩证法的角度将这一公式表述为个别、一般、个别。他说："就人类认识运动的秩序说来，总是由认识个别的和特殊的事物，逐步地扩大到认识一般的事物。"[②] "这是两个认识的过程：一个是由特殊到一般，一个是由一般到特殊。人类的认识总是这样

①《毛泽东选集》第 1 卷，人民出版社 1991 年版，第 305 页。
②《毛泽东选集》第 1 卷，人民出版社 1991 年版，第 309 页。

循环往复地进行的，而每一次的循环（只要是严格地按照科学的方法）都可能使人类的认识提高一步，使人类的认识不断地深化。”[①]“研究问题，忌带主观性、片面性和表面性。所谓主观性，就是不知道客观地看问题，也就是不知道用唯物的观点去看问题。”[②]实事求是蕴含着对矛盾普遍性和特殊性关系的科学认知，要求认识事物从个别到一般，再从一般到个别，是对唯物辩证法的科学运用。

毋庸置疑，辩证法的核心是对立统一规律。世界上的万事万物都是发展变化的，对一切辩证的现象，诸如质量互变、否定之否定、现象与本质、形式与内容等辩证法的规律、范畴，都必须而且可以用分析的方法进行说明。毛泽东在论述质量互变规律时，用战争中作战双方对土地的争夺来进行形象比喻，提出只有在一小块一小块夺取国民党占有的土地时，共产党才能实现对国民党实力的逆转，旨在告诫全党同志要实事求是地领导革命战争或革命工作，就必须脚踏实地、扎扎实实地做工作，一步一个脚印，这样才能通过量的逐步积累，实现质的飞跃。

三、用历史唯物论改造传统的实事求是命题

马克思主义认为，人民群众是创造历史的主体。毛泽东用历史唯物论改造传统的实事求是命题，最为突出地表现在将群众观点、群众路线与实事求是统一起来，坚持群众观点是实事求是的出发点和落脚点，群众路线是实事求是得以实现的可靠保证。

①《毛泽东选集》第1卷，人民出版社1991年版，第310页。
②《毛泽东选集》第1卷，人民出版社1991年版，第312页。

毛泽东在《为人民服务》中指出："我们这个队伍完全是为着解放人民的，是彻底地为人民的利益工作的。"[①] 中国共产党是中国无产阶级的先锋队，这一性质决定了我们党和全体人民的根本利益是完全一致的。除了人民的利益，没有小集团的私利。共产党及其党员既然一切都是为了人民利益，那么就必须一切都向人民负责。"我们的责任，是向人民负责。每句话，每个行动，每项政策，都要适合人民的利益，如果有了错误，定要改正，这就叫向人民负责"[②]。有了一切为了人民利益、一切向人民负责的思想境界，才能敢于坚持真理、修正错误，敢于坚持实事求是。

毛泽东一向非常注重人民群众自身的力量，认为"人民，只有人民，才是创造世界历史的动力"[③]。早在大革命时期，毛泽东就坚定认为群众是可以自己解放自己的，"人民靠我们去组织。中国的反动分子，靠我们组织起人民去把他打倒"[④]。人民从本质上具有自己解放自己的能力，但需要革命的政党用正确的理论来宣传和教育，使他们懂得革命的道理，并自觉地去为争取自身的解放而斗争。在教育人民群众的同时还必须注意向他们学习，毛泽东指出："群众是真正的英雄，而我们自己则往往是幼稚可笑的，不了解这一点，就不能得到起码的知识。"[⑤] 实践是认识的唯一源泉，而群众又是实践的主体。人们要获得实际的知识，便只有深入实践、深入群众，进行认真的调查研究。

"从群众中来，到群众中去"是党的群众路线的简单概括，是毛泽东用历史唯物论改造传统实事求是命题的又一具体表现。群众路线是党的根本政治路

①《毛泽东选集》第 3 卷，人民出版社 1991 年版，第 1004 页。
②《毛泽东选集》第 4 卷，人民出版社 1991 年版，第 1128 页。
③《毛泽东选集》第 3 卷，人民出版社 1991 年版，第 1031 页。
④《毛泽东选集》第 4 卷，人民出版社 1991 年版，第 1131 页。
⑤《毛泽东选集》第 3 卷，人民出版社 1991 年版，第 790 页。

线和组织路线，同时也是党获得正确认识的根本保障。毛泽东指出："在我党的一切实际工作中，凡属正确的领导，必须是从群众中来，到群众中去。"[①]在这个过程中，毛泽东将群众路线和马克思主义的认识路线完全统一起来了。它告诉我们，所谓"从群众中来"，就是认识必须从人民群众的日常实践出发，将群众的"分散的无系统的意见"，即感性认识集中起来，"经过研究，化为集中的系统的意见"，即变成理性认识，从而形成党的正确的路线、方针、政策和方法。所谓"到群众中去"，就是将集中群众意见所形成的正确路线、方针、政策和方法，即理性认识，又化为群众的认识，见诸实践，并在群众的实践中检验和发展。这种"从群众中来，到群众中去"，"再从群众中集中起来，再到群众中坚持下去"的无限循环过程，与《实践论》所说的"实践、认识、再实践、再认识"，和《矛盾论》所说的个别、一般、个别是完全一致的，它们实际上是同一过程的不同表述方式。

群众路线是党的根本领导方法和工作方法，需要在工作中坚决贯彻和执行。毛泽东指出："从群众中集中起来又到群众中坚持下去，以形成正确的领导意见，这是基本的领导方法。"[②]他还认为，群众路线是指导日常工作的基本方法，任何时候都不能抛弃，"我们共产党人无论进行何项工作，有两个方法是必须采用的，一是一般和个别相结合，二是领导和群众相结合"[③]。毛泽东指出："只有领导骨干的积极性，而无广大群众的积极性相结合，便将成为少数人的空忙。但如果只有广大群众的积极性，而无有力的领导骨干去恰当地组织群众的积极性，则群众积极性既不可能持久，也不可能走向正确的方向和提到

①《毛泽东选集》第3卷，人民出版社1991年版，第899页。
②《毛泽东选集》第3卷，人民出版社1991年版，第900页。
③《毛泽东选集》第3卷，人民出版社1991年版，第897页。

高级的程度。”[①] 领导与群众相结合，既涉及群众观点，又涉及工作方法。如果没有坚定的群众观点，就不可能充分地调动群众的积极性，结果必然是或流于命令主义，或流于尾巴主义。群众路线采用中华优秀传统文化当中人们通俗易懂的语言和概念，体现实事求是强烈的历史唯物主义特点，在这个过程中，实事求是的马克思主义改造得到了全面完成，完成了理论创新。

① 《毛泽东选集》第 3 卷，人民出版社 1991 年版，第 898 页。

第三节
实事求是是马克思主义中国化的理论基础

以毛泽东同志为主要代表的中国共产党人确立了实事求是的思想路线，有效祛除了教条主义和经验主义的影响，从思想路线和思想方法上解决了如何将马克思主义中国化的问题，为实现马列主义同中国实际相结合的第一次历史性飞跃，为毛泽东思想的形成奠定了坚实基础。

一、推动正确认识中国的国情和历史

实事求是，首要问题是要一切从实际出发，而中国的国情与历史无疑是中国革命最重要的实际。毛泽东指出："认清中国的国情，乃是认清一切革命问题的基本的根据。"[①]这是毛泽东在早期革命斗争中得出的最为深刻的教训。党的历史表明，一切"左"、右倾机会主义者犯错误的认识论根源，就在于他们拒绝或者忽视研究中国的国情，只知道按"本本"办事。因而早在1930年5月所写的《反对本本主义》一文中，毛泽东就旗帜鲜明地提出："中国革命斗

①《毛泽东选集》第2卷，人民出版社1991年版，第633页。

争的胜利要靠中国同志了解中国情况。”[①]

毛泽东认为，中国的国情主要包括两个方面：一是中国的现状，二是中国的历史。《改造我们的学习》一文中讲的“研究现状”“研究历史”，实际上都是讲要认真研究中国的国情。毛泽东批评当时党内相当普遍存在的“不注重研究现状，不注重研究历史”的风气，认为“这些都是极坏的作风。这种作风传播出去，害了我们的许多同志”[②]。毛泽东指出：“认清中国社会的性质，就是说，认清中国的国情，乃是认清一切革命问题的基本的根据。”[③]

毛泽东对中国国情的认识极为深刻，这与他早年进行的社会调查密不可分，同时他还非常善于运用马克思主义的立场观点方法来观察和分析中国社会现状。在土地革命时期，毛泽东所写的《中国社会各阶级的分析》，实际上就是一篇分析中国社会性质的重要著作。毛泽东在明确肯定中国还是一个“经济落后的半殖民地”的社会，并对中国社会各阶级的经济地位及其革命态度进行分析之后得出结论：“一切勾结帝国主义的军阀、官僚、买办阶级、大地主阶级以及附属于他们的一部分反动知识界，是我们的敌人。工业无产阶级是我们革命的领导力量。一切半无产阶级、小资产阶级，是我们最接近的朋友。那动摇不定的中产阶级，其右翼可能是我们的敌人，其左翼可能是我们的朋友。”[④]

在这个时期，毛泽东非常明确此时中国社会的性质依然是半殖民地半封建社会，中国革命性质依然是资产阶级民主革命。在1928年11月25日所写的《井冈山的斗争》一文中，毛泽东在谈到“革命性质问题”时明确指出：“中国

①《毛泽东选集》第1卷，人民出版社1991年版，第115页。
②《毛泽东选集》第3卷，人民出版社1991年版，第797页。
③《毛泽东选集》第2卷，人民出版社1991年版，第633页。
④《毛泽东选集》第1卷，人民出版社1991年版，第9页。

现时确实还是处在资产阶级民权革命的阶段。”[①] 毛泽东在清醒认识中国半殖民地半封建社会性质的基础上，充分认识到中国不能越过民主革命的阶段而直接进行社会主义革命。但是教条主义者并不这么认为，以王明为代表的第三次“左”倾机会主义路线不顾中国社会性质的实际，急于超越民主革命阶段，主张在民主革命阶段就要反对资产阶级以至上层小资产阶级。王明在《为中共更加布尔什维克化而斗争》中说：“现在阶段的中国资产阶级民主革命，只有在坚决进行反对资产阶级的斗争中，才能得到彻底胜利。”[②] 在革命力量还远未壮大之时，就将可能的同盟者作为革命对象推到了革命对立面，其根本原因就是没有认清当时中国社会的性质。

1939 年 12 月，毛泽东和党内几位同志合作编写了《中国革命和中国共产党》，通过对中国社会现状的充分观察和全面分析，得出了抗战时期的中国是“殖民地、半殖民地和半封建社会”的社会性质这一结论。不仅如此，毛泽东等人还对革命的对象、任务、动力、性质和前途等关键性问题进行了深刻分析和阐述。毛泽东明确指出：“现阶段中国革命的性质，不是无产阶级社会主义的，而是资产阶级民主主义的。”[③] 但是这种资产阶级民主革命与此前又有很大不同，不是旧民主主义革命，而是新民主主义革命。中国共产党领导的工人阶级将在其中发挥重要作用。在 1940 年 1 月发表的《新民主主义论》中，毛泽东将其进一步完善为：“中国已逐渐地变成了一个殖民地、半殖民地、半封建的社会。”[④]

---

①《毛泽东选集》第 1 卷，人民出版社 1991 年版，第 77 页。

②《中共中央文件选集》第 7 册，中共中央党校出版社 1989 年版，第 102 页。

③《毛泽东选集》第 2 卷，人民出版社 1991 年版，第 647 页。

④《毛泽东选集》第 2 卷，人民出版社 1991 年版，第 664 页。

在中国这样一个具有5000多年绵延不绝文明史的国度，不了解中国历史，不了解中国传统文化显然无法深入认识中国。毛泽东在《改造我们的学习》中批评教条主义者的主观主义态度时说："在这种态度下，就是割断历史，只懂得希腊，不懂得中国，对于中国昨天和前天的面目漆黑一团。"[①]而马克思主义实事求是的态度则恰恰相反，"在这种态度下，就是不要割断历史。不单是懂得希腊就行了，还要懂得中国；不但要懂得外国革命史，还要懂得中国革命史；不但要懂得中国的今天，还要懂得中国的昨天和前天。"[②]

实现马克思主义中国化，最首要的是要正确认识和了解中国的国情。中国近代以来的国情极其复杂，5000年文明对中国社会的影响极为深刻。近代中国一方面保留着自己的统治机构——晚清朝廷和北洋军阀政府，但另一方面帝国主义对华侵略日益加深；一方面资本主义有了一定的发展，但另一方面封建主义流毒深远。不能正确认识上述国情，就会难以区别旧民主主义革命与新民主主义革命，就将难以分辨不同革命阶段谁是革命的同盟军，谁是革命的敌人，就将会以急于求成的心态跨越革命阶段进行不符合实际的革命行动，这些都将对革命造成极大损害。只有透过历史表象认识中国国情，实事求是地深入调查研究中国社会各阶层的特点，才能准确掌握近代中国社会的性质，正确认识中国国情，进而为形成正确的革命策略奠定坚实基础。

二、赋予马克思主义以恰当的民族形式

习近平总书记指出："解决好民族性问题，就有更强能力去解决世界性问

①《毛泽东选集》第3卷，人民出版社1991年版，第799页。
②《毛泽东选集》第3卷，人民出版社1991年版，第801页。

题；把中国实践总结好，就有更强能力为解决世界性问题提供思路和办法。”[①]这对于辩证看待理论同具体实践相结合的共性与个性问题具有很强的指导意义。在推动马克思主义同中国具体实践相结合过程中，毛泽东很早就进行了这方面的探索。1944 年 7 月 14 日，英国记者斯坦向毛泽东提出中共党员是“中国至上”还是“共产党至上”的问题，毛泽东回答说：“没有中华民族，就没有中国共产党。”“我们信奉马克思主义是正确的思想方法，这并不意味着我们忽视中国文化遗产和非马克思主义的外国思想的价值。”[②]共产党坚信马克思主义的正确性，绝不意味着忽视中华民族的优秀文化遗产，绝不意味着他们忘记历史，恰恰相反，中国共产党人强烈要求将马克思主义同中华优秀传统文化有机地结合起来，从而赋予马克思主义以民族形式。关于这一点，毛泽东在《中国共产党在民族战争中的地位》一文中有过透彻论述。他指出：“学习我们的历史遗产，用马克思主义的方法给以批判的总结，是我们学习的另一任务。我们这个民族有数千年的历史，有它的特点，有它的许多珍贵品。”“共产党员是国际主义的马克思主义者，但是马克思主义必须和我国的具体特点相结合并通过一定的民族形式才能实现。”“洋八股必须废止，空洞抽象的调头必须少唱，教条主义必须休息，而代之以新鲜活泼的、为中国老百姓所喜闻乐见的中国作风和中国气派。”[③]在《新民主主义论》中，毛泽东再一次强调了这种民族形式：“必须将马克思主义的普遍真理和中国革命的具体实践完全地恰当地统一起来。”[④]由此可见，赋予科学理论以民族形式将极大增强理论的吸引力和生

①《习近平谈治国理政》第 2 卷，外文出版社 2017 年版，第 340 页。
②《毛泽东文集》第 3 卷，人民出版社 1996 年版，第 191 页。
③《毛泽东选集》第 2 卷，人民出版社 1991 年版，第 533—544 页。
④《毛泽东选集》第 2 卷，人民出版社 1991 年版，第 707 页。

命力。

在赋予马克思主义以民族形式方面，毛泽东堪称光辉典范。早在 1936 年 11 月到 1937 年 4 月，毛泽东在阅读西洛可夫、爱森堡等撰写的《辩证法唯物论教程》时所作的批注中，就十分注意用中国古代成语、典故及哲学命题去阐释某些马克思主义哲学原理。例如，在论述量与质的关系时，他以“路遥知马力”为喻予以说明，指出：“马力是质，路遥是量。”[①] 在谈到量变引起质变时，他又说：“人多成王。”“长袖善舞，多财善贾。韩信将兵。”[②] 在谈到对立的统一及其互相渗透时，他又说：“良药苦口，同时却利于病；忠言逆耳，同时却利于行。”[③] 在批评“均衡论”时，毛泽东说：“履与足矛盾时，削足适履，正是布哈林的思想。这是可能的吗？不可能的。补救弱点是可能的吗？头痛医头，脚痛医脚，所谓补苴罅漏的办法，结局将使大局溃败。”[④]

马克思主义是普遍真理，但绝对不能将其教条化。当马克思主义的普遍真理同某个国家和民族的实践相结合时，必须通过一定的民族形式来进行传播，否则就会演变为干瘪无趣的理论教条，将丧失对本民族受众的亲和力，也将极大削弱理论的吸引力。习近平总书记指出：“坚持和发展马克思主义，必须同中华优秀传统文化相结合。只有植根本国、本民族历史文化沃土，马克思主义真理之树才能根深叶茂。”[⑤] 在中国这样一个拥有 5000 年文明史的国度，马克

①《毛泽东哲学批注集》，中央文献出版社 1988 年版，第 52—53 页。

②《毛泽东哲学批注集》，中央文献出版社 1988 年版，第 57—58 页。

③《毛泽东哲学批注集》，中央文献出版社 1988 年版，第 78 页。

④《毛泽东哲学批注集》，中央文献出版社 1988 年版，第 103 页。

⑤ 习近平：《高举中国特色社会主义伟大旗帜 为全面建设社会主义现代化国家而团结奋斗——在中国共产党第二十次全国代表大会上的报告》，人民出版社 2022 年版，第 18 页。

思主义理论只有同中华优秀传统文化紧密结合在一起，被赋予民族特色，才会具有强大的生命力，这正是实事求是对待马克思主义的问题。唯其如此，马克思主义才能真正扎根于中国大地的沃土并茁壮成长。

三、全面破除教条主义和经验主义的迷信

理论联系实际，是实事求是思想路线中的重要环节。毛泽东在同党内主观主义者，特别是教条主义者进行斗争时，反复论述了这一原则。他指出："不但应当了解马克思、恩格斯、列宁、斯大林他们研究广泛的真实生活和革命经验所得出的关于一般规律的结论，而且应当学习他们观察问题和解决问题的立场和方法。"①

马克思主义是放之四海而皆准的普遍真理，是因为它科学地揭示了人类社会发展的一般的规律。但是，要将马克思主义的普遍真理运用于各个国家的实践，就必须深入了解各国的现状和历史，从中找出普遍真理同各国实践之间的最佳结合点和具体实现形式。然而教条主义者不懂得这个道理，毛泽东曾经批判："我们的教条主义者是懒汉，他们拒绝对于具体事物做任何艰苦的研究工作。"②

对于教条主义的沉痛教训，毛泽东进行过深刻批评，认为这些人如同"留声机"一样，生吞活剥国外论述，不顾及中国实际进行生搬硬套。毛泽东还在《中国革命战争的战略问题》中说道："即是从自己经验中考证这些结论，吸收那些用得着的东西，拒绝那些用不着的东西，增加那些自己所特有的东西。这

①《毛泽东选集》第2卷，人民出版社1991年版，第533页。
②《毛泽东选集》第1卷，人民出版社1991年版，第310页。

后一件事是十分重要的，不这样做，我们就不能指导战争。”①

在推进马克思主义中国化的同时，毛泽东认为必须注意总结中国革命的实践经验，将其上升到理论高度，进而得出对革命经验的规律性认识。1941年9月在《反对主观主义和宗派主义》一文中毛泽东说道：“我们反对主观主义，是为着提高理论，不是降低马克思主义。我们要使中国革命丰富的实际马克思主义化。”② 这里讲的“要使中国革命丰富的实际马克思主义化”，实质上是要对当时中国丰富的革命实践进行经验总结，并将其上升到理论高度，以求得革命之是。1942年2月，毛泽东在《整顿党的作风》中谈到党的理论水平究竟是高还是低的问题时指出：“我们还没有把丰富的实际提高到应有的理论程度。我们还没有对革命实践的一切问题，或重大问题，加以考察，使之上升到理论的阶段。”③ 可见，在毛泽东看来，衡量一个革命政党马克思主义理论水平的高低，主要的不是看其党员读的马列著作的数量，而是要看这个党能否把丰富的革命实践升华至理论高度。

在将革命实践上升为理论的过程中，存在着另一种阻碍，即经验主义的故步自封，他们往往只注重个人经验，而轻视理论总结和提升。毛泽东指出：“庸俗的事务主义家不是这样，他们尊重经验而看轻理论，因而不能通观客观过程的全体，缺乏明确的方针，没有远大的前途，沾沾自喜于一得之功和一孔之见。”④ 毛泽东还指出，经验主义者也不是我们需要的理论家，只有“真正领会马克思列宁主义的实质，真正领会马克思列宁主义的立场、观点和方法，真正领会列宁斯大林关于殖民地革命和中国革命的学说，并且应用了它去深刻

①《毛泽东选集》第1卷，人民出版社1991年版，第181页。
②《毛泽东文集》第2卷，人民出版社1993年版，第374页。
③《毛泽东选集》第3卷，人民出版社1991年版，第813页。
④《毛泽东选集》第1卷，人民出版社1991年版，第291页。

地、科学地分析中国的实际问题，找出它的发展规律，这样才是我们真正需要的理论家”[①]。

由此可见，只有实事求是才能了解中国实际，了解中国历史，破除教条主义和经验主义的迷信，进而找到指导中国革命的正确理论，并在实践中检验和发展真理。如同毛泽东在《新民主主义论》中所说：“科学的态度是‘实事求是’，‘自以为是’和‘好为人师’那样狂妄的态度是决不能解决问题的。我们民族的灾难深重极了，惟有科学的态度和负责的精神，能够引导我们民族到解放之路。真理只有一个，而究竟谁发现了真理，不依靠主观的夸张，而依靠客观的实践。只有千百万人民的革命实践，才是检验真理的尺度。”[②]

马克思主义作为人类认识和改造世界的普遍真理，要在中国这样一个国情复杂、历史底蕴深厚的国度落地生根、开花结果自然难以一帆风顺。推动马克思主义中国化，必须建立在实事求是的基础之上，如果不能正确认识中国国情，不能赋予马克思主义以恰当的民族形式，就不可能实现马克思主义同中国实际相结合。尤其是当面临教条主义和经验主义的束缚时，实事求是就更加凸显其重要价值。坚持实事求是的思想路线，能够有效避免以普遍教条指导特殊实践的教条主义错误，也能够避免只顾一时一地的经验、拒绝将其上升为规律性认识的经验主义错误，从而能够有力地推进马克思主义中国化。

①《毛泽东选集》第 3 卷，人民出版社 1991 年版，第 814 页。
②《毛泽东选集》第 2 卷，人民出版社 1991 年版，第 662—663 页。

第四节

实事求是思想路线的确立在中国近现代思想史上的地位

实事求是思想路线的确立，实现了传统经世致用思想的转型与发展，是对“非此即彼”绝对主义思维方式的克服与超越，在中国近现代思想史上具有举足轻重的地位。

一、实现了传统经世致用思想的转型与发展

近代以来，中华民族日益走向悲惨命运，陷入半殖民地半封建社会的深渊。志士仁人意识到亡国灭种的危机，为了挽救民族危亡，思想上更加趋向于经世致用。经世致用思想发源于朱熹的“理学”，由明清之际的思想家王夫之、顾炎武等提出，指出学问必须有益于国事。鸦片战争以后，民族危机日益加深，使先进知识分子产生了更加强烈的经世致用思想。魏源的《海国图志》、姚莹的《康辅纪行》、何秋涛的《朔方备乘》、张穆的《蒙古游牧记》，均为经世致用的代表之作。太平天国运动兴起之后，清廷内部产生了洋务派，在中

央以恭亲王奕䜣、文祥为首；在地方则以镇压太平军起家的曾国藩、李鸿章、左宗棠、张之洞为代表，他们先后以“自强”和“求富”为口号，相继开办了安庆内军械所、江南制造总局、福州船政局、汉阳铁厂等军事和民用企业，但是他们的思想依然停留在依靠学习西方先进科学技术来维护封建统治秩序的层面。尽管他们在经世致用层面前进了一大步，但是这种改革方式显然不可能在“三千年未有之大变局”中图存，技术与制度的全面脱节将让“用”与“体”之间南辕北辙。其实早在1861年洋务运动初兴之际，冯桂芬就在《校邠庐抗议》中提出“以中国伦常名教为根本，辅以诸国富强之术”，“中体西用”遂为之发轫，此后甲午战争清廷战败，洋务运动宣告破产，“中体西用”宣告实质上失败。尽管1898年张之洞在《劝学篇》中提出“以旧学为体，新学为用”，也就是“中学为内学，西学为外学；中学治身心，西学应世事”①，但不过是明日黄花，已没有多少市场了。

“中体西用”思想作为近代以来经世致用思想发展的重要阶段，是传统经世致用思想发展的顶点，但是由于其无法突破传统封建制度的局限性，因而不能推动经世致用真正跨越封建体制的藩篱，也不可能跨越“体”“用”之别，注定不可能走得更远。毛泽东曾经对“中体西用”论进行过批判，认为新文化运动期间，尽管“那时有一种‘办学堂’‘办自治’‘请开议会’的风气，寻其根柢，多半凑热闹而已。凑热闹成了风，人人思想界，便不容易引入实际去研究实事和真理了”②。只有实事求是思想路线，成功跨越了“体”“用”关系的界限，根据中国半殖民地半封建的社会性质开出了救国救民的良方，真正改变了

---

① [清]张之洞著，李忠兴评注：《劝学篇》，中州古籍出版社1998年版，第96页。

②《毛泽东早期文稿》，湖南出版社1990年版，第363页。

中国命运，推动实现国家独立与民族解放，经世致用思想从而得以脱离时代束缚，实现了新的跨越。

传统的经世致用思想在形态上无论如何变化，都没有改变其维护封建统治之体的根本目的，因而它只主张从“器物”层面进行改革，而反对从体制方面进行根本性革新。近代以来的经世致用思想提出学习西方先进的科学制度，主张“师夷长技以制夷”，本身已经是对传统“夷夏观”的重大变革，“中学为体，西学为用”更是从“体”“用”层面来处理东西方制度与科技的关系，体现了对西方文化的极大包容。但是传统的经世致用思想忽视了封建制度已经不能适应时代发展潮流的弊端，因此在不改变根本制度的情况下对封建体制采取的任何修补与改造都将无济于事。只有正视世界发展的潮流，深入分析中国国情，将马克思主义同中国具体实际相结合，在变革中国传统制度的同时学习西方先进的科学技术，才能做到两者互相促进。从这个层面来看，实事求是相对于传统经世致用思想产生了质的变化，实现了传统经世致用思想发展的飞跃。

二、实现了对“非此即彼”绝对主义思维的克服与超越

近代以来，中国迭遭西方欺凌，与中华民族历史上曾经拥有过的辉煌历史形成了强烈反差，这也导致国人产生了强烈的危机意识与急切心理，部分人在思想路线上表现为绝对主义，典型如“全盘西化论”和“东方文化救世论”。

“全盘西化论”认为，中国传统文化无丝毫可取之处。在新文化运动中，钱玄同、吴稚辉等人甚至提出“废汉字”的激烈言论。在东西方文明比较过程中，一些人认为东方文明一无是处，胡适等人在《我们对于西洋近代文明的态度》等文章中，指斥东方民族是“又愚又懒的民族，不能征服物质，便完全被

压死在物质环境之下，成了一分像人九分像鬼的不长进民族”[1]。陈序经在《中国文化的出路》一书中提出：“我们的唯一办法，是全盘接受西化。”“我们所觉为最好的东西，远不如人家的好。可是我们所觉坏的东西，还坏过人家所觉为最坏的千万倍。”[2]

第一次世界大战之后，西欧饱受战争摧残，很多久负盛名的城市沦为废墟，西欧文明饱受诟病，此时“东方文化救世论”的声音又起，并开始走向了另一个极端。1920 年，梁启超等人游历欧洲，认为现代西方文明弊端重重，只有中国智慧才是救世良方。1922 年，梁漱溟在《东西文化及其哲学》中，声称在不远的将来，世界文化都将走“孔家的路”，认为中国没有阶级分化，也不存在阶级斗争，将中国的一切问题归结为文化失调，主张这些问题只有通过教育才能解决。

“全盘西化”和“东方文化救世论”的争论，体现了近代以来社会思潮演变的复杂性。两种极端化的思维方式实质反映了当时的中华民族心理还未走上理性和成熟阶段，也从另外一个侧面说明了实事求是思想路线的必要性。对待中国传统文化，在实事求是基础上坚持批判地继承才是正确的方式。毛泽东对此指出：“我们是马克思主义的历史主义者，我们不应当割断历史。从孔夫子到孙中山，我们应当给以总结，承继这一份珍贵的遗产。”[3] 对于西方文化，毛泽东指出：“一切外国的东西，如同我们对于食物一样，必须经过自己的口腔咀嚼和胃肠运动，送进唾液胃液肠液，把它分解为精华和糟粕两部分，然后

① 葛懋春、李兴芝编：《胡适哲学思想资料选》上册，华东师范大学出版社 1984 年版，第 343—344 页。
② 邱志华编：《陈序经学术论著》，浙江人民出版社 1998 年版，第 71—83 页。
③《毛泽东选集》第 2 卷，人民出版社 1991 年版，第 534 页。

排泄其糟粕，吸收其精华，才能对我们的身体有益。”[①]

可见，实事求是的思想路线帮助我们扭转了近代思想发展过程中“全盘西化论”和“东方文化救世论”的极端化倾向。这两种极端主义的思维方式其实都是近代以来中华民族存在巨大历史心理落差而急于改变自身命运的焦虑与紧迫感的体现。学习西方甚至于要废汉字，这是典型的“倒洗澡水连孩子一起倒掉”的思维，当西方文化出现问题时，又迅速反其道而行之，认为只有东方文明才能拯救世界。对东西方文明的优缺点，没有任何的比较鉴别，也没有任何的理性思考，这就是典型的二元对立思维。实事求是思想路线确立后，对东西方文明进行了批判的继承和有选择的学习借鉴，而不是不加鉴别地囫囵吞枣，矫正了绝对主义的思维方式，促进中华民族在心理和文化上走向理性和成熟，是中华民族心理和文化建设转型的重大契机。

实事求是思想路线的确立在中国近现代思想史上占据着重要地位，是马克思主义基本原理同中国具体实际相结合、同中华优秀传统文化相结合的典范。毛泽东通过运用辩证唯物主义和历史唯物主义对实事求是这一中国历史上具有深厚文化底蕴的概念进行内涵重建与语义重构，将其由传统的思想与哲学概念上升为中国共产党的思想路线，在中国近现代思想史上留下了浓墨重彩的印记。

①《毛泽东选集》第 2 卷，人民出版社 1991 年版，第 707 页。

第四章

改革开放和社会主义现代化建设新时期实事求是思想路线的丰富和发展

改革开放和社会主义现代化建设新时期实事求是思想路线的丰富和发展

真理标准问题大讨论

抵制"两个凡是"与党的实事求是优良传统的坚持

★ 邓小平等老一辈革命家坚持马克思主义的立场、观点、方法，对"两个凡是"进行了坚决抵制

为重新确立实事求是思想创造理论条件

★ 真理标准问题的讨论广泛开展

邓小平与党的实事求是思想路线的重新确立

指出实事求是是毛泽东思想的精髓

★ 重申毛泽东一贯倡导的实事求是思想路线

提出"解放思想，实事求是，团结一致向前看"

★ 号召重新把实事求是的马克思主义思想路线恢复起来

实事求是评价新中国成立以来党的若干历史问题

★ 实事求是地肯定了毛泽东的伟大历史功绩，分析了毛泽东晚年错误形成的原因

强调无产阶级世界观的基础是实事求是

★ 既论述了实事求是是马克思主义的精髓，也说明了实事求是是毛泽东思想的精髓

明确提出并全面阐释了实事求是思想路线

★ 对实事求是思想路线的核心内容进行新的更加完善的提升

坚持实事求是思想路线，开创中国特色社会主义

★ 坚持解放思想、实事求是地制定党的路线方针政策，推进改革开放和现代化建设

江泽民与实事求是思想路线的继承发展

与时俱进的提出

★ 江泽民在党的十四届一中全会上首次提出与时俱进

★ 党的十六大正式将与时俱进与解放思想、实事求是并提，将其作为党的思想路线的重要内容

阐述与时俱进的科学内涵及其与解放思想、实事求是的内在关联

★ 科学内涵：体现时代性，把握规律性，富于创造性

★ 内在关联：解放思想、实事求是是与时俱进的前提条件和必然结果。

坚持与时俱进，推进中国特色社会主义伟大事业

★ 形成了"三个代表"重要思想

★ 改革开放取得重大突破

★ 国民经济持续健康发展

★ 民主政治和精神文明建设成效显著

胡锦涛与实事求是思想路线的丰富和发展

提出求真务实

★ 1997 年 6 月，胡锦涛在纪念中国共产党成立 76 周年座谈会上的讲话中提出求真务实

阐述了求真务实的科学内涵及其与解放思想、实事求是、与时俱进的内在关联

★ 科学内涵：求我国社会主义初级阶段基本国情之真，务坚持长期艰苦奋斗之实；求社会主义建设规律和人类社会发展规律之真，务抓好发展这个党执政兴国的第一要务之实；求人民群众历史地位和作用之真，务发展最广大人民根本利益之实；求共产党执政规律之真，务全面加强和改进党的建设之实

★ 内在关联：解放思想、实事求是、与时俱进是求真务实的首要前提；求真务实是解放思想、实事求是、与时俱进的现实体现；求真务实与解放思想、实事求是、与时俱进统一于党的全部理论与实践

坚持求真务实，开创我国现代化建设新局面

★ 提出并形成了科学发展观 ★ 经济平稳较快发展 ★ 社会建设全面加强 ★ 改革开放持续深化

党的十一届三中全会召开以后，我国进入改革开放和社会主义现代化建设新时期。在新的历史实践中，我们党将解放思想与实事求是相结合，恢复和发展了党的思想路线。党的十三届四中全会之后，中国共产党人立足新的历史条件，坚持实事求是思想路线，并且结合具体实践，不断推动解放思想、实事求是的思想路线向前发展，将解放思想、实事求是和与时俱进的思想结合起来，不断丰富、拓展、深化党的思想路线的时代内涵。进入21世纪之后，中国共产党人与时俱进推进马克思主义中国化时代化，在坚持解放思想、实事求是、与时俱进思想路线的基础上，大力弘扬求真务实精神，将党的思想路线进一步推向前进。

第一节
真理标准问题大讨论

从1976年10月粉碎“四人帮”到1978年12月党的十一届三中全会召开之前的两年多时间里，党内和党外的许多同志强烈呼吁尽快纠正“文化大革命”的种种错误。但是，由于“左”的错误思想在短时间内没有被彻底根除，所以依然存在各种严重阻碍。越来越多的人开始意识到要摆脱这种局面，必须首先从思想问题着手，寻找突破口。以邓小平同志为主要代表的中国共产党人面对异常复杂的政治环境，认识到在当前党和国家命运的关键时期，迫切需要从理论上为回归实事求是思想营造良好环境，迫切需要通过一场理论讨论活动来推动党的思想重新回到正确的方向上。经过深入酝酿，在邓小平的领导下，一场真理标准问题大讨论拉开了历史序幕。历史表明，真理标准问题大讨论对党的思想路线的拨乱反正具有先导作用，对党和国家的历史发展进程具有重大而深远的影响。

一、抵制“两个凡是”，坚持党的实事求是优良传统

想在短期内迅速消除“文化大革命”在政治上、思想上造成的诸多严重混乱，并不是一件简单的事情。当时，党内一部分人抱着固有的思维，思想僵化地提出和推行“两个凡是”，在行动上则不加辨别地继续机械教条地执行毛泽东生前作出的所有指示，并且以此压制真理标准问题大讨论。“两个凡是”对毛泽东生前的决策和指示拒绝作任何分析，在理论上违背了马克思主义基本原理和党的实事求是的思想路线，在实践上为新形势下坚持真理、修正错误设置了障碍。[①]“两个凡是”在一段时间里成为我们党纠正“文化大革命”错误思想时面临的主要障碍。

邓小平等老一辈革命家坚持马克思主义的立场观点方法，对“两个凡是”进行了坚决抵制。邓小平最早公开对“两个凡是”进行了批评。1977 年 4 月，这时的邓小平虽然还没有恢复领导职务，但是他依然心系党的事业，他致信党中央，指出“我们必须世世代代地用准确的完整的毛泽东思想来指导我们全党、全军和全国人民”[②]。他提出准确的完整的毛泽东思想的概念实际上是对“两个凡是”进行了含蓄的批评。1977 年 5 月 24 日，邓小平与王震、邓力群进行了谈话，在谈话中他明确地指出“‘两个凡是’不行”[③]，他还用给自己平反和肯定 1976 年群众在天安门广场活动的例子批评“两个凡是”不符合逻辑。邓小平对“两个凡是”的批评一针见血地揭露了“两个凡是”在逻辑上的矛

---

①《中国共产党简史》编写组编著:《中国共产党简史》，人民出版社、中共党史出版社 2021 年版，第 218 页。

②《邓小平年谱（1974—1997）》上册，中央文献出版社 2004 年版，第 157 页。

③《邓小平年谱（1974—1997）》上册，中央文献出版社 2004 年版，第 159 页。

盾，指出了“两个凡是”的错误。此后，他在不同场合多次对“两个凡是”进行了公开批评，叶剑英、陈云、李先念、聂荣臻、徐向前等许多老一辈革命家也非常赞成邓小平反对“两个凡是”的观点，支持抵制“两个凡是”和回归实事求是的优良传统。

邓小平不仅在许多重要场合公开批评“两个凡是”，而且基于历史唯物主义对“两个凡是”进行了理论批判。在1977年3月召开的中央工作会议上，邓小平还对“两个凡是”错误的原因进行了深入分析，从理论高度揭示了“两个凡是”立不住脚，他指出如何对待毛泽东讲过的话和毛泽东做过的指示，不仅是一个工作问题，更是一个重要理论问题，反映的是是否坚持历史唯物主义的大问题。邓小平还一针见血地指出：“马克思、恩格斯没有说过‘凡是’，列宁、斯大林没有说过‘凡是’，毛泽东同志自己也没有说过‘凡是’。”[①] 从这些论述中可以看到，邓小平坚持从历史唯物主义高度提出要实事求是地评价党的领袖、对待党的领袖的论述，实事求是地看待和分析党在“文化大革命”期间的思想、路线、方针、政策，不仅是对马克思列宁主义、毛泽东思想实事求是观点的坚持，也是对党的实事求是思想的发展。

在“文化大革命”结束后的两年间，一些领域的拨乱反正已经开始，人们急切地期待着党和国家迅速回到正轨大步前进。但是，拨乱反正每前进一步都十分艰难。历史和现实的困境引起了人们思想上的激烈冲突，党员干部和人民群众经过“文化大革命”的阵痛，开始对历史进行深刻反思，特别是对这一时期党的思想路线中出现的各种问题开始进行深入思考，强烈呼吁要继承好我们党实事求是的优良传统，期盼我们党重新确立实事求是的思想路线。在以

①《邓小平文选》第2卷，人民出版社1994年版，第39页。

邓小平为代表的老一辈革命家的大力坚持和积极推动下，一场引导人民回归马克思主义实践性的大讨论在理论界积极酝酿，这场及时的真理标准问题大讨论使我们党迎来了重新确立实事求是思想路线的胜利曙光。

二、为重新确立实事求是思想创造理论条件

随着拨乱反正的逐渐推进和各项事业的逐步恢复，党内一些理论工作者坚持马克思主义基本原理和立场、观点、方法，对“文化大革命”以来我们党内出现的错误思想进行了深刻剖析和深入反思，认识到实践性是马克思主义理论的基本观点和重要特点，真理正确与否不能只看真理来自哪里、是谁讲的，而必须通过实践的检验才能作出判断。随着党内一些理论工作者研究的不断深入，这个问题越来越引起理论界的共同关注，一场围绕真理标准问题是什么的理论大讨论呼之欲出。

1978 年 5 月 10 日，中共中央党校的内部刊物《理论动态》冲破阻力刊发了一篇理论文章《实践是检验真理的唯一标准》；第二天，《光明日报》在头版全文公开发表了这篇发思想之先声的理论文章，新华社、《人民日报》、《解放日报》随之对文章进行了转发。这篇文章矛头直指“两个凡是”，对“两个凡是”进行了理论上的批判，旗帜鲜明地提出只有社会实践才是检验真理的标准，并且社会实践是检验真理的唯一标准，不管什么理论，无一例外都要不断接受实践的检验，只有经过社会实践的检验才能判断理论观点是否正确，因此从根本上否定了“两个凡是”。这篇文章有针对性地指出，要敢于触及和弄清楚当时人为设置的各种思想禁区，绝不能拿现成的条条框框和死的教条去限制、宰割、剪裁飞速发展的丰富的革命实践，提倡要敢于研究和解决在新的实

践中出现的新问题。《实践是检验真理的唯一标准》作出的一系列重要理论判断，是坚持马克思主义历史唯物主义、坚持实践第一的马克思主义基本观点得出的重要结论，从理论上彻底批判了个人崇拜和教条主义，从根本上维护了实事求是思想，在广大干部群众中激起了强烈反响和思想共鸣，得到了广大党员干部群众的拥护。

真理标准问题大讨论的广泛开展起到了重新统一思想的重要作用，通过理论讨论有力引导广大党员干部和人民群众冲破“文化大革命”以来的各种思想禁锢，打破了“两个凡是”的思想阻碍，为我们党重新确立实事求是思想做了充分的理论铺垫和思想准备。邓小平在真理标准问题大讨论展开不久，准确抓住是否坚持实事求是这个实质问题，对真理标准问题大讨论进行方向指导，并且在关键时刻对真理标准问题大讨论给予及时而有力的支持。1978 年 6 月 2 日，邓小平在全军政治工作会议的讲话中回应了一些人对真理标准问题大讨论的批评，并且系统阐述了毛泽东在中国新民主主义革命和社会主义建设的各个不同历史时期关于实事求是的一系列重要论述。他在这次会议上毫不留情地指出：“我们也有一些同志天天讲毛泽东思想，却往往忘记、抛弃甚至反对毛泽东同志的实事求是、一切从实际出发、理论与实践相结合的这样一个马克思主义的根本观点，根本方法。”[①] 邓小平的这些重要论述，深刻阐明了毛泽东一贯主张和坚持实事求是的历史事实，更加深刻地揭示了具体情况具体分析是马克思主义活的灵魂、实事求是是毛泽东思想的出发点、根本点的理论事实，深刻揭示了马克思列宁主义、毛泽东思想如果不考虑实际情况、不同实际情况紧密结合起来，就会失去生命力这一重要理论规律。

①《邓小平文选》第 2 卷，人民出版社 1994 年版，第 114 页。

邓小平在真理标准问题大讨论关键时期的一系列讲话，阐述了马克思主义认识论的基本原理，为真理标准问题大讨论提供了强大的政治支持，起到了扫除阻挠真理标准问题讨论障碍的重要作用，有力地扭转了当时的不利形势，使之成为这场大讨论的重要转折点。正是在邓小平等老一辈革命家的坚决支持下，真理标准问题大讨论在全国迅速展开并且取得巨大胜利。这次理论大讨论起到了促进全党全国解放思想、重新确立实事求是思想路线的重要作用。

真理标准问题大讨论是全党全国一次伟大的思想解放运动，不仅在学术界引起了热烈反应，而且在党、政、军各界引起了巨大震动。经过真理标准问题大讨论的思想洗礼，广大干部群众的思想有了一个大的转变，逐渐从个人崇拜和教条主义中解放出来，开始冷静看待当时存在的问题，大家普遍认识到迷信盛行只会导致思想僵化，真正的马克思主义者必须从实际出发，以一种实事求是的态度去研究和解决历史问题，必须以实事求是的态度去研究和解决当前面临的新问题。这场及时的理论大讨论为结束“文化大革命后”的思想徘徊局面做了重要理论动员，为推动全面展开拨乱反正和顺利召开党的十一届三中全会创造了思想条件。这场大讨论也开了新时期解放思想之先河，为我们党重新确立实事求是思想路线奠定了重要的思想基础、理论基础。

1978 年 12 月，党的十一届三中全会召开。这是一次在我们党的历史上起到重要转折作用的全会。党的十一届三中全会充分肯定了真理标准问题大讨论，指出了真理标准问题大讨论对我们党思想路线的重大意义。这次全会彻底废除了“以阶级斗争为纲”的口号，及时作出了全党工作重点进行转移的重大决策，决定开始系统清理重大历史是非问题和全面推进拨乱反正工作，以党的纲领性文献的形式重新确立实事求是思想路线，这是新中国成立以来党的历史上具有深远意义的伟大转折。

第二节

邓小平与实事求是思想路线的重新确立

在我们党历史转折的重要关头，邓小平领导推动了我们党重新确立实事求是思想路线，为党和国家事业回到正确轨道起到了至关重要的作用。“文化大革命”结束后，面对异常复杂的政治局面，邓小平坚持和发扬实事求是的优良传统，领导党和人民在重要历史关头冲破“左”的思想束缚，提出要解放思想，倡导全党重新恢复实事求是思想路线，并结合新时期新的历史特点对党的实事求是思想路线进行了科学阐释。从拨乱反正到全面改革，邓小平理论从形成到发展，始终贯穿着一条思想红线，就是坚持解放思想、实事求是。以邓小平同志为主要代表的中国共产党人实事求是地开创了中国特色社会主义道路，为党的实事求是思想注入了新的内涵，对推动党的实事求是思想发展作出了巨大历史贡献。正如习近平总书记所指出的：“党的十一届三中全会以来，由于我们党重新确立了解放思想、实事求是的思想路线，始终高度重视抓作风建设，始终高度重视保持党同人民群众的血肉联系，全党精神面貌和作风状况焕然一新，为改革开放和社会主义现代化建设顺利推进提供了重要保障。”[①]“实事求是，是邓小平同志一生最重要的思想特点，也永远是中国共产党人应该遵循的思想方法。”[②]

一、指出实事求是是毛泽东思想的精髓

党的实事求是思想路线是毛泽东提出来的，在革命斗争中经受实践检验。在党的七大上，全党确立了实事求是思想路线。“文化大革命”结束后，邓小平对马克思列宁主义、毛泽东思想体系中的实事求是思想进行了深入阐释，提出要完整准确地理解毛泽东思想。他指出毛泽东用我们中国的语言将历史唯物主义和辩证唯物主义思想路线概括为实事求是，实事求是是辩证唯物主义和历史唯物主义中国化的表述，实事求是思想路线本质上就是辩证唯物主义和历史唯物主义思想路线，“实事求是，一切从实际出发，理论联系实际，坚持实践是检验真理的标准，这就是我们党的思想路线”[③]。邓小平认为实事求是是马克思列宁主义的一个基本组成部分，也是毛泽东思想的一个基本组成部分，“因此提倡实事求是决不能离开马列主义、毛泽东思想的基本原理，决不能忽视毛泽东同志在这个问题上的伟大功绩”[④]，并且重申把实事求是这条马克思主义的思想路线恢复起来。

邓小平不仅重申了毛泽东一贯强调的实事求是、从实际出发的根本观点和根本态度，而且深刻指出毛泽东思想同马克思列宁主义的理论联系，指出毛泽东

①《习近平著作选读》第1卷，人民出版社2023年版，第122—123页。
②《习近平著作选读》第1卷，人民出版社2023年版，第248页。
③《邓小平文选》第2卷，人民出版社1994年版，第278页。
④《邓小平文选》第2卷，人民出版社1994年版，第278—279页。

思想是马克思主义在中国的革命实践中形成的，是经过中国实践检验的中国化马克思主义。毛泽东思想的一个重要理论品质就是贯通了马克思主义精髓和活的灵魂，对中国实际具体情况具体分析。实事求是是马克思主义的精髓，也是毛泽东思想的精髓，毛泽东思想的基本点就是实事求是。邓小平还深刻指出，毛泽东能够领导中国革命走向胜利，归根到底在于坚持实事求是，“过去我们搞革命所取得的一切胜利，是靠实事求是；现在我们要实现四个现代化，同样要靠实事求是”①。经过20世纪80年代改革开放的实践探索，面对党内思想出现的许多新问题，在改革开放推进的关键时期，邓小平始终保持高度的理论清醒，始终坚持历史唯物主义基本立场，不断重申和强调要坚持实事求是思想路线。1992年在南方视察时，他进一步指出：“实事求是是马克思主义的精髓。要提倡这个，不要提倡本本。”②

邓小平旗帜鲜明地重申毛泽东一贯倡导的实事求是思想路线，讲明毛泽东思想的一个重要基本点就是实事求是，指出无论在什么时候都要牢牢把握住高举毛泽东思想旗帜就必须坚持实事求是这个基本原则，拨开了困扰党和人民的思想迷雾，使我们党在重大历史转折过程中有力地避免了思想混乱，保持了大局稳定。

二、提出“解放思想，实事求是，团结一致向前看”

经过真理标准问题大讨论的理论洗礼，党内思想得到了极大解放，在这样一种崭新的政治空气下，1978年12月13日中央及时召开了中央工作会议，

①《邓小平文选》第2卷，人民出版社1994年版，第143页。
②《邓小平文选》第3卷，人民出版社1993年版，第382页。

这次会议实际上是为党的十一届三中全会的召开进行思想和政治准备，在闭幕会上邓小平发表了重要讲话，这次讲话的主题是《解放思想，实事求是，团结一致向前看》。讲话引起了强烈反响。在讲话中，邓小平深刻指出解放思想对党和国家发展至关重要，深刻阐述了解放思想与实事求是的内在关系，号召全党要在思想上来一个大解放，重新把实事求是的马克思主义思想路线恢复起来，顺利实现全党工作重心的转移。

邓小平深刻指出，解放思想关系党的生死存亡和前途命运，要把解放思想作为当时的头等重大政治问题，认为如果不解放思想，党的思想就会僵化，实践探索就会停止，就不能有效解决当前的一系列问题，党就会失去蓬勃生机和旺盛活力，甚至会面临亡党亡国的风险。邓小平指出："只有解放思想，坚持实事求是，一切从实际出发，理论联系实际，我们的社会主义现代化建设才能顺利进行，我们党的马列主义、毛泽东思想的理论也才能顺利发展。"①

关于解放思想与实事求是的辩证关系，邓小平认为解放思想和实事求是是辩证统一的，两者互为条件和目标，坚持实事求是地想问题办事情首先就必须解放思想、破除迷信，只有在思想上得到了大的解放，做到不唯书、不唯上，才能把握好运用好马克思列宁主义和毛泽东思想，才能在毛泽东思想指引下纠正错误，解决历史遗留问题，才能科学应对和解决实践中出现的各种新的问题。邓小平一针见血地指出，一旦思想僵化了，条条框框就会多起来，就会产生各种随风倒的现象，本本主义就会变得严重起来。在论证了解放思想和实事求是的关系后，邓小平进而对解放思想做了完整阐释，他指出"解放思想，就是使思想和实际相符合，使主观和客观相符合，就是实事求是。今后，在一切

①《邓小平文选》第 2 卷，人民出版社 1994 年版，第 143 页。

工作中要真正坚持实事求是，就必须继续解放思想"[1]。邓小平关于解放思想的重要论述，辩证阐明了解放思想与实事求是之间的内在联系，为更好地理解和把握实事求是思想路线在理论上做了重要铺垫。

邓小平提出实事求是地解决历史问题是为了团结一致向前看。针对过去的遗留问题，邓小平强调要实事求是地予以解决，干脆利落地予以解决。解决好历史遗留下来的问题，是解放思想的需要，也是安定团结的需要，过去搞错了的东西，要按照有错必纠的原则，统统应该尽快逐步予以改正。他阐明了解决历史遗留问题对维护我们党的团结统一的重要性，指出实事求是解决历史遗留问题，搞清楚历史是非，分清楚历史功过，纠正冤假错案，才能让我们党放下包袱、轻装上阵，才能促进党的团结，才能实现全党工作重心的转变。

三、实事求是地评价新中国成立以来党的若干历史问题

正确地对新中国成立以来党的若干历史问题进行评价，特别是正确评价毛泽东和毛泽东思想在我们党和国家发展中的历史地位，全党全国极为关注，是绕不过、躲不去的重大政治问题，关系到党几十年来领导中国人民进行革命和建设的历史评价，又关系到中国社会主义向何处去的全局。如果在毛泽东晚年错误和毛泽东思想这个问题上把握不好、发生偏差，党的整个历史就可能被否定，就会动摇我们党的思想根基，就会造成严重后果。邓小平在党面临严重考验的历史转折关头，以实事求是的科学态度对毛泽东和毛泽东思想进行了全面科学的历史评价，领导全党作出了《关于建国以来党的若干历史问题的决议》，在全党统一了思想，为开创中国特色社会主义道路奠定了思想基础。

①《邓小平文选》第2卷，人民出版社1994年版，第364页。

邓小平实事求是、恰如其分地肯定了毛泽东的伟大历史功绩，强调必须科学地历史地看待“文化大革命”，必须实事求是、恰如其分地分析和评价毛泽东的历史功绩和他晚年所犯的错误。邓小平指出：“毛泽东同志在他的一生中，为我们的党、国家和人民建立了不朽的功勋。他的功绩是第一位的，他的错误是第二位的。”[①]“毛泽东同志犯了错误，这是一个伟大的革命家犯错误，是一个伟大的马克思主义者犯错误。”[②]“没有毛主席，至少我们中国人民还要在黑暗中摸索更长的时间。”[③]“所以说没有毛主席就没有新中国，这丝毫不是什么夸张。”[④]“毛泽东同志在长期革命斗争中立下的伟大功勋是永远不可磨灭的。”[⑤]“我们永远把他作为我们党和国家的缔造者来纪念。”[⑥]邓小平坚持按照实事求是的原则对毛泽东的历史地位进行科学评价，对毛泽东晚年错误进行实事求是、恰如其分的分析，既充分维护了毛泽东的领袖地位和形象，也有利于纠正党在“文化大革命”上的错误，在重大历史转折中统一了全党思想，廓清了思想迷雾，保持了政治稳定。

邓小平实事求是地分析了毛泽东晚年错误形成的原因，认为必须要一分为二、客观公正地评价党在历史上的错误和毛泽东晚年的错误，要坚持功是第一位的，错是支流、次要的，对错误要尊重历史事实，实事求是地讲清楚，“一定要毫不含糊地进行批评，但是一定要实事求是，分析各种不同的情况”[⑦]。同时，邓小平始终保持高度的政治清醒和历史清醒，强调对我们党的历史错误

①《邓小平文选》第 2 卷，人民出版社 1994 年版，第 334 页。
②《邓小平文选》第 2 卷，人民出版社 1994 年版，第 307 页。
③《邓小平文选》第 2 卷，人民出版社 1994 年版，第 345 页。
④《邓小平文选》第 2 卷，人民出版社 1994 年版，第 148 页。
⑤《邓小平文选》第 2 卷，人民出版社 1994 年版，第 148 页。
⑥《邓小平文选》第 2 卷，人民出版社 1994 年版，第 344 页。
⑦《邓小平文选》第 2 卷，人民出版社 1994 年版，第 301 页。

和毛泽东晚年错误的评价必须合乎实际，绝不能头脑发热写“过头”，“写过头，给毛泽东同志抹黑，也就是给我们党、我们国家抹黑，这是违背历史事实的”[①]。对于毛泽东晚年错误形成的原因，邓小平指出其就在于背离了他自己一贯倡导的实事求是的原则，“毛泽东同志的错误在于违反了他自己正确的东西”[②]，毛泽东“晚年有些不健康的因素、不健康的思想逐渐露头，主要是一些‘左’的思想。有相当部分违背了他原来的思想，违背了他原来十分好的正确主张，包括他的工作作风”[③]。通过实事求是科学分析毛泽东晚年错误及原因，引导全党对毛泽东及毛泽东思想体系有更加深入更加完整的理解，有利于全党更好地坚持毛泽东思想。

邓小平指出，必须澄清一段时间里对毛泽东思想认识上的混乱，强调拨乱反正，就是要彻底纠正思想上的错误，使全党全国人民完整准确地理解和把握毛泽东思想。他强调，毛泽东思想是马克思列宁主义同中国实际相结合的理论成果，是马列主义在中国的具体运用，旗帜鲜明地指出“毛泽东思想这个旗帜丢不得。丢掉了这个旗帜，实际上就否定了我们党的光辉历史”[④]。邓小平对党的历史错误和毛泽东同志晚年错误的正确评价，是坚持党的实事求是思想在党史工作上的重要运用，这一重要历史评价从理论上将毛泽东思想与毛泽东晚年错误区别开来，澄清了一段时间里对毛泽思想的错误认识，进一步巩固了毛泽东思想在我们党的指导地位。

---

①《邓小平文选》第 2 卷，人民出版社 1994 年版，第 301—302 页。
②《邓小平文选》第 2 卷，人民出版社 1994 年版，第 298 页。
③《邓小平文选》第 2 卷，人民出版社 1994 年版，第 345 页。
④《邓小平文选》第 2 卷，人民出版社 1994 年版，第 298 页。

四、强调无产阶级世界观的基础是实事求是

无产阶级的世界观是建立在马克思主义辩证唯物主义和历史唯物主义基础上的。邓小平从实事求是与马克思主义辩证唯物主义和历史唯物主义的辩证统一关系出发，既论述了实事求是是马克思主义的精髓，也说明了实事求是是毛泽东思想的精髓，从而论证了实事求是是无产阶级世界观的基础。邓小平指出，实事求是是辩证唯物主义和历史唯物主义的中国表达，两者只是形式上的差别，其本质上就是辩证唯物主义和历史唯物主义，“实事求是，是无产阶级世界观的基础，是马克思主义的思想基础”①，“从实际出发，实事求是，这是我们唯物主义者的根本立场”②。邓小平还指出，如果反对实事求是，反对理论与实践结合，就背离了马克思主义基本原理，就会导致唯心主义和形而上学。邓小平的这些重要论述，丰富和发展了实事求是思想。

实事求是是中华优秀传统文化的重要核心思想，毛泽东发展了源远流长、根植血脉的实事求是思想，对实事求是思想进行了马克思主义改造。邓小平则在准确全面把握毛泽东思想活的灵魂和核心要义的基础上，坚持马克思主义立场观点，提出实事求是是无产阶级世界观的重要论断，阐明了我们党的实事求是思想与辩证唯物主义、历史唯物主义的内在一致性和高度统一性，论证了实事求是思想是世界观与方法论的统一。

---

①《邓小平文选》第 2 卷，人民出版社 1994 年版，第 143 页。
②《邓小平文选》第 1 卷，人民出版社 1994 年版，第 244 页。

五、明确提出并全面阐释了实事求是思想路线

邓小平对实事求是思想作了进一步的深入阐述。邓小平指出："党的这条思想路线是毛泽东同志确立的，他在领导革命的大部分时间内是坚持这条思想路线的。"[①] 在"文化大革命"结束后不久，邓小平不仅反复重新提到党的思想路线，而且强调实事求是是党的思想路线的精髓，坚持党的思想路线就是要坚持实事求是思想。在对党的实事求是思想的形成历史和实践发展中，邓小平提出"实事求是的思想路线"，对党的思想路线进行了进一步的概括。

邓小平对实事求是思想路线的核心内容进行新的更加完善的提升。实事求是、一切从实际出发、理论联系实际、坚持实践是检验真理的标准这些重要论述和重要观点是毛泽东经常提到的，也是毛泽东思想中的重要思想和观点。邓小平把这些重要思想和观点联系起来，对党的思想路线进行了新的概括和提升，指出："实事求是，一切从实际出发，理论联系实际，坚持实践是检验真理的标准，这就是我们党的思想路线。"[②] 在对我们党的思想路线这一新的理论概括中，突出了实事求是的理论地位，指明了实事求是是党的思想路线最为核心的内容，并且学理性地讲清了一切从实际出发是重要前提，理论联系实际是重要原则，坚持实践是检验真理的标准是重要基础，强调这几个方面共同作为党的思想路线的内涵构成一个结构严密的逻辑整体。

邓小平对党的思想路线的这一创造性概括，把我们党一贯推崇和坚持的因地制宜、实事求是的思想进行了体系化，使党的实事求是思想路线实践要求更加具体、理论逻辑更加清晰。

①《邓小平文选》第 2 卷，人民出版社 1994 年版，第 278 页。
②《邓小平文选》第 2 卷，人民出版社 1994 年版，第 278 页。

六、坚持实事求是思想路线，开创中国特色社会主义

党的十二大之后，中国进入建设有中国特色的社会主义的新的发展轨道，以邓小平同志为主要代表的中国共产党人面对新的国情和世情，坚持解放思想、实事求是地制定党的路线方针政策，推进改革开放和现代化建设。邓小平在视察、考察现代化建设中，特别是在南方视察时，反复强调不仅要坚持解放思想、实事求是不动摇，还要进一步解放思想、实事求是地看待市场经济，要坚持解放思想与实事求是相统一，把生产力标准作为实践标准的重要尺度，不搞空洞理论争论，实事求是地作出和平与发展是当代世界的两大问题、发展是核心问题的重大判断，坚持推进改革开放，利用一切有利条件，一心一意搞现代化建设，在改革开放新的历史条件下赋予了实事求是思想新的时代内涵。

邓小平坚持实事求是，一切从实际出发，对改革开放新时期中国社会主义建设进行了长远谋划与总体设计。他创造性地提出“走自己的道路，建设有中国特色的社会主义”，推动我们党在深刻总结新中国成立以来社会主义建设经验教训的基础上，在异常复杂的世界政治环境中，领导全国人民走出了世界社会主义低潮，开辟了符合中国实际的中国特色社会主义新道路；提出必须坚持以经济建设为中心不动摇，必须坚持四项基本原则，坚持改革开放，领导我们党制定了社会主义初级阶段基本路线；正确认识我国所处的发展阶段和根本任务，制定了“三步走”建设中国现代化的发展战略；强调“改革是中国的第二次革命”，我们党有步骤地展开各方面体制改革，勇敢打开对外开放的大门；强调“两手抓、两手都要硬”，要切实抓好社会主义精神文明建设和民主法制建设，实现社会全面进步；创造性提出“一国两制”科学构想，指导实现香港、澳门的平稳过渡和顺利回归，推动海峡两岸关系打开新局面；明确提出

和平与发展是当代世界的两大主题，领导我们党及时调整各方面政策，为改革开放和社会主义现代化建设创造了难得的历史机遇和良好的外部环境。

正是以邓小平同志为主要代表的中国共产党人坚持党的实事求是优良传统，重新确立党的实事求是思想路线，领导全党全国人民打破“左”的思想禁锢，顺应世界发展潮流，把握社会主义现代化建设规律，深刻揭示解放和发展社会生产力是社会主义本质，作出改革开放历史性决策，推动党的工作重心从“以阶级斗争为纲”到以经济建设为中心的历史性转变，确立党在社会主义初级阶段的基本路线，提出要走自己的路、建设中国特色社会主义，制定了到21世纪中叶分“三步走”、基本实现社会主义现代化的宏伟蓝图，科学回答了建设中国特色社会主义的一系列理论和实践问题，成功开创了中国特色社会主义。这些重大思想理论和实践，使中国又一次发生了翻天覆地的变化。

第三节

江泽民与实事求是思想路线的继承发展

江泽民在党的十六大报告中指出："坚持党的思想路线，解放思想、实事求是、与时俱进，是我们党坚持先进性和增强创造力的决定性因素。"[①] 这一论述，将与时俱进与解放思想、实事求是并提，揭示了与时俱进与解放思想、实事求是的内在联系，进一步丰富、拓展了实事求是思想路线。

一、与时俱进的提出

与时俱进由来已久。1910 年，蔡元培在《中国伦理学史》中，用"与时俱进"批判了清朝末年中国思想文化界抱残守缺、故步自封的局面。在这里，蔡元培把散见于中国古书中的"与时偕行""与时俱化""与时俱新"等说法综合概括为"与时俱进"。

20 世纪 80 年代末以后，我国进入经济、政治、文化全面而深刻的变革时期，国内改革和建设任务艰巨而繁重，国际竞争日趋激烈，严峻的挑战和前所

①《江泽民文选》第 3 卷，人民出版社 2006 年版，第 537 页。

未有的机遇并存。在这种复杂形势下，我国经济社会发展中的客观规律，需要继续通过实践去探索和认识；许多过去没有遇到的新矛盾、新问题亟待解决。这就要求全党必须在想问题、办事情、做决策、谋发展时自觉地坚持实事求是思想路线，以防止主观性和片面性，防止唯心主义和形而上学。1992 年 10 月，江泽民在党的十四届一中全会上指出，党的十四大明确提出要建立社会主义市场经济体制，这就要求我们在思想认识、管理制度和领导方法、工作方法上都要有相应地改变，“要根据新的实践要求，重新学习，不断创新，与时俱进”①。1997年9月，江泽民在党的十五大上提出“三个着眼于”要求，明确了理论联系实际的具体方向和着眼点，即“要以我国改革开放和现代化建设的实际问题、以我们正在做的事情为中心，着眼于马克思主义理论的运用，着眼于对实际问题的理论思考，着眼于新的实践和新的发展”②。这就告诉我们，要把理论与实际结合起来，做到与时俱进。1998 年 1 月，江泽民在《深入学习邓小平理论》一文中也指出，邓小平为我们建设中国特色社会主义指明了前进的方向，但是今后的路具体应该怎么走，还是要靠我们“在实践中不断探索，不断开拓，总结新的经验，形成新的认识”③。

2001 年 1 月，江泽民在全国宣传部长会议上的讲话中再次指出，要运用马克思主义的宽广眼界来观察世界、认识世界，要运用当代最新的知识不断丰富自己、提升自己，“不唯本本，不守教条，与时俱进，不断推进理论创新、体制创新、科技创新”④。在这里，他进一步提到了如何坚持和发展马克思主义的问题，强调要不守教条、不唯本本。同年 7 月，江泽民在庆祝中国共产党成

①《江泽民文选》第 1 卷，人民出版社 2006 年版，第 256 页。
②《江泽民文选》第 2 卷，人民出版社 2006 年版，第 12 页。
③ 江泽民：《深入学习邓小平理论》，《求是》1998 年第 4 期。
④《江泽民文选》第 3 卷，人民出版社 2006 年版，第 197 页。

立80周年大会上的讲话中，进一步阐述了“与时俱进”的概念。他说，如果不顾历史条件和客观情况的发展变化，总是“拘泥于马克思主义经典作家在特定历史条件下、针对具体情况作出的某些个别论断和具体行动纲领，我们就会因为思想脱离实际而不能顺利前进”[①]。因此，对待马克思主义要有科学的态度，不能死守条条框框和具体语录。同年8月，江泽民在国防大学军队高级干部理论研讨班上的讲话中再次谈到如何对待马克思主义的问题。他说，毛泽东曾经说过，历史上的马克思主义可以分很多种，即“死的马克思主义”和“活的马克思主义”、“臭的马克思主义”和“香的马克思主义”。其中，“死的马克思主义”和“臭的马克思主义”就是“教条主义、本本主义”的马克思主义；“活的马克思主义”和“香的马克思主义”就是“实事求是、与时俱进”的马克思主义。我们所需要的就“香的马克思主义”和“活的马克思主义”，而不是“臭的马克思主义”和“死的马克思主义”。2002年5月，江泽民在四川考察工作时的讲话中，把“与时俱进”同“解放思想、实事求是”联系起来加以阐述。他说，在新的历史条件下加强和改进党的建设，“必须坚持解放思想、实事求是的思想路线，做到与时俱进、开拓进取”[②]。同年5月，在中央党校省部级干部进修班毕业典礼上的讲话中，江泽民把坚持与时俱进作为保持党的先进性和创造力的一个“决定性因素”。他说：“坚持解放思想、实事求是的思想路线，弘扬与时俱进的精神，是党在长期执政条件下保持先进性和创造力的决定性因素。”[③]2002年11月，党的十六大正式将与时俱进与解放思想、实事求

---

①《江泽民文选》第3卷，人民出版社2006年版，第283页。

②《江泽民论有中国特色社会主义（专题摘编）》，中央文献出版社2002年版，第634页。

③《江泽民论有中国特色社会主义（专题摘编）》，中央文献出版社2002年版，第635页。

是并提，将其作为党的思想路线的重要内容。

二、与时俱进的科学内涵及其与解放思想、实事求是的内在关联

与时俱进作为党的思想路线的新范畴，既从解放思想、实事求是中获得其本质规定性，又从时代性高度把解放思想、实事求是提升到新水平。它与解放思想、实事求是密不可分的。

江泽民在党的十六大报告中指出："与时俱进，就是党的全部理论和工作要体现时代性，把握规律性，富于创造性。"① 这是对与时俱进科学内涵的全新概括。

体现时代性就是要科学把握时代发展的基本特征和趋势。它要求我国的社会主义现代化事业要以不断发展变化的现实国情和世情作为出发点，既从我国社会主义初级阶段的基本国情出发，又从当今时代的发展现状和发展趋势出发，把国情同世情相结合、把现在同未来相结合，体现时代特点、反映时代进步。

把握规律性就是要不断探索、理解和掌握社会主义现代化事业的客观规律。同其他事物一样，我国的社会主义现代化事业有着必然的客观规律，但这个规律是在不断发展的过程中逐渐显现出来的。发现它、理解它、掌握它是一个逐步发展的过程。我们要随着时代的发展和实践的深化，不断摒弃既有的错误观念、矫正原有的认识偏差，从而获得新的认识，作出新的概括，实现主观认识与客观规律的统一。

富于创造性就是要敢于创造性地开展工作，从而推动社会的全面进步和人

①《江泽民文选》第 3 卷，人民出版社 2006 年版，第 537 页。

自身的全面发展。理论创新的最终目的在于引导、推动社会进步。总结规律、创新理论是对社会主义现代化认识的深化，是对党和国家全局性工作的反映。它既是客观实际的反映，又是指导客观实际的理论基础。要使之成为推进社会进步的强大力量，就必须将理论与实践相结合，创造性地开展工作。

解放思想、实事求是是中国共产党在革命、建设和改革的不同历史时期或阶段提出来的，是指导我们党开展工作的总的思想原则。而与时俱进是我们党在对待理论、实践、自身等各个方面的根本态度和基本要求，是马克思主义基本原理在党的全部活动中的生动反映。

首先，解放思想、实事求是是与时俱进的前提条件。与时俱进就是理论和认识要随着时代的发展和实践的深化而发展，也就是要顺应时势，跟上时代。如果不能跟上时代的发展变化、不能走在时代前列，与时俱进就是一句空话。而要做到这一点，就是要使思想与实际、主观与客观相符合，也就是解放思想、实事求是。如果不解放思想，死守马克思主义的条条框框，就会在时代形势发生转换变化时故步自封、抱残守缺，也就不能合“时”；如果不实事求是，不从实际出发来研究问题、创新理论，就会陷于主观主义的泥淖，也就会因脱离实际而不能造“时”。因此，只有坚持解放思想、实事求是，才能够做到科学准确地审时度势，从而做到与时俱进。

其次，解放思想、实事求是是与时俱进的必然结果。与时俱进的落脚点在“进”字，也就是适应时代变化要求的前进。时代在发展，社会在进步。客观世界总是处于不断地发展变化中，这必然要求我们要根据不断变化的实际推进理论创新，以使理论与实际相符合。如果不能做到与时俱进，理论就会脱离实际。它也就不能正确地指导实践。因此，解放思想、实事求是既是与时俱进的前提条件，也是与时俱进的必然结果[①]。

最后，与时俱进具有鲜明的时代特点。与时俱进与解放思想、实事求是，不仅具有内在的统一性，还具有显著的时代特点。它深刻表达了我们党遵循社会运动客观规律的自觉性和探索中国特色社会主义建设规律的主观能动性，深刻体现了我们党坚持推动社会发展与尊重人民主体地位的一致性，深刻反映了我们党长期以来始终坚持的革命性和批判精神。正是这种革命性和批判精神使得我们党冲破了理论上的教条主义和实践中的故步自封，从而使中国特色社会主义伟大事业取得了一个又一个伟大胜利。

三、坚持与时俱进，推进中国特色社会主义伟大事业

党的十三届四中全会以后，以江泽民同志为主要代表的中国共产党人高举邓小平理论旗帜，团结带领全党、全军和全国各族人民，坚持解放思想、实事求是、与时俱进，中国特色社会主义事业取得一系列辉煌成就。

一是形成了"三个代表"重要思想。党的十三届四中全会以后，以江泽民同志为主要代表的中国共产党人在推进中国特色社会主义伟大事业和党的建设新的伟大工程进程中，科学分析国内外形势和我们党所处的历史方位及肩负的历史使命，进一步加深了"对什么是社会主义、怎样建设社会主义和建设什么样的党、怎样建设党"的认识，逐步提出并形成了"三个代表"重要思想。"三个代表"重要思想，以我们党履行执政使命、巩固执政地位、铸造执政辉煌为着眼点，深刻回答了在新的历史条件下"建设一个什么样的党、怎样建设党"

① 齐峰、陈红莲:《试论解放思想、实事求是和与时俱进的内在统一性》,《理论学习》2003 年第 10 期。

这一重大命题，把马克思主义政党建设理论推进到一个新的发展阶段。

二是改革开放取得重大突破。20 世纪 80 年代末，国内经济政治出现风波，改革开放遇到困难。如何处理改革、发展、稳定的关系是我们党面临的一个严峻考验。以江泽民同志为主要代表的中国共产党人审时度势，把发展作为主题，把改革作为途径，把稳定作为保证，坚持以经济建设为中心，不断深化改革开放。同时，采取有力措施，维护国家大局稳定，坚持做到在维护大局稳定中推进改革发展，在改革发展中实现大局稳定。党的现代化建设思路更加丰富和深化，经济体制改革取得丰硕成果，全方位、多层次、宽领域对外开放格局初步形成。

三是国民经济持续健康发展。改革开放推动了我国经济的持续快速健康发展。国内生产总值从 1989 年的 16909 亿元增长到 2001 年的 95933 亿元，年均增长 9.3%；人均 GDP 由 1512 元提高到 7543 元，年均增长 8.2%；外汇储备由 55.5 亿美元增加到 2122 亿美元，居世界第二位；国家财政收入不断增长，由 2664 亿元增长到 16386 亿元；许多重要工农业产品的产量跃居世界前列。

四是民主政治和精神文明建设成效显著。在民主法制建设方面，依法治国作为治国方略写进宪法，以宪法为核心的中国特色社会主义法律体系框架初步形成，公民法律意识明显增强；扩大基层民主的法律制度初步建立，基层民主进一步扩大。在精神文明建设方面，“两基”教育即基本普及九年义务教育和基本扫除青壮年文盲目标基本实现，高等教育毛入学率上升到 15%，科学知识进一步普及，科学精神进一步弘扬，科技实力大幅度提高，一批高科技成果，如杂交水稻、基因工程、航天载人飞船等，有的达到了世界水平；文学艺术、新闻出版、广播影视等事业全面发展，优秀作品不断涌现，广播、电视人口综合覆盖率分别达到 92.9% 和 94.2%；以讲文明、树新风为主要内容的精神文明创建活动蓬勃展开，思想道德建设继续加强，全国各族人民的爱国热情和自豪感、凝聚力进一步增强。

第四节
胡锦涛与实事求是思想路线的丰富和发展

胡锦涛在党的十八大报告中指出："解放思想、实事求是、与时俱进、求真务实，是科学发展观最鲜明的精神实质。"[①] 这一论述表明我们党将求真务实与解放思想、实事求是、与时俱进并提，表明求真务实已经成为党的思想路线的重要内容，进一步丰富和发展了实事求是思想路线。

一、求真务实的提出

"求真务实"一词本身就是由实事求是演化而来的。唐代训诂学家颜师古在《汉书注》中将实事求是批注为"务得实事，每求真也"。这里的"求真"，也就是求事物的本来面貌，求客观实际之"真"、求事物发展规律之"真"。所谓"务实"，就是在客观规律的指导下去行、去干，以求得实实在在的成效，即重实际、重实践、务实事、求实效。求真务实体现了马克思主义认识论的本质要求，贯彻了实践、认识、再实践、再认识的马克思主义认识路线。

①《胡锦涛文选》第3卷，人民出版社2016年版，第619页。

求真务实是中国共产党人的一贯作风，也是胡锦涛一直倡导的工作作风。早在1997年6月，胡锦涛在纪念中国共产党成立76周年座谈会上的讲话中就提出了求真务实："要在我们党内努力创造一种认真学习的风气、民主讨论的风气、积极探索的风气、求真务实的风气。"[①] 2001年7月，胡锦涛在优秀共产党员代表庆祝中国共产党成立80周年座谈会上的讲话中指出，面对错综复杂的国际形势，面对改革开放的伟大实践，我们全体共产党员"要在自己的工作实践中，坚持一切从实际出发，把积极进取和求真务实结合起来，把工作热情和科学态度结合起来"[②]，坚持用辩证唯物主义和历史唯物主义世界观、方法论去分析和解决问题，使自己的思想认识、工作能力、工作水平随着实践的深化而不断提高。党的十六大以来，面对国际形势出现的新变化、新特征，以胡锦涛同志为主要代表的中国共产党人进一步将求真务实提升到思想路线的高度，将其概括为我们党必须长期坚持的思想路线的重要范畴和核心内容。2002年12月，胡锦涛在西柏坡学习考察时的讲话中提出要坚持把实现远大目标与做好当前工作相统一、把发扬革命精神与坚持科学务实的态度相统一，"脚踏实地，埋头苦干，讲实效，办实事"[③]。2004年1月，胡锦涛在中共第十六届中央纪律检查委员会第三次全体会议上首次提出，求真务实是党的思想路线的核心内容，并强调："求真务实，是辩证唯物主义和历史唯物主义一以贯之的科学精神，是我们党的思想路线的核心内涵，也是党的优良传统和共产党人应该具备的政治品格。"[④]在这里，胡锦涛还列出了党员干部中不求真务实的10个表现。2007年10月，胡锦涛在党的十七大报告中再次强调要"以求真务实

①《胡锦涛文选》第1卷，人民出版社2016年版，第264页。
②《胡锦涛文选》第1卷，人民出版社2016年版，第497页。
③《胡锦涛文选》第2卷，人民出版社2016年版，第10页。
④《胡锦涛文选》第2卷，人民出版社2016年版，第151页。

作风推进各项工作，多干打基础、利长远的事”[①]。2012 年 11 月，胡锦涛在党的十八大报告中将求真务实与解放思想、实事求是、与时俱进并提。

二、求真务实的科学内涵及其与解放思想、实事求是、与时俱进的内在关联

求真务实是党的思想路线的核心内容，也是我们党的优良传统和每一个共产党人应该具备的政治品格。它既体现了党的思想路线的本质特征，又结合新的时代特征和实践要求，丰富和发展了党的思想路线。

胡锦涛指出，弘扬求真务实精神，关键是要引导全党不断地“求我国社会主义初级阶段基本国情之真，务坚持长期艰苦奋斗之实；求社会主义建设规律和人类社会发展规律之真，务抓好发展这个党执政兴国的第一要务之实；求人民群众历史地位和作用之真，务发展最广大人民根本利益之实；求共产党执政规律之真，务全面加强和改进党的建设之实”[②]。这一论述阐明了求真务实的科学内涵。

求我国社会主义初级阶段基本国情之真，务坚持长期艰苦奋斗之实。正确认识基本国情，是求真的重要前提。改革开放 30 年后，社会生产力大大提高，人民生活全方位改善，各项事业有了很大进步，但生产力不发达的状况没有根本改变，地区发展不平衡的现状依然存在；社会主义制度不完善、民主法制不健全的状况还普遍存在。我国处于并将长期处于社会主义初级阶段的基本国情没有改变。我们党要完成历史和时代赋予我们的庄严使命，实现中华民族伟大

①《胡锦涛文选》第 2 卷，人民出版社 2016 年版，第 656 页。
②《胡锦涛文选》第 2 卷，人民出版社 2016 年版，第 156 页。

复兴，就必须永远保持和发扬艰苦奋斗精神。

求社会主义建设规律和人类社会发展规律之真，务抓好发展这个党执政兴国的第一要务之实。认识规律、把握规律、遵循规律和运用规律，是求真的重要依据。在长期的革命、建设和改革实践中，我们党在对人类社会发展规律和社会主义建设规律的探索和实践中，创立了毛泽东思想、邓小平理论，形成了“三个代表”重要思想。它们告诉我们，发展才是硬道理。只有坚持以经济建设为中心，不断解放和发展生产力，才能彰显社会主义制度无比巨大的优越性，才能不断地巩固和发展自己。不断地探求、认识和运用这个“真”，就要把发展作为执政兴国的第一要务，坚持科学发展，不断推进中国特色社会主义伟大事业。

求人民群众历史地位和作用之真，务发展最广大人民根本利益之实。坚持人民立场，坚持全心全意为人民服务，是求真的根本准则。人民群众是真正的英雄，是推动历史前进的根本动力。只有充分认识到人民群众的历史地位和作用，坚持人民立场，筑牢群众观点，依靠群众、相信群众，从群众中来、到群众中去，我们党才能无往不胜、无坚不摧，中国特色社会主义事业才能兴旺发达。

求共产党执政规律之真，务全面加强和改进党的建设之实。中国共产党与其他的政党有着本质的不同，没有自己的特殊利益，是为全体人民谋幸福的政党。因此，共产党的执政规律与其他政党的执政规律有着本质的区别，中国共产党是最广大人民根本利益的代表，是为最广大人民服务的，坚持将自己的命运与国家、民族的前途命运紧密联系起来。不断地探求、认识共产党执政规律之真，就要坚持以改革创新精神加强党的建设新的伟大工程，用时代发展要求审视自己，坚持立党为公、执政为民，不断加强党的先进性建设，切实解决党员干部队伍中存在的突出问题，做到“权为民所用、情为民所系、利为民所谋”。

胡锦涛指出：“求真务实，是辩证唯物主义和历史唯物主义一以贯之的科学精神，是我们党的思想路线的核心内涵，也是党的优良传统和共产党人应该具备的政治品格。”①这一论述深刻阐明了求真务实与解放思想、实事求是、与时俱进的内在联系。

首先，解放思想、实事求是、与时俱进是求真务实的首要前提。坚持解放思想、实事求是、与时俱进，就是使思想符合实际、主观符合客观。而做到这一点，也就是求真的前提和基础。求真务实中的“求真”，是指获取真实情况、把握客观规律；“务实”，是指从实际出发，干实事、求实效。这就要求我们要掌握真实情况、把握客观规律，以使自己的思想和行动符合变化的实际，从而通过努力取得实实在在的效果。而要真正做到这一点，就必须始终坚持解放思想、实事求是、与时俱进。如果不解放思想、实事求是、与时俱进，就做不到求真务实。

其次，求真务实是解放思想、实事求是、与时俱进的现实体现。实践的观点是马克思主义认识论首要的和基本的观点。认识世界、把握世界，最终要落实到改造世界上。只有这样，正确的认识、科学的理论、美好的理想，才能逐步演变为现实的壮美画卷。胡锦涛强调指出：“世界上的事情都是干出来的，不干，半点马克思主义都没有。”②求真务实，充分体现了马克思主义的实践观点，是解放思想、实事求是、与时俱进的现实体现。

最后，求真务实与解放思想、实事求是、与时俱进统一于党的全部理论与实践。坚持党的思想路线是马克思主义政党的一个重要特征，也是马克思主义

①《胡锦涛文选》第 2 卷，人民出版社 2016 年版，第 151 页。
②《胡锦涛文选》第 2 卷，人民出版社 2016 年版，第 553 页。

政党区别于其他政党的一个重要标志。党的思想路线是我们共产党人认识世界、改造世界的基本思想方法、工作方法和领导方法，是我们党制定各项方针政策的重要基础，也是我们党不断取得成功的关键所在。自成立以来，我们党之所以能取得革命、建设和改革的伟大胜利，归根到底就在于我们党坚持解放思想、实事求是、与时俱进，坚持求真务实。解放思想、实事求是、与时俱进、求真务实，内在地统一于中国革命、建设和改革的全部理论和实践中。正是这种内在的统一性，使我们党实现了革命、建设和改革的一个又一个伟大胜利。

三、坚持求真务实，开创我国现代化建设新局面

党的十六大以后，面对国际形势的风云变幻和世界经济政治格局的重大调整，以胡锦涛同志为主要代表的中国共产党人高举中国特色社会主义伟大旗帜，团结带领全国各族人民顺应国内外形势发展变化，发扬求真务实精神，推进理论创新和实践创新，坚持全面、协调、可持续发展，开创了我国现代化建设新局面。

一是提出并形成了科学发展观。“发展才是硬道理”，但应该怎样发展？什么才是最好和最正确的发展？我们党积累了不少经验教训。党的十六大以后，以胡锦涛同志为主要代表的中国共产党人在领导全面建设小康社会的伟大实践中，积极探索新的发展思路、发展方略，强调要“在经济发展的基础上实现社会全面发展”，强调要“坚持全面发展、协调发展、可持续发展的发展观”。党的十七大把科学发展观载入党章。党的十八大将科学发展观确立为党的指导思想，要求全党要把科学发展观贯彻到现代化建设全过程、体现到党的建设各方面。

二是经济平稳较快发展。党的十六大以后，我们党及时抓住有利时机，以加入世界贸易组织为契机，大力弘扬求真务实精神，经受住了国际金融危机、世界经济衰退和一系列严重自然灾害的冲击，经济总量大幅增长，产业结构调整持续推进，城乡、区域结构逐步改善，基础设施和基础产业快速发展，人民生活水平显著提升。据统计，2002 年到 2011 年间，我国国内生产总值由 12.03 万亿元增加到 47.3 万亿元，年均增长达到 10.7%；经济总量从世界第 6 位迅速上升到世界第 2 位，人均国内生产总值也由 1135 美元上升到 5432 美元。

三是社会建设全面加强。坚持以人为本、全面协调可持续发展，把社会建设与经济建设、政治建设、文化建设并列作为中国特色社会主义总体布局的重要组成部分进行谋划，社会建设得到全面加强。科技事业迅速发展、成果丰硕，重要科学前沿和战略领域取得一批重大创新成果；教育事业全面发展，义务教育人口覆盖率达 100%、高等教育毛入学率从 15% 提高到 26.9%；文化建设成绩斐然，文化事业和文化产品创作生产日益繁荣，文化产业发展迅速；医药卫生事业改革与发展取得新成就，城乡基本医疗卫生制度初步建立。

四是改革开放持续深化。坚持以人为本，把最广大人民群众的利益作为改革的基点，坚持求真务实、攻坚克难，推动改革开放更加全面深入。基本经济制度进一步完善，国有经济的活力、控制力和影响力明显增强，鼓励、支持、引导非公有制经济发展的法制环境和市场环境得到进一步营造；财税体制改革迈出新步伐，国家财政收入大幅增加；金融体制改革取得重要进展，证券市场进一步完善，汇率弹性大幅增强；农村改革持续推进，农业税和农业特产税全面取消，农村综合改革、粮食流通体制改革、土地有偿使用制度改革等深入推进。

第五章

习近平新时代中国特色社会主义思想是实事求是思想的时代结晶

习近平新时代中国特色社会主义思想是实事求是思想的时代结晶

立足“国之大者”之实，求强国建设、民族复兴之是

★ 事关党和国家前途命运、事关人民根本利益的大事是须始终牢记的“国之大者”
★ 在强国建设、民族复兴新征程中踔厉奋发、勇毅前行

立足新发展阶段之实，求中国式现代化之是

★ 新发展阶段是对所处历史方位和发展阶段的战略判断
★ 以中国式现代化全面推进中华民族伟大复兴

立足人民民主专政之实，求全过程人民民主之是

★ 人民民主专政是对我国国体的准确认识和把握
★ 以全过程人民民主全面推进社会主义民主政治建设

立足社会主要矛盾新的转化之实，求人民美好生活之是

★ 社会主要矛盾新的转化是对我国发展阶段性特征的准确判断
★ 以满足人民美好生活需要为抓手切实提高人民生活品质

立足社会思想观念深刻变化之实，求立心铸魂之是

★ 准确把握社会思想观念深刻变化的趋势
★ 建设具有强大凝聚力和引领力的社会主义意识形态

立足资源环境约束趋紧之实，求生态文明建设之是

★ 日趋强化的资源环境约束是我国经济社会发展中存在的突出问题
★ 推动构建人与自然和谐共生的生命共同体

立足大党独有难题之实，求全面从严治党之是

★ 时刻保持解决大党独有难题的清醒和坚定
★ 全面从严治党是党永葆生机活力、走好新的赶考之路的必由之路

立足世界之变、时代之变、历史之变之实，求国家安全之是

★ 世界之变、时代之变、历史之变是对时势变化作出的重要判断
★ 以总体国家安全观加快构建新安全格局

立足世界百年未有之大变局之实，求构建人类命运共同体之是

★ 世界百年未有之大变局是对世界发展态势作出的重要论断
★ 以共建人类命运共同体推动构建新型国际关系

习近平总书记指出："实事求是是马克思主义的精髓，是我们共产党人的重要思想方法。我们过去取得的一切成就都是靠实事求是。今天，我们要把中国特色社会主义事业继续推向前进，还是要靠实事求是。"① 当代中国正在经历人类历史上最为宏大而独特的实践创新，改革发展稳定任务之重、矛盾风险挑战之多、治国理政考验之大都前所未有，世界百年未有之大变局深刻变化前所未有，提出了大量亟待回答的理论和实践课题。党的十八大以来，以习近平同志为核心的党中央准确把握时代大势，勇于站在人类发展前沿，聆听人民心声，回应现实需要，坚持解放思想、实事求是、守正创新，创立了习近平新时代中国特色社会主义思想，立足"国之大者"之实，求强国建设、民族复兴之是；立足新发展阶段之实，求中国式现代化之是；立足人民民主专政之实，求全过程人民民主之是；立足社会主要矛盾新的转化之实，求人民美好生活之是；立足社会思想观念深刻变化之实，求立心铸魂之是；立足资源环境约束趋紧之实，求生态文明建设之是；立足大党独有难题之实，求全面从严治党之是；立足世界之变、时代之变、历史之变之实，求国家安全之是；立足世界百年未有之大变局之实，求构建人类命运共同体之是。习近平新时代中国特色社会主义思想作为当代中国马克思主义、21世纪马克思主义，坚持用马克思主义之"矢"去射新时代中国之"的"，着眼解决新时代改革开放和社会主义现代化

① 习近平：《在纪念朱德同志诞辰130周年座谈会上的讲话》，人民出版社2016年版，第9页。

建设的实际问题，不断回答中国之问、世界之问、人民之问、时代之问，作出符合中国实际和时代要求的正确回答，得出符合客观规律的科学认识，是实事求是思想的时代结晶，是与时俱进的党的创新理论成果。

第一节
立足“国之大者”之实，求强国建设、民族复兴之是

习近平总书记曾在多个场合提及“国之大者”的重要概念。所谓“国之大者”，就是事关全局、事关根本、事关未来、事关党和国家事业兴衰成败的根本大事。党的十八大以来，以习近平同志为核心的党中央深刻把握“国之大者”的本质属性与时代要求，紧紧围绕新征程上全党全国人民的中心任务，探索强国建设、民族复兴的基本规律与实现路径，彰显了新时代中国共产党人坚持实事求是思想路线，对实现国家富强、民族复兴、人民幸福崇高使命的深刻理解与不懈奋斗。

一、事关党和国家前途命运、事关人民根本利益的大事是须始终牢记的“国之大者”

习近平总书记强调：“对国之大者要心中有数，关注党中央在关心什么、强调什么，深刻领会什么是党和国家最重要的利益、什么是最需要坚定维护的

立场。”[①]“国之大者”关乎全局、关乎根本、关乎未来，只有站在党和国家事业发展全局的战略高度才能更好地理解和把握。

用大历史观思考面向未来的“国之大者”，才能理解何以称为“国”，何以成其“大”。从中华文明5000多年、世界社会主义运动500年、鸦片战争以来180多年、中国共产党100多年、新中国70多年、改革开放40多年发展的历史长河中，可以透视出历史运动的本质和时代发展的方向。具有5000多年文明史的中华民族，在历史上创造了无数辉煌，也经历过许多磨难。近代以后，中国逐步成为半殖民地半封建社会，饱受列强欺凌、四分五裂、战乱频繁、生灵涂炭之苦。中国共产党一经诞生，就把为人民谋幸福、为民族谋复兴确立为自己的初心和使命。从一个成立时只有50多名党员的组织发展成为世界上最大的马克思主义执政党，把曾经积贫积弱、一穷二白的国家，建设成为世界第二大经济体；全面建成小康社会，历史性地解决了绝对贫困问题，人民生活越来越幸福……中国共产党紧紧团结带领全国各族人民，经过百年奋斗，洗雪民族耻辱，中国人民成为自己命运的主人，中华民族迎来了从站起来、富起来到强起来的伟大飞跃，中华民族伟大复兴进入了不可逆转的历史进程。从开天辟地到改天换地再到翻天覆地，中国共产党用实际行动深切回答了“为了谁，依靠谁；从哪里来，到哪里去”的百年考题。

对于应当牢记什么样的“国之大者”，习近平总书记明确指出，就是要“时刻把事关党和国家前途命运、事关人民根本利益的大事放在心上”[②]。强国建设、民族复兴就是新征程上事关党和国家前途命运、事关人民根本利益的

---

①《习近平谈治国理政》第4卷，外文出版社2022年版，第39页。

② 习近平：《为实现党的二十大确定的目标任务而团结奋斗》，《求是》2023年第1期。

“国之大者”。党的二十大报告关于“从现在起，中国共产党的中心任务就是团结带领全国各族人民全面建成社会主义现代化强国、实现第二个百年奋斗目标，以中国式现代化全面推进中华民族伟大复兴”[①]的庄严宣告，鲜明地表明了“强国建设、民族复兴”这一全党全国人民的中心任务就是新征程上事关党和国家前途命运、事关人民根本利益的“国之大者”，彰显了以习近平同志为核心的党中央立足中华民族伟大复兴战略全局和世界百年未有之大变局，以对“国之大者”的深刻思考，为实现国家富强、民族复兴、人民幸福的崇高使命不懈奋斗的战略高度和宏远格局。时代在变，始终不变的是对信仰与初心的坚守。全面建设社会主义现代化国家、实现中华民族伟大复兴是一场接力跑，“强国建设、民族复兴的接力棒，历史地落在我们这一代人身上”[②]。

二、在强国建设、民族复兴新征程中踔厉奋发、勇毅前行

强国建设、民族复兴的宏伟目标令人鼓舞、催人奋进，在新征程上推进强国建设、民族复兴，做出无负时代、无负历史、无负人民的业绩，是中国共产党人立足“国之大者”，踔力奋发、勇毅前行追求的“是”。

坚持党的全面领导和加强党的建设，为强国建设、民族复兴提供坚强保证。习近平总书记强调：“推进强国建设，必须坚持中国共产党领导和党中央集中统一领导，切实加强党的建设。”[③]治国必先治党，党兴才能国强。党的领

①《习近平著作选读》第1卷，人民出版社2023年版，第18页。
② 习近平：《在第十四届全国人民代表大会第一次会议上的讲话》，人民出版社2023年版，第2页。
③ 习近平：《在第十四届全国人民代表大会第一次会议上的讲话》，人民出版社2023年版，第6页。

导直接关系党和国家事业的根本方向、前途命运、兴衰成败。党的十八大以来，我们党抓牢坚持和加强党的全面领导这个根本，不断教育引导全党自觉在思想上、政治上、行动上同党中央保持高度一致，保持坚强政治定力，坚定正确前进方向，切实把增强“四个意识”、坚定“四个自信”、做到“两个维护”落到行动上；把党的领导落实到党和国家事业各领域、各方面、各环节，使党始终成为风雨来袭时全体人民最可靠的主心骨，确保我国社会主义现代化建设的正确方向；加强党的创新理论武装，不断提高全党马克思主义水平，不断提高党的执政能力和领导水平，把党的创新理论转化为推进新时代中国特色社会主义伟大事业的实践力量；时刻保持解决大党独有难题的清醒和坚定，勇于自我革命，坚持全面从严治党永远在路上，坚定不移反对腐败，始终保持党的团结统一，确保党永远不变质、不变色、不变味，为强国建设、民族复兴提供了坚强保证。

坚持人民至上，为强国建设、民族复兴凝聚磅礴力量。习近平总书记强调：“全面建成社会主义现代化强国，人民是决定性力量。”[①] 党的十八大以来，以习近平同志为核心的党中央站稳人民立场，积极发展全过程人民民主，坚持党的领导、人民当家作主、依法治国有机统一，健全人民当家作主制度体系，实现人民意志，保障人民权益，充分激发出全体人民的积极性主动性创造性；把握人民愿望，贯彻以人民为中心的发展思想，通过完善分配制度、健全社会保障体系、强化基本公共服务、兜牢民生底线、解决好人民群众急难愁盼问题，让现代化建设成果更多更公平地惠及全体人民，在推进全体人民共同富裕上取得了明显的实质性进展；充分调动一切积极因素，不断巩固发展全国各族人民

① 习近平：《在第十四届全国人民代表大会第一次会议上的讲话》，人民出版社2023年版，第3页。

大团结、海内外中华儿女大团结，凝聚起亿万人民的磅礴创造伟力。

坚持高质量发展，为强国建设、民族复兴奠定坚实基础。习近平总书记强调："在强国建设、民族复兴的新征程，我们要坚定不移推动高质量发展。"[①]发展是党执政兴国的第一要务，"高质量发展是全面建设社会主义现代化国家的首要任务"[②]。党的十八大以来，以习近平同志为核心的党中央以实干担当促进发展，紧紧围绕新时代新征程党的中心任务，通过完整、准确、全面贯彻新发展理念推动构建新发展格局；通过深入实施科教兴国战略、人才强国战略、创新驱动发展战略极大促进科技自立自强能力提升；通过推动产业转型升级、城乡区域协调发展以及经济社会绿色化、低碳化发展，推动经济实现质的有效提升和量的合理增长，有力地提升了我国的经济实力、科技实力、综合国力。新时代以来我国高质量发展取得的新成效充分表明，推动高质量发展是遵循经济发展规律、保持经济持续健康发展的必然要求，是适应我国社会主要矛盾变化、解决发展不平衡不充分问题的必然要求，是有效防范化解各种重大风险挑战、以中国式现代化全面推进中华民族伟大复兴的必然要求。

坚持推进中国式现代化，为强国建设、民族复兴提供澎湃动力。习近平总书记指出："实践证明，中国式现代化走得通、行得稳，是强国建设、民族复兴的唯一正确道路。"[③]实现现代化是近代以来中国人民矢志奋斗的梦想。中国共产党100多年团结带领中国人民追求民族复兴的历史，也是一部不断探索现代化道路的历史。一个国家走向现代化，既要遵循现代化一般规律，更要符合

① 习近平：《在第十四届全国人民代表大会第一次会议上的讲话》，人民出版社2023年版，第3页。

②《习近平著作选读》第1卷，人民出版社2023年版，第23页。

③《正确理解和大力推进中国式现代化》，《人民日报》2023年2月8日。

本国实际，具有本国特色。在新中国成立特别是改革开放以来长期探索和实践的基础上，经过党的十八大以来在理论和实践上的创新突破，我们党成功推进和拓展了中国式现代化。新中国成立特别是改革开放以来，我们用几十年时间走完了西方发达国家几百年走过的工业化历程，创造了经济快速发展和社会长期稳定的奇迹，为中华民族伟大复兴开辟了广阔前景。

概言之，习近平新时代中国特色社会主义思想立足事关党和国家前途命运、事关人民根本利益的“国之大者”，以高度的历史自觉探求实现全面建成社会主义现代化强国、全面推进中华民族伟大复兴之是，稳稳地接住了强国建设、民族复兴的“接力棒”，为全党全国各族人民在行动上同频共振、凝聚成巨大发展合力指明了正确方向。

第二节

立足新发展阶段之实，求中国式现代化之是

习近平新时代中国特色社会主义思想立足于党和人民事业迎来从站起来、富起来到强起来历史性跨越的新的发展阶段的实际，围绕全面建设社会主义现代化国家、实现第二个百年奋斗目标的阶段性中心任务，探索以中国式现代化全面推进中华民族伟大复兴的基本规律，彰显了我们党坚持实事求是思想路线，对社会主义建设规律认识达到新的高度。

一、新发展阶段是对所处历史方位和发展阶段的战略判断

正确认识所处的历史方位和发展阶段，是我们党明确阶段性中心任务、制定路线方针政策的根本依据，也是我们党领导革命、建设、改革不断取得胜利的重要经验。习近平总书记关于进入新发展阶段的重要论述明确了我国发展的历史方位，是中华民族伟大复兴历史进程的大跨越的重要论述，是以习近平同志为核心的党中央统筹“两个大局”，在全面建成小康社会、实现第一个百年奋斗目标之后，对我国发展进程作出的重大战略判断。

新发展阶段是社会主义初级阶段中的一个阶段，同时是经过几十年积累、站到了新的起点上的一个阶段。马克思主义坚信人类社会必然走向共产主义，但实现这一崇高目标必然经历若干历史阶段。我们党在运用马克思主义基本原理解决中国实际问题的实践中实事求是地认识到，发展社会主义不仅是一个长期历史过程，而且是需要划分为不同历史阶段的过程。当代中国最大的客观实际，就是我国仍处于并将长期处于社会主义初级阶段，这是我们认识当下、规划未来、制定政策、推进事业的客观基点，不能脱离这个基点。社会主义初级阶段不是一个静态、一成不变、停滞不前的阶段，也不是一个自发、被动、不用费多大气力自然而然就可以跨过的阶段，而是一个动态、积极有为、始终洋溢着蓬勃生机活力的过程，是一个阶梯式递进、不断发展进步、日益接近质的飞跃的量的积累和发展变化的过程。新发展阶段就是这样一个仍处于社会主义初级阶段，同时呈现出经济社会发展新特点的历史阶段。

新发展阶段是我们党带领人民迎来从站起来、富起来到强起来历史性跨越的新阶段。当前，我们已经拥有开启新征程、实现新的更高目标的雄厚物质基础。经过新中国成立以来特别是改革开放 40 多年的不懈奋斗，到“十三五”规划收官之时，我国经济实力、科技实力、综合国力和人民生活水平跃上了新的大台阶，成为世界第二大经济体、第一大工业国、第一大货物贸易国、第一大外汇储备国，国内生产总值超过 100 万亿元，人均国内生产总值超过 1 万美元，城镇化率超过 60%，中等收入群体超过 4 亿人。如期全面建成小康社会、打赢脱贫攻坚战，使中华民族伟大复兴向前迈出新的一大步，实现了从大幅落后于时代到大踏步赶上时代的新跨越。这在我国社会主义现代化建设进程中具有里程碑意义，为我国进入新发展阶段、朝着第二个百年奋斗目标进军奠定了坚实基础。

党的二十大报告庄严宣告:“从现在起，中国共产党的中心任务就是团结带领全国各族人民全面建成社会主义现代化强国、实现第二个百年奋斗目标，以中国式现代化全面推进中华民族伟大复兴。”这充分表明以习近平同志为核心的党中央坚持实事求是，对新发展阶段党和国家的事业发展作出了科学完整的战略部署。

二、以中国式现代化全面推进中华民族伟大复兴

如何立足新发展阶段这一实，求得中国特色社会主义建设事业之是？以习近平同志为核心的党中央进一步深化对中国式现代化内涵和本质的认识，概括形成中国式现代化的中国特色、本质要求和重大原则，初步构建起中国式现代化的理论体系，使中国式现代化更加清晰、更加科学、更加可感可行。“概括提出并深入阐述中国式现代化理论，是党的二十大的一个重大理论创新，是科学社会主义的最新重大成果”①，是习近平新时代中国特色社会主义思想追求中国式现代化这一“是”的生动体现。

中国式现代化具有自己的根本性质。党的二十大报告关于“中国式现代化，是中国共产党领导的社会主义现代化”②的重要论断，明确了党的领导决定中国式现代化的根本性质，即中国式现代化是社会主义现代化，而不是别的什么现代化。坚持中国共产党领导，是中国式现代化最鲜明的特征和最突出的优势，是推进中国式现代化必须坚持的根本原则。只有毫不动摇地坚持党的领

① 《正确理解和大力推进中国式现代化》,《人民日报》2023年2月8日。

② 《习近平著作选读》第1卷，人民出版社2023年版，第18页。

导，中国式现代化才能前景光明、繁荣兴盛，否则就会偏离航向、丧失灵魂，甚至犯颠覆性错误。党的十八大以来，正是因为始终坚持党的领导，我们才能始终朝着中国式现代化锚定奋斗目标接力推进；不断破除各方面体制机制弊端，激发建设中国式现代化的强劲动力，为中国式现代化注入不竭动力；真正坚持以人民为中心的发展思想，充分激发全体人民的主人翁精神，凝聚建设中国式现代化的磅礴力量。

中国式现代化具有自己的本质特征。“一个国家走向现代化，既要遵循现代化一般规律，更要符合本国实际，具有本国特色。”[①] 中国式现代化既有各国现代化的共同特征，更有基于自己国情的中国特色。“人口规模巨大”“全体人民共同富裕”“物质文明和精神文明相协调”“人与自然和谐共生”“走和平发展道路”这五个方面的中国特色，深刻揭示了中国式现代化的科学内涵。这既是理论概括，也是实践要求，其中蕴含的独特世界观、价值观、历史观、文明观、民主观、生态观等及其伟大实践打破了“现代化＝西方化”的迷思，是对世界现代化理论和实践的重大创新，拓展了发展中国家走向现代化的路径选择，创造了人类文明新形态。

中国式现代化是一个系统工程。习近平总书记关于推进中国式现代化是一个系统工程，需要统筹兼顾、系统谋划、整体推进的重要论述，深刻揭示了推进中国式现代化所具有的全局性、整体性、关联性特征，蕴含着辩证唯物主义和历史唯物主义的立场、观点、方法。新时代中国特色社会主义之所以取得伟大成就，很重要的一个原因就在于我们党坚持用系统观念处理好改革、发展、稳定的关系，整体推进中国式现代化。党的十八大以来，以习近平同志为核心

① 《正确理解和大力推进中国式现代化》，《人民日报》2023 年 2 月 8 日。

的党中央运用系统观念和系统方法，统筹推进“五位一体”总体布局、协调推进“四个全面”战略布局，采取一系列战略性举措，推进一系列变革性实践，实现一系列突破性进展，取得一系列标志性成果，经受住了来自政治、经济、意识形态、自然界等方面的风险、挑战、考验，党和国家事业取得历史性成就、发生历史性变革。

推进中国式现代化必须始终保持强大的战略定力。“推进中国式现代化，是一项前无古人的开创性事业，必然会遇到各种可以预料和难以预料的风险挑战、艰难险阻甚至惊涛骇浪。”[①] 党的十八大以来，我们党始终保持战略清醒，对各种风险挑战做到心中有数、方向明确、应对有方、行动有力；保持战略自信，增强斗争的底气，敏锐洞悉前进道路上可能出现的机遇和挑战，把发展进步的命运牢牢掌握在自己手中；保持战略主动，增强斗争本领，增强防范化解风险的意识和本领。始终保持强大的战略定力、强烈的忧患意识，坚持底线思维，居安思危、未雨绸缪，敢于斗争、善于斗争，我们党通过顽强斗争打开了事业发展的新天地。

概言之，习近平新时代中国特色社会主义思想立足于新发展阶段的发展方位和发展目标之实，探求推进中国式现代化的理论和实践创新之是，是对中国特色社会主义建设和发展规律的深刻认识与准确把握，对于全党正确理解中国式现代化，在新征程上开创党和国家事业发展新局面具有十分重要的政治性、理论性、针对性、指导性意义。

---

①《正确理解和大力推进中国式现代化》，《人民日报》2023 年 2 月 8 日。

第三节
立足人民民主专政之实，求全过程人民民主之是

中国特色社会主义进入新时代，面临错综复杂的国际国内形势，面对一些深层次体制机制问题，习近平新时代中国特色社会主义思想立足于我国人民民主专政的国体之实，一以贯之坚持实事求是思想路线，深刻总结中国特色人民民主发展历史，深刻揭示中国特色人民民主显著优势，对中国特色人民民主的实现形态进行最新概括，找到了发展全过程人民民主这一社会主义民主政治发展之是。

一、人民民主专政是对我国国体的准确认识和把握

党的二十大报告重申了我国宪法关于国体的基本规定，指出“我国是工人阶级领导的、以工农联盟为基础的人民民主专政的社会主义国家，国家一切权力属于人民”[①]。人民民主专政是无产阶级专政学说同中国具体实践相结合的产物，具有鲜明的中国特色。

①《习近平著作选读》第1卷，人民出版社2023年版，第30页。

人民民主专政是指工人阶级领导的，以工农联盟为基础的，对人民实行民主和对敌人实行专政的国家制度。这一国体不仅保证了人民当家作主的权利，使绝大多数人获得真正的民主权利，还使民主从大众政治运动最终演变成一种人民民主的政治制度，奠定了民主的广泛群众基础。实践表明，人民群众是社会历史的主体，是民主政治的实践者和创造者。民主主体的广泛性与“人民”内涵和边界界定密切相关。人民是一个历史范畴，不同历史时期人民的构成与范围有所区别，但广大劳动者一直是其中最为稳定的组成部分。中国特色社会主义进入新时代，人民的范围极为广泛，包括“全体社会主义劳动者、社会主义事业的建设者、拥护社会主义的爱国者、拥护祖国统一和致力于中华民族伟大复兴的爱国者”[①]。

人民民主不仅意味着民主主体广泛，更表明人民享有广泛的民主权利。习近平总书记指出：“人民民主是社会主义的生命，没有民主就没有社会主义。”[②]在中国，发展民主政治的根本目的是维护和实现最广大人民的根本利益。广大人民不是抽象的主体，是按照不同阶层、不同职业群体划分的具体的主体，人民主权实际上是无数有着不同身份和利益的个体的主权。中国特色社会主义进入新时代，社会阶层发生深刻变化，人民利益诉求发生深刻变化，如何切实保障人民主权的广泛性和真实性，把人民当家作主全过程、全方位地落到实处，亟须我们从理论和实践上作出有力解答。

---

①《中华人民共和国宪法》，中国民主法制出版社 2018 年版，第 6 页。

②《习近平著作选读》第 2 卷，人民出版社 2023 年版，第 530 页。

二、以全过程人民民主全面推进社会主义民主政治建设

党的十八大以来，以习近平同志为核心的党中央立足人民民主专政之实，持续探索如何把人民当家作主全过程、全方位地落到实处，创造性提出发展全过程人民民主的新命题，并着力健全全面、广泛、有机衔接的人民当家作主制度体系，构建多样、畅通、有序的民主渠道，成功找到了发展全过程人民民主这一社会主义民主政治建设之是。

加强人民当家作主制度保障。习近平总书记指出："发展社会主义民主政治关键是要把我国社会主义民主政治的特点和优势充分发挥出来，不断推进社会主义民主政治制度化、规范化、程序化，为党和国家兴旺发达、长治久安提供更加完善的制度保障。"[①] 从制度上保障和发展人民民主，是我们党对社会主义民主政治建设的重要规律性认识，对于发展社会主义民主政治具有十分重要的意义。党的十八大以来，以习近平同志为核心的党中央坚持用制度体系保障人民当家作主，通过坚持和完善包括我国根本政治制度、基本政治制度、重要政治制度等在内的制度体系，形成了全面、广泛、有机衔接的人民当家作主的制度体系，确保全体人民能够在可运行、可操作的制度下规范行使民主选举、民主协商、民主决策、民主管理、民主监督等民主权利。"制度稳则国家稳，制度强则国家强"[②]，通过建立一系列行之有效的制度安排和活动规范，使全过程人民民主真正实现了形式民主与实质民主相统一、程序民主与实体民主相结合、选举民主与协商民主相促进，成为维护人民根本利益的最广泛、最真实、最管用的民主。

---

①《习近平著作选读》第 2 卷，人民出版社 2023 年版，第 531 页。

②《习近平著作选读》第 2 卷，人民出版社 2023 年版，第 522 页。

全面发展协商民主。习近平总书记强调，社会主义协商民主“是党领导人民有效治理国家、保证人民当家作主的重要制度设计”[①]，“是实现党的领导的重要方式，是我国社会主义民主政治的特有形式和独特优势”[②]。中国特色社会主义进入新时代，以习近平同志为核心的党中央在总结历史经验的基础上，对协商民主进行了总体安排与部署，大力推动协商民主广泛、多层、制度化发展，构建了程序合理、环节完整的协商民主体系。通过坚持和完善中国共产党领导的多党合作和政治协商制度，坚持党的领导、统一战线、协商民主有机结合，坚持发扬民主和增进团结相互贯通、建言资政和凝聚共识双向发力，协商民主获得前所未有的发展，呈现出新的格局。民主协商成为领导机关决策的一个程序，政府部门处理问题的一种原则，社会协调利益关系的一个重要方法，人民群众解决纠纷的一种新的理念。

积极发展基层民主。习近平总书记指出：“基层民主是全过程人民民主的重要体现”[③]，要不断“完善基层直接民主制度体系和工作体系，增强城乡社区群众自我管理、自我服务、自我教育、自我监督的实效”[④]。党的十八大以来，以习近平同志为核心的党中央在全面把握基层民主与全过程人民民主内在逻辑与发展机理的基础上，积极发展基层民主，不断提升全过程人民民主的质量。基层党组织领导基层群众自治的机制愈加健全，我们党长期执政的根基愈加牢固；基层民主制度体系不断完善，基层民主选举、民主决策要件更加规范，选举程序和决策程序更加公正透明，民主监督与惩罚机制相继出台，基层民主有效性显著增强。此外，通过充分发挥各类群团组织和社会组织在基层民主治理

---

①《习近平著作选读》第 2 卷，人民出版社 2023 年版，第 268 页。
②《习近平著作选读》第 2 卷，人民出版社 2023 年版，第 266 页。
③《习近平著作选读》第 1 卷，人民出版社 2023 年版，第 32 页。
④《习近平著作选读》第 1 卷，人民出版社 2023 年版，第 32 页。

中的作用，拓宽基层各类群体有序参与渠道，人民群众能够在城乡社区治理、基层公共事务和公益事业中依法自我管理、自我服务、自我教育、自我监督。

巩固和发展最广泛的爱国统一战线。习近平同志指出：“人心是最大的政治，统一战线是凝聚人心、汇聚力量的强大法宝。”[①]“要高举爱国主义、社会主义旗帜，牢牢把握大团结大联合的主题，坚持一致性和多样性统一，找到最大公约数，画出最大同心圆。坚持长期共存、互相监督、肝胆相照、荣辱与共，支持民主党派按照中国特色社会主义参政党要求更好履行职能。”[②]党的十八大以来，以习近平同志为核心的党中央不断完善大统战工作格局，妥善处理好各个方面的关系，使政党关系、民族关系、宗教关系、阶层关系、海内外同胞关系和谐发展，最大限度地调动起一切爱国力量共同致力于中华民族伟大复兴；充分发挥中国新型政党制度和人民政协制度的政治优势，使最广泛的爱国统一战线不断获得巩固发展，各党派团体和各族各界人士实现了大团结、大联合；坚持和发展中国特色社会主义宗教理论，进一步完善宗教工作体制机制，建立健全宗教工作法律体系和政策框架。

概言之，习近平新时代中国特色社会主义思想立足人民民主专政国体之实，全面贯彻党的实事求是思想路线，准确把握人民民主的实现形态、鲜明特质、显著优势，探求发展全过程人民民主之是，是对社会主义民主政治发展规律以及人类政治文明发展规律的正确认识和把握，为新时代推进中国特色社会主义民主政治建设提供了根本遵循和正确指引，必将不断拓展社会主义民主乃至人类民主的发展空间与实践视野。

---

①《习近平著作选读》第 1 卷，人民出版社 2023 年版，第 32 页。
②《习近平著作选读》第 1 卷，人民出版社 2023 年版，第 33 页。

第四节

立足社会主要矛盾新的转化之实，求人民美好生活之是

党的十九大报告指出：“中国特色社会主义进入新时代，我国社会主要矛盾已经转化为人民日益增长的美好生活需要和不平衡不充分的发展之间的矛盾。”[①] 中国特色社会主义进入新时代，以习近平同志为核心的党中央立足于社会主要矛盾转化之实，一以贯之坚持实事求是思想路线，深刻把握我国不平衡不充分的发展现状和社会主要矛盾，带领人民追求和实现美好生活。

一、社会主要矛盾新的转化是对我国发展阶段性特征的准确判断

社会主要矛盾不是一成不变的，而是会随着实践变化在历史发展进程中产生阶段性变化。在我国社会发展的不同历史时期和不同发展阶段，我们党依据现实情况的变化不断深化着对社会主要矛盾的认识。社会主要矛盾已经转化为

①《习近平著作选读》第 2 卷，人民出版社 2023 年版，第 9 页。

人民日益增长的美好生活需要和不平衡不充分的发展之间的矛盾，这一重大论断既反映出我国生产力摆脱落后状态的历史性进步，又抓住了新时代社会主要矛盾的系统性与结构性特征，体现了我们党对社会主要矛盾主要方面的科学把握。

一方面，社会生产力实现了从落后的社会生产到不平衡不充分的发展。新中国成立之初，我国生产力发展水平比较落后，人民生活水平较低、物质资料短缺、文化产品匮乏。改革开放以来，党和国家将工作重点转移到社会主义现代化建设方面来，抓住经济建设这个发展的“牛鼻子”，创造出了经济快速发展和社会长期稳定两大奇迹。2017 年，我国 GDP 总量达 83 万亿元，位居世界第二位，不仅解决了十几亿人口的温饱问题，而且总体上实现了小康目标。因此，在这一阶段，继续使用“落后”一词来形容我国的生产力发展水平显然不符合实际。同时，改革开放以来我国经济社会发展状况发生了历史性变化，“我国社会生产力水平总体上显著提高，社会生产能力在很多方面进入世界前列，更加突出的问题是发展不平衡不充分，这已经成为满足人民日益增长的美好生活需要的主要制约因素”[①]。发展“不平衡”主要指经济社会体系结构存在问题，突出体现为城乡、区域、领域、群体之间的发展很不平衡，公共资源配置失衡，社会贫富差距突出。发展“不充分”讲的是总量和水平问题，主要指发展质量不高，效益欠佳，创新能力不强，生态环境保护任重道远，社会保障缺失，民生领域还有不少短板，人民需求与社会供给不匹配，群众在就业、教育、医疗、居住、养老等方面面临不少难题。发展的不平衡不充分直接影响着人民群众的获得感与幸福感。

①《习近平著作选读》第 2 卷，人民出版社 2023 年版，第 10 页。

另一方面，人民群众的需要已经从物质文化上升到美好生活维度。马克思主义认为，“已经得到满足的第一个需要本身、满足需要的活动和已经获得的为满足需要而用的工具又引起新的需要”[①]。满足基本生存性需要只是最简单、最基础的部分，人的需要是随历史发展而不断动态递进且朝着更高质量更高阶段发展的。中国特色社会主义进入新时代，我国经济发生了翻天覆地的变化。2017 年我国人均 GDP 超过 8000 美元，属于中等偏上收入国家，人民的收入水平、消费水平、购买力均实现了历史性进步。人民在富起来的同时，其需要也随之从生存型向发展型转变，从实现基本物质文化需要转向内在更高层面的精神文化与自我实现、自我完善需要，从美好生活需要维度出发寻求自由全面发展的存在方式。在新时代，“人民美好生活需要日益广泛，不仅对物质文化生活提出了更高要求，而且在民主、法治、公平、正义、安全、环境等方面的要求日益增长”[②]。需要的范畴也拓展至物质、精神、社会、制度、生态等各个领域，这是人民发展需求变化最大的“实”。

二、以满足人民美好生活需要为抓手切实提高人民生活品质

党的十八大以来，以习近平同志为核心的党中央一以贯之坚持实事求是思想路线，深刻把握我国社会主要矛盾转化所带来的社会主要任务、发展目的的历史性变化，将满足人民美好生活需要作为工作的出发点和落脚点，带领人民追求幸福美好生活。

---

①《马克思恩格斯选集》第 1 卷，人民出版社 2012 年版，第 159 页。

②《习近平著作选读》第 2 卷，人民出版社 2023 年版，第 9 页。

完善分配制度。习近平总书记指出：“分配制度是促进共同富裕的基础性制度。坚持按劳分配为主体、多种分配方式并存，构建初次分配、再分配、第三次分配协调配套的制度体系。”[①] 在全国人民共同奋斗把“蛋糕”做大做好的基础上，通过合理的制度安排，正确处理效率与公平的关系，把“蛋糕”切好分好。继续发挥初次分配的基础性作用，加大税收、社会保障、转移支付等的调节力度，建立健全第三次分配机制，使之相互协调、相互配套，共同推进共同富裕。

实施就业优先战略。习近平总书记指出：“就业是最基本的民生。强化就业优先政策，健全就业促进机制，促进高质量充分就业。”[②] 就业是最大的民生。党的十八大以来，以习近平同志为核心的党中央把促进就业放在经济社会发展的优先位置，推动我国就业工作取得历史性成就。十年来，我国城镇就业规模持续扩大，就业人数由2012年的37287万人增加到2021年的46773万人，城镇新增就业年均超过1300万人；重点群体就业平稳，多管齐下拓宽高校毕业生就业渠道，8000多万高校毕业生总体就业水平保持稳定；就业帮扶成效显著，靶向施策，持续推进农村转移劳动力就业增收，农民工总量增至2.9亿人，脱贫劳动力务工规模保持在3000万人以上；抓大规模职业技能培训，劳动者职业技能素质持续提升，技能劳动者总量增至2亿人以上。当前，我们已经在14亿多人口的大国实现了比较充分的就业，就业质量稳步提高，成为经济发展、民生改善的重要支撑。

健全社会保障体系。习近平总书记指出：“社会保障体系是人民生活的安

①《习近平著作选读》第1卷，人民出版社2023年版，第38页。
②《习近平著作选读》第1卷，人民出版社2023年版，第39页。

全网和社会运行的稳定器。”[①] 进入新时代，我国制度改革取得重要突破，通过统一城乡居民养老保险制度，实施机关事业单位养老保险制度改革，出台基本养老保险基金投资管理办法、社会保险基金行政监督办法，建立职业年金制度等，社会保障制度统一性和规范性不断增强，覆盖范围不断扩大。通过加大财政补助力度，建立健全社保基金监管体系，强化收支管理和运行监测，我国社会保障能力持续增强，人民群众各项社保待遇水平稳步提高，企业退休人员月人均养老金从 1686 元增长到 2987 元，城乡居民月人均养老金从 82 元增长到 179 元。同时，充分发挥社会保障对经济运行的调节功能，出台了一揽子“降缓返补”政策，降低企业的税费负担；深入推进全民参保计划，建立起覆盖 13.9 亿人基础数据的全民参保数据库，管理体系日益完善。

推进健康中国建设。习近平总书记强调，要“推进健康中国建设”[②]，“把保障人民健康放在优先发展的战略位置，完善人民健康促进政策”[③]。党的十八大以来，以习近平同志为核心的党中央坚持把人民健康放在优先发展的战略位置，将健康中国建设上升为国家战略，使人民健康水平不断提高。随着健康中国建设持续推进，我国基本建立起覆盖城乡居民的基本医疗卫生制度，普遍建立比较完善的公共卫生和医疗服务体系、比较健全的医疗保障体系、比较规范的药品供应保障体系、比较科学的医疗卫生管理体制和运行机制等，实现人人享有基本医疗卫生服务的目标。

概言之，习近平新时代中国特色社会主义思想立足社会主要矛盾变化之实，一以贯之坚持实事求是的思想路线，回应人民对美好生活的不断追求，基

---

①《习近平著作选读》第 1 卷，人民出版社 2023 年版，第 39 页。
②《习近平著作选读》第 1 卷，人民出版社 2023 年版，第 40 页。
③《习近平著作选读》第 1 卷，人民出版社 2023 年版，第 40 页。

于为了人民、造福人民的出发点和落脚点，探索满足人民美好生活之是，是对“发展为了谁”这一执政命题的实事求是回答。

第五节
立足社会思想观念深刻变化之实，求立心铸魂之是

党的十八大以来，以习近平同志为核心的党中央从我国社会思想观念和价值取向日趋活跃、主流与非主流并存、社会思潮纷纭激荡的实际出发，将意识形态工作置于为国家立心、为民族立魂的高度，认识和把握建设具有强大凝聚力和引领力的社会主义意识形态的基本规律，为新时代新征程上全党全国各族人民凝心聚魂、团结奋斗奠定共同的思想基础。

一、准确把握社会思想观念深刻变化的趋势

改革开放以来，党坚持物质文明和精神文明两手抓、两手硬，推动社会主义文化繁荣发展，振奋了民族精神，凝聚了民族力量。同时，拜金主义、享乐主义、极端个人主义和历史虚无主义等错误思潮不时出现，网络舆论乱象丛生，一些领导干部政治立场模糊、缺乏斗争精神，严重影响人们的思想和社会舆论环境。党的十八大以来，我国意识形态领域的斗争更趋复杂激烈，社会主义和资本主义两种意识形态、两种制度的较量与斗争前所未有。西方资本主

义国家凭借其政治、经济、军事和科技力量的优势加大力度对我国意识形态领域进行渗透，一方面，通过鼓吹所谓“历史终结论”、社会主义“失败论”、马克思主义“过时论”、共产主义“渺茫论”等错误观点，虚无、抹黑中国革命、建设、改革历史，攻击中国共产党的领导和社会主义制度，企图达到消解社会主流意识形态的目的；另一方面，通过宣扬“自由”“民主”“人权”“宪政”等所谓的“普世价值”，企图在社会主义意识形态方面引发思想动荡，妄图达到其“西化”和“和平演变”的图谋。加之我国处于全面深化改革的关键时期，随着经济关系、利益格局、社会结构的深刻调整和变化，社会思想空前活跃，各种文化观念相互交织和激荡，人们的思想观念呈现多样化、多变性和差异性样态。意识形态工作出现“有理说不出”“有理传播不开”，甚至“失语”“失踪”“失声”的情况，党对意识形态工作的领导权、管理权和话语权遭受了很大挑战。

新时代以来世情、国情、党情发生了深刻变化，社会思想观念和价值取向日趋活跃、主流与非主流并存、先进的和落后的相互交织、社会思潮纷纭激荡。在暗流汹涌的意识形态领域的斗争中，如何准确把握社会思想观念深刻变化的趋势，巩固马克思主义在意识形态领域的指导地位、培育和践行社会主义核心价值观，迫切需要新时代共产党人作出科学回答。党的十八大以来，以习近平同志为核心的党中央高度重视意识形态工作，立破并举、激浊扬清，就意识形态领域的许多方向性、战略性问题作出部署，确立和坚持马克思主义在意识形态领域指导地位的根本制度，健全意识形态工作责任制，推动全党动手抓宣传思想工作，坚持守土有责、守土负责、守土尽责，敢抓敢管、敢于斗争，旗帜鲜明地反对和抵制各种错误观点，从根本上扭转了意识形态领域一度出现的被动局面，使我国意识形态领域形势发生了全局性、根本性转变，巩固和发展了主流意识形态。

以习近平同志为核心的党中央基于思想文化相互激荡、社会思想观念深刻变化这一“实”的科学研判和准确把握，破立并举、激浊扬清，确立和坚持马克思主义在意识形态领域的根本指导地位，坚持和弘扬社会主义核心价值观，不断深化对意识形态工作规律这一“是”的认识，经受住了来自意识形态方面的风险、挑战与考验。

二、建设具有强大凝聚力和引领力的社会主义意识形态

习近平总书记指出：“我们正在进行具有许多新的历史特点的伟大斗争，面临的挑战和困难前所未有，必须坚持巩固壮大主流思想舆论，弘扬主旋律，传播正能量，激发全社会团结奋进的强大力量。”[①]进一步明确了当代中国共产党人的担当与使命，为做好新时代意识形态工作提供了根本遵循。

坚持马克思主义在意识形态领域指导地位的根本制度。习近平总书记指出：“必须把意识形态工作的领导权、管理权、话语权牢牢掌握在手中，任何时候都不能旁落。”[②]这就要求我们必须牢牢掌握意识形态工作的领导权，全面落实意识形态工作责任制，巩固壮大奋进新时代的主流思想舆论；进一步健全用党的创新理论武装全党、教育人民、指导实践工作体系；深入实施马克思主义理论研究和建设工程，加快构建中国特色哲学社会科学学科体系、学术体系、话语体系，培育壮大哲学社会科学人才队伍；加强全媒体传播体系建设，

①《习近平著作选读》第1卷，人民出版社2023年版，第149页。
②《习近平关于总体国家安全观论述摘编》，中央文献出版社2018年版，第106页。

塑造主流舆论新格局；健全网络综合治理体系，推动形成良好的网络生态。

坚持以人民为中心的工作导向，举旗帜、聚民心、育新人、兴文化、展形象。发挥社会主义意识形态强大的凝聚力和引领力，就必须始终站稳人民立场。习近平总书记强调，“要坚持为人民服务、为社会主义服务，坚持百花齐放、百家争鸣，坚持创造性转化、创新性发展”[①]，切实回答了意识形态工作为谁服务、靠谁推动的问题。这就要求我们进一步推动社会主义文化强国建设，激发全民族文化创新创造活力，更好构筑中国精神、中国价值、中国力量；坚持以人民为中心的创作导向，繁荣发展文化事业和文化产业；深化文化体制改革，完善文化经济政策；推动实施国家文化数字化战略，健全现代公共文化服务体系，创新实施文化惠民工程。

广泛践行社会主义核心价值观。习近平总书记强调：“社会主义核心价值观是凝聚人心、汇聚民力的强大力量。”[②]要发挥这一力量，就要以社会主义核心价值观为引领，发展社会主义先进文化，弘扬革命文化，传承中华优秀传统文化，满足人民日益增长的精神文化需求。首先，弘扬以伟大建党精神为源头的中国共产党人精神谱系，用好红色资源，深入开展社会主义核心价值观宣传教育，深化爱国主义、集体主义、社会主义教育，着力培养担当民族复兴大任的时代新人。其次，推动理想信念教育常态化、制度化，持续抓好党史、新中国史、改革开放史、社会主义发展史的宣传教育，引导人民知史爱党、知史爱国，不断坚定中国特色社会主义共同理想。最后，用社会主义核心价值观铸魂育人，完善思想政治工作体系，把社会主义核心价值观融入法治建设、融入社会发展、融入日常生活。

---

①《习近平著作选读》第1卷，人民出版社2023年版，第35页。

②《习近平著作选读》第1卷，人民出版社2023年版，第36页。

增强中华文明传播力影响力。“中华优秀传统文化是中华民族的突出优势，是我们在世界文化激荡中站稳脚跟的根基，必须结合新的时代条件传承和弘扬好。”[①] 以习近平同志为核心的党中央坚守中华文化立场，推动中华优秀传统文化创造性转化、创新性发展，提炼展示中华文明的精神标识和文化精髓，构建中国话语和中国叙事体系，讲好中国故事、传播好中国声音，展现可信、可爱、可敬的中国形象。通过加强国际传播能力建设，全面提升国际传播效能，形成同我国综合国力和国际地位相匹配的国际话语权。深化文明交流互鉴，推动中华文化更好走向世界，使国家文化软实力和中华文化影响力明显提升。

概言之，习近平新时代中国特色社会主义思想立足于社会思想观念和价值取向深刻变化之实，探求和把握社会主义意识形态举旗定向、立心铸魂之是，发挥了为全面建成社会主义现代化强国、实现第二个百年奋斗目标统一思想、凝聚力量、振奋精神、团结奋斗的重要作用。

①《中共中央关于党的百年奋斗重大成就和历史经验的决议》，人民出版社 2021 年版，第 46 页。

第六节
立足资源环境约束趋紧之实，求生态文明建设之是

党的十八大以来，以习近平同志为核心的党中央从我国资源环境约束趋紧的现状出发，一以贯之坚持实事求是思想路线，着眼于满足人民群众对生态环境的需求，与时俱进地回答了为什么建设生态文明、建设什么样的生态文明、怎样建设生态文明等重大理论和实践问题，形成了习近平生态文明思想，深化了对自然生态规律和经济社会发展规律的认识，开辟了马克思主义人与自然关系理论与实践新境界。

一、日趋强化的资源环境约束是我国经济社会发展中存在的突出问题

近年来，我国生态环境保护虽然发生了历史性、转折性、全局性变化，但是严峻的资源环境压力并未改变，中国式现代化的生态环境基础仍然脆弱，资源环境承载力逼近极限，生态现状呼唤生态文明建设。

生态资源约束趋紧。习近平总书记指出："我国环境容量有限，生态系统脆弱，污染重、损失大、风险高的生态环境状况还没有根本扭转，并且独特的

地理环境加剧了地区间的不平衡。”[①] 虽然我国资源总量大、种类全，但人口基数大、主要资源人均占有量远低于世界平均水平，资源禀赋缺陷明显。近年来，随着经济快速增长、人民生活水平提升，人们对生态资源的需求与开发力度空前加大。例如，2022 年我国煤炭消费占全国能源消费总量的 56.2%，而原煤产量却只有 45.6 亿吨，能源生产的增长速度赶不上消费增长的速度，能源短缺问题日益凸显，成为约束我国经济社会可持续发展的“瓶颈”。

环境污染问题突出。当前，我国环境污染形势严峻，“特别是大气、水、土壤污染严重，已成为全面建成小康社会的突出短板”[②]。例如，大气污染方面，虽然我国 70% 左右的城市 PM2.5 已达标，但是基本消除重污染天气的目标尚未实现，秋冬季城市污染形势依然严峻。水污染方面，2022 年全国劣 V 类水质湖库个数占比 4.8%，主要污染指标为总磷、化学需氧量和高锰酸盐指数；204 个受监测营养状态的湖（库）中，中度富营养的达 12 个，轻度富营养的达 49 个，占比分别为 5.9% 与 24.0%。

突出的生态环境问题日益成为新的社会热点问题之一，影响了中国式现代化的持续推进。积极回应人民群众对良好生态环境的迫切需要，推进生态文明建设，是我们党坚持实事求是、探索构建和谐的人与自然关系规律的必然要求。

---

① 习近平：《论把握新发展阶段、贯彻新发展理念、构建新发展格局》，中央文献出版社 2021 年版，第 248 页。

②《十八大以来重要文献选编》中册，中央文献出版社 2016 年版，第 783 页。

二、推动构建人与自然和谐共生的生命共同体

党的十八大以来，以习近平同志为核心的党中央着眼于我国日趋强化的资源环境约束，坚持实事求是的思想路线，站在人与自然和谐共生的高度对生态文明建设作出一系列新部署新要求，开展了一系列根本性、开创性和长远性工作，推动生态文明建设迈上新台阶。

坚持绿色发展理念。习近平总书记指出："我们既要绿水青山，也要金山银山。宁要绿水青山，不要金山银山，而且绿水青山就是金山银山。我们绝不能以牺牲生态环境为代价换取经济的一时发展。"[①]保护生态环境就是保护生产力，改善生态环境就是发展生产力。党的十八大以来，我国全面促进资源循环高效利用，加快推动形成绿色生产生活方式，全面推进绿色生活创建行动，不断完善绿色生产和消费的法规政策体系，已形成了包括30余部法律、60余部行政法规在内的法律法规体系，累计制定修订绿色发展有关标准3000余项，法规标准的约束力、引导性进一步强化。

深入推进环境污染防治。习近平总书记指出："不管有多么艰难，都不可犹豫、不能退缩，要以壮士断腕的决心、背水一战的勇气、攻城拔寨的拼劲，坚决打好污染防治攻坚战。"[②]党的十八大以来，我国先后颁布实施大气、水、土壤污染防治行动计划，坚决打好污染防治攻坚战。针对空气污染严峻形势，印发实施《大气污染防治行动计划》《打赢蓝天保卫战三年行动计划》，推进产业结构、能源结构、运输结构、用地结构优化调整。深入实施水污染防治行

---

①《习近平关于全面建成小康社会论述摘编》，中央文献出版社2016年版，第171页。

② 习近平：《论把握新发展阶段、贯彻新发展理念、构建新发展格局》，中央文献出版社2021年版，第252页。

动计划，制定、修订《中华人民共和国水污染防治法》等法律法规，建立全国水污染防治工作协作机制，开展考核重点流域水污染防治等系列行动，扎实推进碧水保卫战，使全国地表水水质稳步改善。据生态环境部统计，我国3641个国家地表水考核断面中，水质优良（Ⅰ—Ⅲ类）断面比例为87.9%，同比上升3.0个百分点；劣Ⅴ类断面比例为0.7%，同比下降0.5个百分点。稳步推进净土保卫战，制定印发《土壤污染防治行动计划》，实施土壤污染治理与修复试点项目，推进“无废城市”建设试点建设。据2022年4月份生态环境部数据，我国“十四五”时期无废城市、地区数量由此前试点的“11+5”扩大至“113+8”，成效显著。

提升生态系统多样性、稳定性、持续性。习近平总书记指出：“生态是统一的自然系统，是相互依存、紧密联系的有机链条。人的命脉在田，田的命脉在水，水的命脉在山，山的命脉在土，土的命脉在林和草，这个生命共同体是人类生存发展的物质基础。一定要算大账、算长远账、算整体账、算综合账，如果因小失大、顾此失彼，最终必然对生态环境造成系统性、长期性破坏。”①党的十八大以来，以习近平同志为核心的党中央正确把握生态系统整体和生态要素之间的关系，遵循自然生态规律，坚持保护优先、自然恢复为主，统筹山水林田湖草沙系统治理，推动开展重大生态保护和修复工程，实施保护天然林资源、保护修复河湖与湿地、退耕退牧还林还草等，生态修复成效显现。着力推动构建国家公园为主体的自然保护地体系，促进形成人与自然和谐共生新格局。

积极稳妥推进碳达峰碳中和。习近平总书记指出：“实现碳达峰碳中和是

① 习近平：《论把握新发展阶段、贯彻新发展理念、构建新发展格局》，中央文献出版社2021年版，第257页。

一场广泛而深刻的经济社会系统性变革。”[1] 实现“双碳”目标意味着我国作为世界上最大的发展中国家，将在短时间内完成全球最高碳排放强度降幅，这无疑将是一场硬仗。党的十八大以来，全国各地深入推进供给侧结构性改革，着力调整产业结构和能源结构，狠抓全社会节能减排，总体二氧化碳排放控制成效明显。新时代以来，我国单位国内生产总值二氧化碳排放下降约 34%。

概言之，党的十八大以来，习近平新时代中国特色社会主义思想立足于我国资源环境约束趋紧之实，全面坚持和贯彻党的实事求是思想路线，探求推进生态文明建设之是，尊重自然、顺应自然、保护自然，推进了人与自然的和谐共生，推动了我国生态文明建设取得历史性成就、发生历史性变革。

① 《习近平著作选读》第 1 卷，人民出版社 2023 年版，第 42 页。

第七节
立足大党独有难题之实，求全面从严治党之是

党的十八大以来，以习近平同志为核心的党中央，基于对我们党如何始终赢得人民拥护、跳出治乱兴衰历史周期率这一大党独有难题的政党实际，进行了全面从严治党、建设长期执政的马克思主义政党的理论与实践创新，彰显了对共产党执政规律的深刻认识和把握，为解决大党独有难题、跳出历史周期率，确保党永远不变质、不变色、不变味提供了科学指引。

一、时刻保持解决大党独有难题的清醒和坚定

党的二十大报告指出："我们党作为世界上最大的马克思主义执政党，要始终赢得人民拥护、巩固长期执政地位，必须时刻保持解决大党独有难题的清醒和坚定。"[①] 这是以习近平同志为核心的党中央站在党和国家事业发展全局的战略高度，基于对党所处的历史方位、面临的形势任务、党情的发展变化的深刻分析作出的重大论断，充分体现了党中央对解决大党独有难题的清醒认识，

①《习近平著作选读》第1卷，人民出版社2023年版，第52页。

彰显着中国共产党管党治党的战略清醒和战略自觉。

“大”的鲜明党情决定了大党难题的特殊性。要想深入理解大党独有难题，就要深入理解什么是大党。中国共产党与其他无产阶级政党、西方资产阶级政党、较小规模政党面临的问题不同，首先就体现在党员数量规模大、党员人数众多、组织结构复杂的鲜明党情上。经过100多年的发展壮大，我们党已经由一个最初只有50多名党员的小党成长为世界上最大的马克思主义执政党，是一个有着9800多万名党员、506多万个基层党组织的大党，是一个在有着14亿多人口的大国已长期执政70多年的大党，同时，党员队伍结构、党的组织形态和体系发生了许多新变化，对管党治党提出了新“难题”。超级大党统一认识不易、维护团结不易、纯洁队伍不易、严明纪律不易、自我革新不易，“我们党是世界上最大的政党，大就要有大的样子，同时大也有大的难处。把这么大的一个党管好很不容易，把这么大的一个党建设成为坚强的马克思主义执政党更不容易”①。

始终赢得人民拥护、巩固长期执政地位是大党独有难题的根本问题。一个政权取得成功不易，保持成功、继续成功更难。“我们党历史这么长、规模这么大、执政这么久，如何跳出治乱兴衰的历史周期率”②，深刻阐明了新时代新征程上中国共产党加强党的建设所面临的独有挑战。如何始终不忘初心、牢记使命，如何始终统一思想、统一意志、统一行动，如何始终具备强大的执政能力和领导水平，如何始终保持干事创业的精神状态，如何始终能够及时发现和解决自身存在的问题，如何始终保持风清气正的政治生态，都是我们这个大党必须解决的独有难题。解决这些难题，是实现新时代新征程党的使命任务必须

①《习近平著作选读》第1卷，人民出版社2023年版，第106页。
②《习近平著作选读》第1卷，人民出版社2023年版，第559页。

迈过的一道坎儿，是全面从严治党适应新形势新要求必须啃下的硬骨头。

新的执政环境表明了管党治党的难度系数之大。当前世界之变、时代之变、历史之变叠加展开，我们党面临的“四大考验”“四种危险”更加复杂严峻，肩负的任务更加艰巨。习近平总书记深刻指出，中国共产党人能不能打仗，新中国的成立已经说明了；中国共产党人能不能搞建设搞发展，改革开放的推进也已经说明了；但是，能不能在日益复杂的国际国内环境下坚持住党的领导，坚持和发展中国特色社会主义，还需要一代一代中国共产党人继续作出回答。这不仅是对中国共产党历史经验的深刻总结，也是对大党独有难题的高度警醒。尤其是能不能在日益复杂的国际国内环境下坚持住党的领导，充分说明管党治党的难度系数之大。

习近平总书记指出：“这么大一个党，处在执政地位、掌控执政资源，很容易在执政业绩光环的照耀下，出现忽略自身不足、忽视自身问题的现象，陷入‘革别人命容易，革自己命难’的境地。”[①] 面对“六个如何”的独有难题，只有严管严治，才能保持大党应有的风范，解决大党独有的难题。以习近平同志为核心的党中央，坚持党的实事求是思想路线，以“得罪千百人，不负十四亿”的政治担当和“刮骨疗毒、壮士断腕”的政治魄力，找到全面从严治党这一马克思主义政党建设规律之是，为破解大党独有难题提供根本遵循。

二、全面从严治党是党永葆生机活力、走好新的赶考之路的必由之路

打铁必须自身硬，办好中国的事情，关键在党，关键在党要管党、全面从严治党。党的十八大以来，我们党解决了党内许多突出问题，但党面临的“四

①《习近平著作选读》第 1 卷，人民出版社 2023 年版，第 578 页。

大考验”“四大危险”仍将长期存在。习近平总书记指出：“全面从严治党永远在路上，党的自我革命永远在路上，决不能有松劲歇脚、疲劳厌战的情绪，必须持之以恒推进全面从严治党。”[①] 以习近平同志为核心的党中央站在事关党长期执政、国家长治久安、人民幸福安康的高度，把全面从严治党作为党的长期战略、永恒课题，坚持问题导向，保持战略定力，一刻不停地推进全面从严治党，为实现新时代新征程党的使命任务提供坚强保障。

坚持和加强党中央集中统一领导。习近平总书记指出：“党的领导是全面的、系统的、整体的，必须全面、系统、整体加以落实。”[②] 党的十八大以来，以习近平同志为核心的党中央健全总揽全局、协调各方的党的领导制度体系，完善党中央重大决策部署落实机制，确保全党在政治立场、政治方向、政治原则、政治道路上同党中央保持高度一致，确保党的团结统一；完善党中央决策议事协调机构，加强党中央对重大工作的集中统一领导；加强党的政治建设，严明政治纪律和政治规矩，提高各级党组织和党员干部政治判断力、政治领悟力、政治执行力；坚持科学执政、民主执政、依法执政，提高党把方向、谋大局、定政策、促改革能力；增强党内政治生活政治性、时代性、原则性、战斗性，用好批评和自我批评武器，党内政治生态持续净化；加强党内监督，以党内监督带动其他监督、完善监督体系，为全面从严治党提供了有力的制度保障。

构建全面从严治党体系。习近平总书记指出：“构建全面从严治党体系是一项具有全局性、开创性的工作。”[③] 全面从严治党体系是一个内涵丰富、功能

①《习近平著作选读》第 1 卷，人民出版社 2023 年版，第 52 页。
②《习近平著作选读》第 1 卷，人民出版社 2023 年版，第 53 页。
③《一刻不停推进全面从严治党 保障党的二十大决策部署贯彻落实》，《人民日报》2023 年 1 月 10 日。

完备、科学规范、运行高效的动态系统。党的十八大以来，我们党坚持制度治党、依规治党，更加突出党的各方面建设有机衔接、联动集成、协同协调，更加突出体制机制的健全完善和法规制度的科学有效，更加突出运用治理的理念、系统的观念、辩证的思维管党、治党、建设党；坚持内容上全涵盖、对象上全覆盖、责任上全链条、制度上全贯通，使全面从严治党各项工作更好体现时代性、把握规律性、富于创造性；健全党统一领导、全面覆盖、权威高效的监督体系，完善权力监督制约机制，以党内监督为主导，促进各类监督贯通协调；完善党内法规制度体系，形成坚持真理、修正错误，发现问题、纠正偏差的机制。通过不断深化对党的建设规律的认识，不断推进党的建设理论创新、实践创新、制度创新，初步构建起全面从严治党体系。

坚持自我革命，不断增强“四自能力”。习近平总书记告诫全党：“勇于自我革命，是我们党最鲜明的品格，也是我们党最大的优势。”[①] 中国共产党作为马克思主义政党，要保持先进性和纯洁性，实现崇高使命，必须一刻不放松地解决自身存在的问题，始终跟上时代、实践、人民的要求，以勇于自我革命精神打造和锤炼自己。党的十八大以来，我们党始终保持“赶考”的清醒，在自我净化上下功夫，通过过滤杂质、清除毒素、割除毒瘤，对顽症下猛药，对“肿瘤”动刀子，不断纯洁党的队伍，保证党的肌体健康；在自我完善上下功夫，补短板、强弱项、固根本，防源头、治苗头、打露头，堵塞制度漏洞，健全监督机制，提升党的长期执政能力；在自我革新上求突破，深刻把握时代发展大势，坚决破除一切不合时宜的思想观念和体制机制弊端，勇于推进理论创新、实践创新、制度创新、文化创新以及各方面创新，通过革故鼎新不断开

①《习近平著作选读》第 1 卷，人民出版社 2023 年版，第 576 页。

辟未来；在自我提高上下功夫，自觉向书本学习、向实践学习、向人民群众学习，加强党性锻炼和政治历练，树牢“四个意识”，坚定“四个自信”，坚定捍卫“两个确立”，坚决做到“两个维护”，不断提升政治境界、思想境界、道德境界。

坚决打赢反腐败斗争攻坚战持久战。习近平总书记深刻指出：“腐败是危害党的生命力和战斗力的最大毒瘤，反腐败是最彻底的自我革命。只要存在腐败问题产生的土壤和条件，反腐败斗争就一刻不能停，必须永远吹冲锋号。”① 党的十八大以来，我们党坚持不敢腐、不能腐、不想腐一体推进，同时发力、同向发力、综合发力，以零容忍态度反腐惩恶，有力遏增量、清存量，“打虎”“拍蝇”“猎狐”成效显著；深化整治权力集中、资金密集、资源富集领域的腐败，坚持受贿行贿一起查，惩治新型腐败和隐性腐败；深化反腐败国际合作，一体构建追逃防逃追赃机制；深化标本兼治，推进反腐败国家立法，加强新时代廉洁文化建设，取得了一系列制度性成果和治理效能。

概言之，习近平新时代中国特色社会主义思想从大党独有难题之实出发，面对始终赢得人民拥护、巩固长期执政地位的最大考题，探求党永葆先进性纯洁性、实现长期执政之是，充分彰显了我们党始终如一的忧患意识和直面难题的坚定执着，极大地深化了对共产党执政规律、管党治党规律的认识，充分体现“两个永远在路上”的清醒和坚定，确保党在新时代坚持和发展中国特色社会主义的历史进程中始终成为坚强领导核心。

① 《习近平著作选读》第1卷，人民出版社2023年版，第56页。

第八节
立足世界之变、时代之变、历史之变之实，求国家安全之是

党的十八大以来，世界之变、时代之变、历史之变正以前所未有的方式展开，以习近平同志为核心的党中央从这一深刻之变的实际出发，将国家安全作为头等大事，探索中国特色国家安全道路，形成了总体国家安全观，推动国家安全体系和能力建设取得突破性进展，经受住了来自国际社会政治、经济、意识形态等方面的风险挑战与考验，为党和国家兴旺发达、长治久安提供了有力保证。

一、世界之变、时代之变、历史之变是对时势变化作出的重要判断

当前，世界之变、时代之变、历史之变正以前所未有的方式展开，把握这一变化之实，是坚持实事求是研判形势、保持战略定力、把握历史主动的前提。

国际秩序和格局进入深度调整阶段。习近平总书记指出：“我们所处的是

一个风云变幻的时代，面对的是一个日新月异的世界。”[①] 从政治上来说，单边主义、保护主义、霸权主义、强权政治对世界和平与发展威胁上升，逆全球化思潮上升，世界进入动荡变革期。[②] 从经济上来看，世界经济仍然处于深度调整期，既有复苏迹象，也面临基础不稳、动力不足、速度不均的问题。主要发达经济体的结构性问题远未解决，加强宏观经济政策协调的必要性突出。新兴市场经济体增速放缓，外部风险和挑战增加。当前，国际力量对比、国际秩序和格局均已进入深度调整时期，世界各国正面临着巨大的挑战，任何一个国家都无法置身事外、独善其身。

和平与发展的时代主题在逆风逆流中延伸。习近平指出：“恃强凌弱、巧取豪夺、零和博弈等霸权霸道霸凌行径危害深重，和平赤字、发展赤字、安全赤字、治理赤字加重，人类社会面临前所未有的挑战。”[③] 两次世界大战带来的历史悲剧令人刻骨铭心，世界各国人民渴望和平与发展，推动时代主题从战争与革命向和平与发展转变。如今，世界发展又一次站在了十字路口，和平与发展的时代主题再次面临挑战，少数国家和利益集团出于自身狭隘利益公然违反国家规则、制造事端。如推行霸权主义，排挤、制裁、打击他国；挑衅国际法与世界规则，在世界各地制造冲突，局部战争不断；掀起逆全球化浪潮，单边主义盛行；奉行零和博弈、挑起贸易纷争；等等。可以说，当今世界，和平与发展虽然仍是时代主题，但各国面临的安全威胁日益复杂，战争威胁始终挥之不去。

人类文明发展形成新形态。中国的发展是历史之变的重要影响因素。新中

①《习近平著作选读》第 1 卷，人民出版社 2023 年版，第 104 页。
② 曲青山：《从五个维度认识把握“两个确立”》，人民出版社 2022 年版，第 158 页。
③《习近平著作选读》第 1 卷，人民出版社 2023 年版，第 49 页。

国成立以来，中国共产党领导中国人民艰苦奋斗，取得了一系列重大成就，使中国从处于世界体系的边缘逐渐进入世界体系。尤其是党的十八大以来，以习近平同志为核心的党中央团结带领中国人民创造出极不寻常、极不平凡的辉煌成就，中国跃升为世界第二大经济体，日益走近世界舞台的中央，深刻改变着世界发展的趋势和格局，中国式现代化道路创造了人类文明新形态，打破了西方式现代化长期被奉为圭臬、唯我独尊之势，以新道路和新形态展现人类文明的多姿多彩。

二、以总体国家安全观加快构建新安全格局

世界之变、时代之变、历史之变以前所未有的方式展开，对识变应变能力提出了更高要求。以习近平同志为核心的党中央理性研判“我国发展进入战略机遇和风险挑战并存、不确定难预料因素增多的时期”[①]之事实，应变而动、应变制宜，对我国国家安全作出战略擘画、全面部署，形成了总体国家安全观，全面推动国家安全建设，加快构建与之相适应的新安全格局。

推进国家安全体系和能力现代化。习近平总书记指出：“我们党要巩固执政地位，要团结带领人民坚持和发展中国特色社会主义，保证国家安全是头等大事。”[②]“必须坚定不移贯彻总体国家安全观，把维护国家安全贯穿党和国家工作各方面全过程，确保国家安全和社会稳定。”[③]党的十八大以来，以习近平同志为核心的党中央高度重视国家安全，坚持以总体国家安全观为指导，把国

①《习近平著作选读》第 1 卷，人民出版社 2023 年版，第 22 页。
②《习近平著作选读》第 1 卷，人民出版社 2023 年版，第 234 页。
③《习近平著作选读》第 1 卷，人民出版社 2023 年版，第 43 页。

家安全贯穿到党和国家工作的各个方面、全过程之中，同经济社会发展一起谋划、一起部署，使得国家安全体系和能力建设取得突破性进展。已经初步搭建起国家安全体系的“四梁八柱”，出台了一系列国家安全法律法规，形成了一体推进共同维护国家安全的协同联动工作格局，国家安全能力显著增强；通过重点防控可能的全局性风险，下好先手棋、打好主动仗，牢牢掌握维护国家安全的全局性主动，经受住了来自各方面的国家安全风险挑战，社会大局保持长期稳定，成为世界上最有安全感的国家之一。

开创国防和军队现代化新局。习近平主席指出：“如期实现建军一百年奋斗目标，加快把人民军队建成世界一流军队，是全面建设社会主义现代化国家的战略要求。”[①] 党的十八大以来，以习近平同志为核心的党中央立足于新的历史方位，深刻洞察国际战略格局演变趋势，敏锐把握世界军事革命发展动向，围绕新时代建设一支什么样的强大人民军队、怎样建设强大人民军队，作出一系列新的重大判断、新的理论概括、新的战略安排，推动我们党建军治军水平不断实现新跃升。通过坚持从思想上、政治上建设和掌握军队，鲜明提出政治工作时代主题，确立了新时代政治建军方略；通过指挥体制改革、规模结构和力量编成改革、政策制度改革等国防和军队改革，人民军队实现了整体性革命性重塑；通过与时俱进创新军事战略指导、大抓实战化军事训练、坚定灵活开展军事斗争，始终掌控战略主动权，军事斗争准备呈现全新气象。

坚持和完善“一国两制”推进祖国统一。习近平总书记指出：“‘一国两制’是中国特色社会主义的伟大创举，是香港、澳门回归后保持长期繁荣稳定的最佳制度安排，必须长期坚持。”[②] 党的十八大以来，以习近平同志为核心的

①《习近平著作选读》第1卷，人民出版社2023年版，第45页。
②《习近平著作选读》第1卷，人民出版社2023年版，第47页。

党中央全面准确推进“一国两制”实践，坚持“一国两制”、“港人治港”、“澳人治澳”、高度自治的方针，推动香港进入由乱到治走向由治及兴的新阶段，推进粤港澳大湾区建设，支持港澳发展经济、改善民生，促使香港、澳门保持长期稳定发展的良好态势。“一国两制”港澳实践所取得的举世瞩目的成就为积极探索“一国两制”台湾方案奠定了雄厚的基础。习近平总书记指出：“解决台湾问题、实现祖国完全统一，是党矢志不渝的历史任务，是全体中华儿女的共同愿望，是实现中华民族伟大复兴的必然要求。”[①] 近年来，党中央秉持“两岸一家亲”的理念，推动两岸关系和平发展，出台了一系列惠及广大台胞的政策，两岸经济文化交流合作不断加强。新征程上，还需持续贯彻党中央解决台湾问题的总体方略，坚决反对“台独”分裂行径，坚决反对外部势力干涉，牢牢把握两岸关系主导权和主动权，坚定不移地推进祖国统一大业。

概言之，习近平新时代中国特色社会主义思想立足于世界之变、时代之变、历史之变之实，探求推进总体国家安全观和维护国家安全之是，加快构建与之相适应的新安全格局，不断开创新时代国家安全工作新局面，有效防范化解了各种安全风险，有力确保了现代化建设和民族复兴进程顺利推进。

①《习近平著作选读》第1卷，人民出版社2023年版，第48页。

第九节
立足世界百年未有之大变局之实，求构建人类命运共同体之是

当前，人类又一次站在十字路口，“世界怎么了、我们怎么办”“人类社会向何处去”等成为世界各国共同面临的重大课题。党的十八大以来，以习近平同志为核心的党中央基于世界百年未有之大变局之现状，从世界力量对比和中华民族永续发展的时空坐标出发，一以贯之坚持实事求是思想路线，向世界交出了构建人类命运共同体这一应对世界大变局的中国答案，为人类社会共同发展、持续繁荣、长治久安绘制了一幅美好蓝图，对中国和平发展和世界繁荣进步具有重大而深远的意义。

一、世界百年未有之大变局是对世界发展态势作出的重要论断

党的十八大以来，以习近平同志为核心的党中央对国际关系和国际格局演变作出重大判断，指出“当今世界正处于大发展大变革大调整时期，各国相互

联系和依存日益加深，人类面临许多共同挑战”[①]。具体来说，这里的“变”主要表征有以下几个方面。

世界格局处在加速演变历史进程中。以中国为代表的新兴市场国家和发展中国家群体性崛起，从根本上改变了国际力量对比，使传统的“东方从属于西方”[②]的世界秩序首次被打破。当前，新兴市场国家和发展中国家同西方发达国家的经济总量已经不相上下，而且前者发展势头更猛、发展潜力更大。国际货币基金组织的数据显示，按购买力平价计算，2008 年，新兴市场国家和发展中国家的经济总量已经超过了西方发达国家，至 2018 年占世界经济的比重已达 59%。由此可见，世界地缘经济与政治重心正逐渐由过去的“西强东弱”变为“东西平视”。

国际多边体系进入瓦解与重构过程。随着新兴经济体经济总量在全球经济总量中所占比重的持续增加，以及西方国家内部出现明显分化，大国博弈呈现新的特征，国际力量对比更趋均衡，世界多极化趋势不可逆转。在此背景下，各种战略力量分化组合，国际多边体系开始进入一种“裂解”与“重构”的历史过程。在美国竭力渲染大国竞争并动辄“毁约”“退群”后，战后国际秩序日趋松动没落。与此相反，以中国为代表的新兴市场国家则坚定地维护多边主义和自由贸易原则，正积极推动全球治理体系朝着更加公正合理的方向发展。

第四次科技革命与产业变革为全球化发展注入新动力。近代以来，世界上发生了三次大的技术革命，推动人类社会相继进入“蒸汽时代”、“电气时代”和“信息时代”，并由此带来世界产业链的大转移和国际权力格局的重塑。与

①《习近平谈“一带一路”》，中央文献出版社 2018 年版，第 219 页。

②《马克思恩格斯选集》第 1 卷，人民出版社 2012 年版，第 405 页。

前三次技术革命相比，当前以人工智能、数字技术、生物技术等为代表的第四次科技革命的突破性和革命性前所未有，推动社会生产力呈指数式增长，引发生产关系、上层建筑等领域的变革重构，同时给人类社会带来了一系列深层次问题。例如，传统就业模式受到较强冲击，社会结构难以适应科技的快速迭代、全球贫富差距进一步拉大，和平赤字、发展赤字、安全赤字、治理赤字愈加突出等。可以说，新一轮科技革命加速了国际力量对比和国际秩序的不断演变与调整，使世界范围的利益、权力和观念格局发生巨大变化。

文明交流互鉴强化世界多元。世界百年未有之大变局是一个涉及包括文明范畴在内的诸多领域的整体性动向，是世界体系的结构性调整。工业时代初期，由于西方国家率先完成工业革命，整体实力跃升，服务于西方资本主义利益的西方文明奉行的是“霸权文明”模式，以一种压制和敌对状态与其他文明碰撞，引发了诸多问题。而以中国为代表的发展中国家的和平崛起，不仅意味着其经济的成功，也在更深层次上代表了一种人类文明新形态的崛起，为不同文明间的交流互鉴提供了可能。当今时代，宏大的世界已然成为不可割裂的“地球村”，经济交融蕴含着跨越文明隔膜的解构潜力，新兴市场国家积蓄了巨大的建构动能，多元世界构建的可能性显著增强。

二、以共建人类命运共同体推动构建新型国际关系

当前，国际局势正在经历新一轮大发展、大变革、大调整，和平赤字、发展赤字、安全赤字、治理赤字持续加重，人类社会面临前所未有的挑战。以习近平同志为核心的党中央高瞻远瞩，坚持实事求是的思想路线，统筹中华民族伟大复兴战略全局与世界百年未有之大变局，把握时代大势，回应世界各国

人民对和平发展与公平正义的期盼，倡导共建人类命运共同体，积极推动构建新型国际关系，取得全方位、开创性的重大成果。

坚定奉行独立自主的和平外交政策。习近平总书记指出："只有坚持走和平发展道路，只有同世界各国一道维护世界和平，中国才能实现自己的目标，才能为世界作出更大贡献。"[①]坚定奉行独立自主的和平外交政策是我国外交工作一以贯之坚持和发扬的基本原则。党的十八大以来，以习近平同志为核心的党中央深刻把握中国和世界发展大势，提出推动构建人类命运共同体，倡导构建团结、平等、均衡、普惠的全球发展伙伴关系和共同、综合、合作、可持续的安全观，提出全球发展倡议和全球安全倡议，受到国际社会普遍欢迎。这一系列举措，推动新时代中国特色大国外交不断开创新局面，使独立自主的和平外交政策在我国从站起来、富起来到强起来的伟大历史进程中实现了与时俱进的新飞跃。

推动构建新型国际关系。习近平总书记指出："中国坚持在和平共处五项原则基础上同各国发展友好合作，推动构建新型国际关系，深化拓展平等、开放、合作的全球伙伴关系，致力于扩大同各国利益的汇合点。"[②]构建新型国际关系根本的创新之处在于以合作取代对抗，以共赢取代独占，不搞零和博弈。党的十八大以来，在以习近平同志为核心的党中央坚强领导下，中国扎实推进构建新型国际关系的实践，推进大国协调和合作，构建总体稳定、均衡发展的大国关系框架，积极倡导共同、综合、合作、可持续的全球安全观，开辟了中国特色大国外交的崭新局面。

---

①《习近平谈治国理政》第1卷，外文出版社2018年版，第266页。

②《习近平著作选读》第1卷，人民出版社2023年版，第50页。

奉行互利共赢的开放战略。习近平总书记指出："中国坚持对外开放的基本国策，坚定奉行互利共赢的开放战略，不断以中国新发展为世界提供新机遇，推动建设开放型世界经济，更好惠及各国人民。"[①] 对外开放战略扩大了中国的"朋友圈"，也使得人类命运共同体理念的实践更加生动具体，中国在自身发展的同时，也让各国能够一同搭乘中国发展的"快车"和"便车"。通过政策沟通、设施联通、贸易畅通、资金融通，中国与世界民心相通，各国经济联系更加紧密，共同在国际经贸合作中获益。中国以实际行动不断证明并将继续证明中国发展离不开世界，世界繁荣也需要中国。

参与全球治理体系改革和建设。习近平总书记指出："中国积极参与全球治理体系改革和建设，践行共商共建共享的全球治理观，坚持真正的多边主义，推进国际关系民主化，推动全球治理朝着更加公正合理的方向发展。"[②] "推动构建人类命运共同体，不是以一种制度代替另一种制度，不是以一种文明代替另一种文明，而是不同社会制度、不同意识形态、不同历史文化、不同发展水平的国家在国际事务中利益共生、权利共享、责任共担，形成共建美好世界的最大公约数。"[③] 我国倡导共商共建共享的全球治理观，为全球经济治理搭建新的合作平台，坚决维护以联合国为核心的国际体系，支持国际组织在全球治理体系的改革和建设中发挥建设性作用，稳步增加对外援助规模，推动提升新兴市场国家和发展中国家在国际事务中的代表性和发言权。

概言之，党的十八大以来，习近平新时代中国特色社会主义思想基于世界百年未有之大变局之实，深刻洞察人类前途命运和时代发展趋势，探求中国与

①《习近平著作选读》第 1 卷，人民出版社 2023 年版，第 50 页。
②《习近平著作选读》第 1 卷，人民出版社 2023 年版，第 51 页。
③《习近平著作选读》第 2 卷，人民出版社 2023 年版，第 543 页。

世界关系的战略走向之是，提出了构建人类命运共同体理念，体现了对人类前途命运的深切关怀、对时代潮流的深刻把握，既具有鲜明的中国特色，又蕴含全人类共同价值。

第六章

守正创新：实事求是的新时代表达

守正创新：实事求是的新时代表达

守正创新是中华民族的优良传统

中华优秀传统文化蕴含丰富的守正思想

★ 以正治国涵盖着治理国家的诸多道理
★ 在个体行为方面，“正”还表征着人的德行修为

中华优秀传统文化蕴含丰富的创新思想

★ 从表现领域来说，创新思想广泛体现在政治理论、道德观念、社会意识等领域
★ 从思想渊源来说，创新思想主要源于中国传统哲学中的通变思想
★ 从历史影响来说，创新思想孕育了中华民族自强不息的民族精神

守正与创新是既相互对立又相辅相成的辩证统一关系

★ 守正是根本，是认识论，只有在合规律性的前提下进行有目的的改造，才能得到符合新事物发展规律的创新成果
★ 创新是路径，是方法论，只有打破常规，通过创造性的实践实现对旧事物的突破，由量变引发质变，才能实现新的发展

守正创新是马克思主义认识论的重要范畴

守正创新贯穿马克思主义物质第一性、实践第一性的内在要求

★ 从“守正”来看，守正创新中的“正”，即正道，指的是事物的本质与存在、发展的规律
★ 从守正创新中的“创新”来看，作为主观能动性的集中体现，创新不是凭空捏造，不是主观臆想，是有条件、有前提的，而不是无条件、无前提的

守正创新内蕴马克思主义唯物辩证法的精神实质

★ 守正创新充分凸显了辩证否定观的精神实质

守正创新体现马克思主义绝对真理与相对真理辩证统一的重要原理

★ 守正创新正是对绝对真理与相对真理辩证统一原理的贯彻运用

守正创新彰显马克思主义唯物史观的鲜明立场

★ 中国共产党作为马克思主义政党，坚持守正创新，既要坚守中国特色社会主义道路之正，也要坚守马克思主义所揭示的各种规律即道理之正，还要坚守人民至上这个最高道义之正

新时代守正创新是党的实事求是思想路线的时代表达

新时代守正创新契合党的实事求是思想路线的内在要求

★ 新时代守正创新有着丰富的科学内涵
★ 新时代守正创新有着深刻的辩证意蕴

新时代守正创新具备成为党的实事求是思想路线重要内容的理论地位

★ 坚持守正创新作为“六个坚持”之一，被赋予了习近平新时代中国特色社会主义思想的世界观和方法论的理论地位

新时代守正创新彰显中国共产党坚持“两个结合”丰富发展党的思想路线的基本规律

★ 中国特色社会主义进入新时代，习近平总书记将“守正创新”这一中华民族的优良传统，改造成为马克思主义哲学命题，赋予其马克思主义世界观与方法论的理论地位，使其继解放思想、实事求是、与时俱进、求真务实之后成为党的思想路线的时代精髓，进一步丰富发展了党的思想路线，这是中国共产党推进“两个结合”的又一光辉典范

守正创新是中华优秀传统文化的核心理念，是马克思主义哲学认识论的重要命题，体现着5000多年中华文明的智慧结晶，蕴含着马克思主义科学世界观和方法论的思想精华。坚持守正创新，是我们党鲜明的政治品格。习近平总书记坚持“把马克思主义思想精髓同中华优秀传统文化精华贯通起来”[①]，创造性转化和创新性发展传统的守正创新思想，使其成为习近平新时代中国特色社会主义思想的世界观与方法论之一，成为党的实事求是思想路线的新时代表达，实现了党的实事求是思想路线的新发展。

①《习近平著作选读》第1卷，人民出版社2023年版，第15页。

第一节
守正创新是中华民族的优良传统

5000多年悠久灿烂的中华文明，孕育出中华优秀传统文化的思想智慧，浇铸着中华民族诸多伟大而独特的优良传统。“守正创新”即是其中之一。恪守正道、正心明道、改易更化、革故鼎新，人们耳熟能详的这些至理名言，贯穿其中的就是对守正创新的思考与追求。正因如此，习近平总书记作出“中华民族是守正创新的民族”[①]的重大论断，同时强调：“无论时代如何发展，我们都要激发守正创新、奋勇向前的民族智慧。”[②]

一、中华优秀传统文化蕴含丰富的守正思想

中华民族历来注重恪守正道、守正固本。守正作为中华优秀传统文化的精神标识，有着深厚的文化内涵与文化底蕴。何谓“正”？古人认为不偏其中，谓之“正”，不弯（曲），止直为“正”，无邪（奸）为“正”，无私为“正”，

①《习近平同希腊总统帕夫洛普洛斯会谈》，《人民日报》2019年5月15日。
②《习近平著作选读》第2卷，人民出版社2023年版，第359页。

居中自“正”。在不同的语言环境中，“正”字往往与“中”“直”“忠”等字相通，表达正直、公正、忠贞等意。墨子说：“义者，正也。”“正”即是社会正义。孟子也说：“义，人之正路也。”意思是一个人循义而行就是走正路。韩非子说：“修身洁白而行公行正，居官无私，人臣之公义也。”东汉著名经学家马融所著的《忠经》中说：“明主之为国也，任于正，去于邪。邪则不忠，忠则必正，有正然后用其能。”“正”就是“去于邪”。宋朝大儒程颐说：“不偏之谓中。”“中者，天下之正道。”中国古代圣贤均将“正”作为立身行事准则、治国理政理念予以推崇，蕴含着“守正”的内在要求。

在治国理念方面，以正训政的思想，缘起于尧、舜、禹、汤、文、武、周公的治国之道。《左传 · 隐公十一年》中有言：“政以治民，刑以正邪。”提出君主要用正确思想统治民众，用严刑峻法匡正邪恶。孔子的思想与此一脉相承，“正”是孔子治国理政理念的核心思想。《论语 · 颜渊篇》中明确地讲道：“政者，正也。子帅以正，孰敢不正？”强调执政者应具备廉洁、公正、高尚的品质。《论语 · 子路》中说道：“其身正，不令而行；其身不正，虽令不从。”执政者如果自身行为端正，不用发布命令，事情也能推行得通；如果本身不端正，就是发布了命令，百姓也不会听从。“苟正其身矣，于从政乎何有？不能正其身，如正人何？”如果端正了自己的言行，治理国家还有什么难的呢？如果不能端正自己，又怎么能去端正别人呢？正人先得正己。《荀子 · 正论》中同样指出：“上者，下之本也。上宣明则下治辨矣，上端诚则下愿悫矣，上公正则下易直矣。”君主公开明朗，那么臣民就能治理好；君主端正诚实，那么臣民就老实忠厚；君主公正无私，那么臣民就坦荡正直了。可以看到，为政者只要能够做到公正、正派，臣民自然也容易被感染、教化。因此，《荀子 · 王制》中说“正法则，选贤良”，认为在政事活动中，管理者应根据正确的法则选贤任能。

老子提出“以正治国，以奇用兵，以无事取天下”的思想，将“正”与“奇”相对，“正”意指遵守恒常之道即大道。遵循大道必须做到心正。做到心正既要心静，又要有爱心，坚持以百姓之心为心。老子的“以正治国”包含治国必须有正当的使命，治国者要正直等意思。老子还进一步提出“清静为天下正”，认为只有通过“守静”才能“知常”，懂得恒常之道，达到“正”的目的。“守静”隐含着用冷静的理性清除主观成见、遵循客观规律之意，是很有见地的思想。《管子·法法》中亦明确提到“明正以治国”的思想，“正”作为施政的基本原则得到高度肯定。

法家则认为法制是规范国民最好的方法：“一民之轨，莫如法。”法制的前提即是君王自身的正直、公平与诚信。《韩非子·有度》中指出：“国无常强，无常弱。奉法者强则国强，奉法者弱则国弱。”“刑过不避大臣，赏善不遗匹夫。”主张“明公私之分”。

由上可见，以正治国涵盖着治理国家的诸多道理。正，首先是正直，治国者自身的正直是良好政治的前提。同时，正又是正常、常规的意思，治国必须正大光明，堂堂正正、光明磊落，有迹可循。中国古代圣贤所追求的即是“道洽政治，泽润生民”的理想，治理国家的方法正确了，政治也就治理得非常好了。恩泽散播到民间了，人民就会安居乐业了。给生民带来福泽的有道政治才具有正义性。

在个体行为方面，“正”还表征着人的德行修为。诚如习近平总书记所指出的：“中国人历来强调‘正心以为本，修身以为基’。”[1]“正”就是要合乎

①《习近平著作选读》第2卷，人民出版社2023年版，第114页。

“礼”，而合乎“礼”的行为就是“义”。先秦儒家视“直”为“正”，将其作为衡量个人道德修养的重要标准。《论语 · 雍也》曰：“人之生也直，罔之生也幸而免。”一个人由于正直，所以才能够在人世间生存，不正直的人有时也能在人世间生存，那只是因为他侥幸地躲避了灾难罢了，这里即指明了正直才是人的立身之本。那么，如何实现“正”？

第一，中正比宜。管子提倡“中正比宜，以行礼节”，就是说，要用公正的、仁慈的伦理原则来处理人际关系。《管子 · 五辅》中说：“夫民必知义然后中正，中正然后和调，和调乃能处安。”就是说民众必须知道义然后才能做到中正。《管子 · 形势解》中写道：“天公平而无私，故美恶莫不覆；地公平而无私，故大小莫不载。”上天公正没有偏私，因此无论美好、邪恶的，没有不在苍天覆盖之下的；大地公正没有偏私，因此不论万物形体是大是小，没有大地不能承载的。故曰“道生德，德生正，正生事”。荀子特别提出“君子必辩”的要求，同样强调应当持守和实践公正之德：“故能处道而不贰，咄而不夺，利而不流，贵公正而贱鄙争，是士君子之辨说也。”商鞅则指出，仁人并不只是表面上施舍于人，而是要公正平等地对待每一个人：“亲亲者以私为道也，而中正者使私无行也。”“故贤者立中正，设无私。”《韩非子 · 解老》中还写道：“所谓直者，义必公正，公心不偏党也。”认为公民个人在道义上一定要公正，有公心而不偏私，正道直行。所以，朱熹说“惟公然后能正”，即怀有一颗大公无私的心，处事才能“无偏无党”“无偏无陂”。

第二，本义务信。荀子提倡人们在日常生活交往中应该“本义务信”，“本义务信而天下治”，“弃义背信而天下乱”，“正义而为谓之行”，按正当礼仪做事就是有德行。《墨子 · 天志中》中指出：“天下有义则治，无义则乱。”《韩非子 · 忠孝》说：“汤、武自以为义而弑其君长”，指责汤、武以臣弑君是不正义之举。

第三，见利思义。孔子强调“见利思义”，这样才能不断提高自身的道德修养，成为公正的人。孔子指出：“不义而富且贵，于我如浮云。”用不正当的手段得来的富贵，行为本身便不公正，对我来说就像浮云一样。商鞅认为：“所谓义者，为人臣忠，为人子孝。”所谓道义，就是做臣子一定要有忠心，做儿子一定要有孝心。《吕氏春秋》说：“故义者，百事之始也，万利之本也。”“义”是各种事物的开端，是一切利益的本源。因此，人们在社会生活中应“正其谊以谋其利，明其道而计其功”。

通过上面所述可知，“正”，大道也，包含道德操守、客观规律、正确理论的内涵。西汉史学家司马迁在《史记·酷吏列传》中称赞赵禹“据法守正”，《汉书·刘向传》中指出“君子独处守正，不挠众枉”，《后汉书·侯霸传》中评价其“在位明察守正，奉公不回”，强调为人为官都要坚守正道、不徇私情，处理事情要公平公正。唐代文学家皮日休在《鄙孝议下》中指出：“有守正者，虽大孝不录；为非者，虽小道必旌。则圣人之制，后何法焉？”亦突出强调守正的意义。魏徵《谏太宗十思疏》希望君主“正身以黜恶”，重视以上率下、以身作则。尽管诸说含义不一，变化多端，但基本意旨都在强调人的言行符合正义、胸怀正气、坚持正道，遵从社会公德，杜绝歪门邪道。

二、中华优秀传统文化蕴含丰富的创新思想

中华民族有着“因时而变、随时而制”的理念，创新是中华文明的重要文化基因，也是中华文化源远流长、从未中断的重要原因。《礼记·大学》中言“苟日新，日日新，又日新”，《周易·乾·文言》中说“终日乾乾，与时偕行”，

《周易·系辞上》中称“化而裁之谓之变，推而行之谓之通”，《西畴老人常言》中谈“与日俱新”，《盐铁论》中讲“明者因时而变，知者随世而制”，等等，均体现了中华民族改易更化、革故鼎新的思想传统。

从表现领域来说，创新思想广泛体现在政治理论、道德观念、社会意识等领域。就政治理论领域而言，《尚书·康诰》有云：“亦惟助王宅天命，作新民。”明确提出天命与新民思想。孔颖达对“正义”解释说：“居顺天命，为民日新之教，谓渐致太平，政教日日益新也。”这是周公告诫康叔要治理好殷地民众的诰词，意指周朝的建立是顺应天命，让殷民也应顺应服从新的政教。此后，“政教日日益新”就成为历代国君奉行的治国理念。革新（创新）思想在历代政治家思想家的变法思想与变法实践中得到充分彰显。《管子·正世》中讲：“古之所谓明君者，……皆随时而变，因俗而动。……故其位齐也。不慕古，不留今，与时变，与俗化。……故教可立而化可成也。”随时而变、因俗而动成为表现革新精神的至理名言。春秋时期的政治家、改革家商鞅在《商君书·更法》中所说的“治世不一道，便国不必古”，北宋时期的改革家王安石提出的“天变不足畏，祖宗不足法，人言不足恤”，近代梁启超在《少年中国说》中写到的“惟进取也，故日新”等，都体现了先秦时期的革新思想在政治层面的理论指向。就道德观念领域而言，《周易·系辞上》云：“富有之谓大业，日新之谓盛德。”把创大业和有盛德并提。宋代理学家程颢、程颐在解读《易经》中盛德之语时说：“君子之学必日新。日新者日进也。不日新者必日退，未有不进而不退者也。”指出德行对于做人、日新对于修德的重要性。意在告诉人们，思想僵化、守旧呆板、不知变通，不仅是缺乏智慧也是缺乏道德的表现；只有不断顺应时代、不断创新的人，才是既具有超常智慧又具有高尚道德的人。就社会意识领域而言，《尚书·盘庚上》云：“人惟求旧，器非求旧，惟新。”人的相处是有老交情的好，而对于使用的物件则是新的好。这样的认识，对促进社会大众的革新意识发挥了重大作用。

从思想渊源来说，创新思想主要源于中国传统哲学中的通变思想。变化是事物存在的基本状态与事物运动的基本规律，万事万物都处于不断发展变化的过程中，只有积极寻求变化，实现变通，方能取得成功。儒家经典文献之一的《易经》中有大量关于通变思想的论述。如《周易 · 系辞上》中说：“是故阖户谓之坤，辟户谓之乾，一阖一辟谓之变，往来不穷谓之通。”“形而上者谓之道，形而下者谓之器，化而裁之谓之变，推而行之谓之通。”“变通者，趣时者也。”“穷则变，变则通，通则久。”“上下无常，刚柔相易，不可为典要，唯变所适。”等等。革新思想与通变思想息息相关、内在统一。如果说通变是内在规律，革新则是外在表现。通变强调顺应客观规律，革新则意在主动作为。总之，通变思想为创新思想提供了哲学认识论基础。

从历史影响来说，创新思想孕育了中华民族自强不息的民族精神。《周易》说“天行健，君子以自强不息”，号召君子要效法上天（自然），积极进取，发奋图强。从哲学角度来讲，奋发进取是一种积极“入世”的人生态度，儒家哲学是这方面的典范。在人生观上，儒家提倡积极入世，热心救世，诚如曾子所说“士不可以不弘毅，任重而道远”。孔子在自述成长过程时说“吾十有五而志于学”，且学习的目的即是实现“老者安之，朋友信之，少者怀之”的远大志向。孟子说：“至大至刚，以直养而无害，则塞于天地之间。”“刚健”是成大事者的必备品质，“故天将降大任于是人也，必先苦其心志，劳其筋骨。……曾益其所不能”，唯有经受住这些挫折与苦难，方能成就大的事业。“有为”意味着有所作为。中华民族是志存高远的民族，对崇高的理想和事业有着执着的追求。正是这种“刚健有为”的自强不息的民族精神，铸就了中华民族数千年来经久不衰的历史辉煌。

三、中华优秀传统文化中关于守正与创新辩证关系的思想

中华传统文化强调变易、辩证的思维，守正创新的重大命题深刻揭示了变与不变的辩证关系。《周易·系辞下》提出“穷则变，变则通，通则久”，意思是在困境中积极寻求变化，则会实现变通，最终取得成功。《荀子·解蔽》有载：“夫道者，体常而尽变，一隅不足以举之。”讲明体常与尽变联系的同时，揭示了守正与创新的关联。老子明确主张天地人是一贯相通的，而不是绝对对立的，认为自然界和人类社会都存在着对立统一性，有无、刚柔、强弱、祸福、兴废等都是相互依存、相互转化的：“有无相生，难易相成，长短相形。”提出“反者道之动，弱者道之用。天下万物生于有，有生于无”。对立面不是一成不变的，它们在向相反的一面转化：“正复为奇，善复为妖。”“曲则全，枉则直；洼则盈，敝则新；少则得，多则惑。”《春秋公羊传·桓公十一年》中说：“权者何？权者，反于经然后有善者也。”这里的“经”就是对待事物不变的原则性，“权”就是因条件制约而采取的灵活性，体现了原则性与灵活性的统一。《史记·太史公自序》中指出：“为人臣者不可以不知《春秋》，守经事而不知其宜，遭变事而不知其权。”揭示了只会墨守成规却不懂得因事制宜，遇到突发事件则不知如何灵活对待的严重后果，展现了对“变”与“常”的精到理解。

守正是根本，是认识论，只有在合规律性的前提下进行有目的的改造，才能得到符合新事物发展规律的创新成果。古人早就认识到了创新必须守正的道理。《周易》主张“革”必须“顺乎天而应乎人”，要遵循事物的发展规律，顺

应人民的心意，“损益盈虚，与时偕行”，适时适用，非可贸然而变。“时止则止，时行则行”，行动或停止都不要失去最好的时机。讲求原则性，注重稳定性，中庸守恒是儒家关于事物运动的主要认识。《论语 · 雍也》中说：“中庸之为德也，其至矣乎！”《礼记 · 中庸》说：“喜怒哀乐之未发谓之中，发而皆中节谓之和。”“致中和，天地位焉，万物育焉。”用仁规范智与勇，《中庸》曰：“知、仁、勇三者，天下之达德也。”孟子揭示了掌握自然规律的重要性，提出“不违农时，谷不可胜食也。……斧斤以时入山林，材木不可胜用也”。《庄子 · 胠箧》中对智者的界定是“知可否，知也”。兵家用信、仁制约智、勇、严，《孙子兵法 · 计篇》中说：“将者，智、信、仁、勇、严也。”北宋范仲淹看到“天下寺观，每建殿塔，蠹民之费，动逾数万”，在《上执政书》中建议“止可完旧，勿许创新”；苏轼《乞赐度牒修廨宇状》中描述以前的堂馆营造“皆务创新，不肯修旧”。南宋李心传《建炎以来系年要录》中记述官员建议军队给养保障应“全仰屯田”，“创新措置，恐难得效”。明代李贤《论太学状》指陈国家治理举措“有创新而不措者”，王阳明《计处地方疏》认为官房建设“托始创新，固无民力，因陋就简，见有官房”。这些话语里隐含着“不能以牺牲人民基本利益为代价搞创新”“正确对待创新与修旧”“创新要得当、尊重实际条件”的道理。

创新是路径，是方法论，只有打破常规，通过创造性的实践实现对旧事物的突破，由量变引发质变，才能实现新的发展。对世界万物的变化，《周易》主张在客观事物的变化中主动创新：“不可为典要，唯变所适。”不可以将其当作僵化的典籍、纲要，只有将其变动的特点当作法则才适宜。强调“君子见几而作，不俟终日”，君子看出不明显的征兆就果断行动，不会整天等待、迟疑。法家认为历史是向前发展的，强调“治世不一道，便国不法古”。商鞅明确提出“不法古，不循今”的主张。韩非子更进一步提出“时移而治不易者乱”。《史记 · 平准书》说：“物盛而衰，固其变也。”用历史方法论证了物盛而衰乃自然之理。总之，事物的发展总是遵循一定的客观规律，只有在合规律性的基础上进行合目的的改造，才能创造出符合社会发展规律的新事物，实现创新发展。只有守住本源、正道，方可在创新之时牢记初心和使命。守正不是自我满足，更不是故步自封，只有在守正的基础上进行创新，才能不走歪路、老路、邪路，守正才能获得活力源泉和动力根基。

因此，守正创新是中华优秀传统文化的核心思想，深刻蕴含着中华民族恪守正道与革故鼎新的传统智慧。经过 5000 多年的历史积淀，守正创新日益融入中华民族的精神血脉，业已成为中华文明的精神特质。

第二节
守正创新是马克思主义认识论的重要范畴

作为中华文化核心理念与中华民族优良传统的守正创新，同时也是马克思主义认识论的重要范畴，深刻蕴含着辩证唯物主义和历史唯物主义的基本原理，高度契合党的实事求是思想路线的本质要求，充分体现了马克思主义政党认识世界与改造世界的根本的思想方法和工作方法。习近平新时代中国特色社会主义思想坚持守正创新，实现了对实事求是思想路线的新时代表达，“坚持守正创新”成为习近平新时代中国特色社会主义思想的世界观和方法论之一。

一、守正创新贯穿马克思主义物质第一性、实践第一性原理的内在要求

马克思主义认为，世界的统一性在于它的物质性，物质决定意识，意识是客观存在的反映，但意识对物质具有反作用，也就是人们常说的物质可以变精神，精神也可变物质。习近平总书记指出，“世界统一于物质、物质决定意识

的原理”，是我们党“坚持从客观实际出发制定政策、推动工作”[①]的哲学基础。马克思主义唯物论还认为，事物是物质的具体形态，物质世界中的事物在其实践和运动发展过程中，存在着固有的本质的内在联系，这就是规律。规律决定着事物发展的根本方向，是不以人们意志为转移的客观法则。正所谓“天行有常，不为尧存，不为桀亡”。虽然规律不以人的意志为转移，但人作为具有主观能动性的主体，可以认识和掌握规律，顺应和利用规律指导自身实践，在改造世界中使事物朝着有利于主体的方向发展。尊重规律、揭示规律、按规律办事，作为马克思主义认识论和方法论的重要原则，也是我们党实事求是思想路线的内在要求。习近平总书记反复强调，“坚持实事求是，就要深入实际了解事物的本来面貌。要透过现象看本质，从零乱的现象中发现事物内部存在的必然联系，从客观事物存在和发展的规律出发，在实践中按照客观规律办事”[②]。守正创新同样体现了实事求是所蕴含的“从客观事物存在和发展的规律出发，在实践中按照客观规律办事”的辩证唯物主义精神。

首先，从“守正”来看，守正创新中的“正”，即正道，指的是事物的本质与存在、发展的规律。而所谓守正，就是指恪守事物的固有本质和客观规律，也就是坚持从客观事实出发，从事物存在、发展的客观规律出发，科学把握事物本质，自觉按规律办事，正如习近平总书记所指出的“要坚守正道、追求真理，立足我国国情，放眼观察世界，不妄自菲薄，不人云亦云”[③]。显然，守正本身蕴含着对事物客观实在性的承认，对客观规律与客观真理的尊重，坚

① 习近平：《辩证唯物主义是中国共产党人的世界观和方法论》，《求是》2019 年第 1 期。

②《习近平著作选读》第 1 卷，人民出版社 2023 年版，第 210 页。

③ 习近平：《在知识分子、劳动模范、青年代表座谈会上的讲话》，人民出版社 2016 年版，第 6 页。

持把客观事物、客观规律、客观真理作为认识世界与改造世界的根本出发点，而不是从任何主观的臆想出发，体现了“一切从实际出发”，物质第一性、实践第一性的唯物主义基本原理。可见，中国传统哲学中主要作为道德践履原则的“守正”，经过习近平新时代中国特色社会主义思想的创造性转化与创新性发展，已经成为马克思主义认识世界和改造世界的方法论原则，具有了一般认识论的含义，即尊重客观实际，按客观规律办事。

其次，从守正创新中的“创新”来看，作为主观能动性的集中体现，创新不是凭空捏造，不是主观臆想，是有条件、有前提的，而不是无条件、无前提的。这个前提和条件就是守正，就是立足客观现实，遵循客观规律。只有坚守正道，遵循规律，才能使事物在合规律性的正道上实现新发展。相反，违背现实与规律的任何所谓创新活动只会把事物发展引向歧路。对此，习近平总书记明确指出：“守正才能不迷失方向、不犯颠覆性错误。”[①]我们的创新“必须建立在历史发展规律之上，必须行进在历史正确方向之上”[②]。显然，习近平新时代中国特色社会主义思想对守正创新的发展，鲜明体现了发挥主观能动性必须以尊重客观规律为前提的唯物主义基本原理。无论守正还是创新，其本质都是坚持从客观存在的事实出发，坚持把立足客观实际、遵循客观规律作为认识世界与改造世界的根本出发点，充分体现了马克思主义物质第一性和实践第一性原理的内在要求。

①《习近平著作选读》第1卷，人民出版社2023年版，第16页。
② 习近平：《建设中国特色中国风格中国气派的考古学 更好认识源远流长博大精深的中华文明》，《求是》2020年第23期。

二、守正创新内蕴马克思主义唯物辩证法的精神实质

“变化者，乃天地之自然。”唯物辩证法认为，事物在自身矛盾运动的作用下，处于永恒运动和发展的过程中。世界上没有一成不变的事物，任何事物都是不断发展变化的。人们只有从发展变化中来认识事物，才能获得正确认识。列宁指出：“自然界在人的思想中的反映，要理解为不是‘僵死的’，不是‘抽象的’，不是没有运动的，不是没有矛盾的，而是处在运动的永恒过程中，处在矛盾的发生和解决的永恒过程中。”① 事物在前进的、上升的运动、变化中，“否定自己从前的存在形式”②，这就是发展。发展的实质是旧事物的灭亡和新事物的产生。“一切发展，不管其内容如何，都可以看做一系列不同的发展阶段，它们以一个否定另一个的方式彼此联系着。”③ 马克思除了指出事物的发展是通过否定来实现的思想，还科学揭示出这种“否定”不是抛弃，而是“扬弃”，是包含了肯定在内的辩证的否定。也就是他所说的：“辩证法在对现存事物的肯定的理解中同时包含对现存事物的否定的理解，即对现存事物的必然灭亡的理解；辩证法对每一种既成的形式都是从不断的运动中，因而也是从它的暂时性方面去理解。”④ 辩证否定观作为唯物辩证法的核心内容，阐明了任何事物内部都是肯定中包含着否定，否定中包含着肯定的客观真理，指明了事物发展的方向和道路。

---

①《列宁全集》第55卷，人民出版社2017年版，第165页。
②《马克思恩格斯选集》第1卷，人民出版社1972年版，第169页。
③《马克思恩格斯选集》第1卷，人民出版社1972年版，第169页。
④《马克思恩格斯文集》第5卷，人民出版社2009年版，第22页。

守正创新充分凸显了辩证否定观的精神实质。守正创新作为一个连续的、动态的发展过程，是传承与批判、保留与突破、尊重客观规律与发挥主观能动性的辩证统一，在“守正”和“创新”的每一个环节中，都是既有肯定又有否定的。首先，从守正来看，“守正”强调“要有志不改、道不变的坚定”[①]，坚持“不该改的、不能改的坚决不改”[②]，毫无疑问这是一种肯定；同时，守正不是对既有事物各个方面的全部坚守，只是对其合理因素的肯定和保留，也“不是刻舟求剑，还要往前发展、与时俱进，否则就是僵化的、陈旧的、过时的”[③]。守正同时也主张“该改的、能改的坚决改”，这无疑又是一种否定。其次，从“创新”来看，“创，始也”，“创新”的“创”意味着“开始做”，也意指“独特的”，隐含着以否定性的思维对待现存事物以生成新事物之意。“创新”的“新”，指的是符合发展规律、具有远大前途的新事物。这样，“创新”意味着必然抛弃现存事物中丧失了必然性的消极的、过时的因素，并且增加了现存事物中顺应时代发展所需要的新内容。这表明，“创新”包含着“对现存事物的否定的理解”。同时，创新一定是以现存事物、以历史“已有”为基础的。没有这个基础，好比建造空中楼阁，创新无从谈起。正如马克思所说：“人们自己创造自己的历史，但是他们并不是随心所欲地创造，并不是在他们自己选定的条件下创造，而是在直接碰到的、既定的、从过去承继下来的条件下创造。”[④]同时，守正创新包含创新必须守正，守正是创新的前提之意。“正”，指的是现存事物中仍然具有积极性、进步性、真理性的因素。守正是创新的前提，创新必

①《习近平著作选读》第2卷，人民出版社2023年版，第225页。
②《习近平著作选读》第2卷，人民出版社2023年版，第226页。
③ 习近平：《思政课是落实立德树人根本任务的关键课程》，《求是》2020年第17期。
④《马克思恩格斯选集》第1卷，人民出版社2012年版，第669页。

须守正，意味着“创新”不是全盘否定现存事物，而是以现存事物为基础。显然，“创新”又包含着“对现存事物的肯定的理解”。这表明，“创新”蕴含的这种“否定”是辩证的否定，创新就是经过对现存事物的辩证的否定生成新事物。由上可见，习近平新时代中国特色社会主义思想对守正创新的发展，鲜明地体现了辩证否定观的精神实质，闪耀着马克思主义唯物辩证法的思想光芒。

三、守正创新体现马克思主义绝对真理与相对真理辩证统一的重要原理

马克思主义真理观认为，真理是标志主观同客观相符合的哲学范畴。所谓真理，是指主体对客体的正确认识，抑或说，是客观事物及其规律在人们意识中的正确反映。真理既具有绝对性，也具有相对性。承认真理的客观性，以及承认物质世界的可知性，就等于承认了真理的绝对性。承认主体对客体的任何认识都是有局限的、有条件的、不完全的，任何真理都只是主观与客观具体的历史的统一，就等于承认了真理的相对性。

“在绝对真理的长河中，人们对于在各个一定发展阶段上的具体过程的认识只具有相对的真理性。无数相对的真理之总和，就是绝对的真理。”[①] 真理的绝对性和相对性是辩证统一的，二者相互依存、相互转化。坚持绝对真理和相对真理的辩证统一，是马克思主义真理观的重要原理。该原理启示人们：真理是一个过程，一个从相对走向绝对的逐步深化的过程。认识没有止境，实践没有止境，追求真理、揭示真理、笃行真理永无止境，永远在路上。对待真理，要有科学的态度，既不能只看到真理的绝对性一面而忽视其相对性，也不能只看到真理的相对性一面而忽视其绝对性。对待真理的科学态度，就是守正创新

①《毛泽东选集》第 1 卷，人民出版社 1991 年版，第 295 页。

的态度。

守正创新正是对绝对真理与相对真理辩证统一原理的贯彻运用。坚持守正创新，目的在于追求真理、揭示真理、笃行真理，要旨在以科学的态度对待科学，以真理的精神追求真理，根本在于坚持对马克思主义的守正与创新。绝对真理与相对真理的辩证统一原理，为我们党坚持“守”马克思主义基本原理之“正”，“创”马克思主义中国化理论之“新”提供了重要的认识论基础。与一切科学真理一样，马克思主义真理也既是绝对的又是相对的。一方面，马克思主义深刻揭示了自然界、人类社会以及人的思维的生成与运动的基本规律，为人们正确认识世界与改造世界提供了具有普遍指导意义的思想原则，“是我们认识世界、把握规律、追求真理、改造世界的强大思想武器”[①]。自从马克思主义诞生以来，社会实践一次又一次地证明了它的颠扑不破的真理性。从这个意义上说，它是绝对真理。我们之所以坚持对马克思主义的守正，正因为它是绝对真理。习近平总书记指出：“无论时代如何变迁、科学如何进步，马克思主义依然显示出科学思想的伟力，依然占据着真理和道义的制高点。”[②]明确要求“守正就不能偏离马克思主义”，充分展现了我们党守正马克思主义的鲜明态度。

另一方面，马克思主义并没有穷尽客观事物及其发展规律，没有解决也不可能解决人类认识的一切问题，它的一般原理的实际运用随时随地需要以条件变化而转移。正如习近平总书记所指出的：“马克思主义基本原理是普遍真理，具有永恒的思想价值，但马克思主义经典作家并没有穷尽真理，而是不断为寻求真理和发展真理开辟道路。”[③]从这个意义上说，马克思主义又是相对真理。

---

①《习近平著作选读》第2卷，人民出版社2023年版，第418页。

② 习近平：《论党的宣传思想工作》，中央文献出版社2020年版，第221页。

③《习近平著作选读》第1卷，人民出版社2023年版，第211页。

我们之所以强调创新马克思主义，正因为它是相对真理。习近平总书记反复强调，马克思主义是不断发展的开放的理论，我们要“把坚持马克思主义和发展马克思主义统一起来，结合新的实践不断作出新的理论创造，这是马克思主义永葆生机活力的奥妙所在”[①]，要“用鲜活丰富的当代中国实践来推动马克思主义发展”[②]，坚持不懈地用发展着的马克思主义最新成果武装头脑、指导实践，充分展现了我们党对马克思主义的创新态度。因此，习近平新时代中国特色社会主义思想坚持守正马克思主义，“守”的就是马克思主义真理之“正”；坚持创新马克思主义，“创”的就是马克思主义真理之“新”。

四、守正创新彰显马克思主义唯物史观的鲜明立场

“历史活动是群众的活动。”[③] 唯物史观认为，人民是历史活动的主体和真正的主人，是推动历史前进的根本动力。人类社会历史就其本质来说，是人民群众思想和活动的历史，换用马克思的话来说，人民是社会历史的“剧作者”和“剧中人”。正是因为马克思主义唯物史观坚持以人民为中心的核心理念，故而也称之为人民史观。习近平总书记指出：“人类社会发展的历史证明，无论会遇到什么样的曲折，历史都总是按照自己的规律向前发展，没有任何力量能够阻挡历史前进的车轮。”[④] 人类历史进程无论如何纷繁复杂、百折千回，总是按照自己前进的逻辑向前发展。这种历史前进的逻辑，主要表现为历史总是

① 习近平：《论党的宣传思想工作》，中央文献出版社2020年版，第224页。
②《习近平谈治国理政》第3卷，外文出版社2020年版，第76页。
③《马克思恩格斯文集》第1卷，人民出版社2009年版，第287页。
④《习近平著作选读》第1卷，人民出版社2023年版，第105页。

以人民的选择为自己开辟前行的道路，历史总是彰显着人民的立场，体现着人民的意志，顺应着人民的意愿，昭示着人民的力量。中国共产党作为马克思主义政党，始终坚持一切为了人民，一切依靠人民，展现了彻底贯彻人民史观的主动性与自觉性，这是我们党无往而不胜的法宝。人民史观可以说体现在中国共产党治国理政的方方面面，坚持守正创新，同样深刻蕴含着人民史观的鲜明立场与内在要求。

守正创新中的“守正”意指恪守正道，而所谓正道之“道”有道路、道理、道义等多种含义。我们说马克思主义因其科学性占据着真理的制高点，因其人民性占据着道义的制高点，永远占据着真理和道义这两个制高点，是马克思主义“行”的根本所在。中国共产党作为马克思主义政党，坚持守正创新，既要坚守中国特色社会主义道路之正，也要坚守马克思主义所揭示的各种规律即道理之正，还要坚守人民至上这个最高道义之正。中国共产党的世界观、方法论与价值观密切联系，内在统一。坚持人民至上的价值立场，自然会尊重客观事实和客观规律，确立科学的世界观、方法论，这同样表明，坚守人民至上的价值立场这个道义之正是坚持守正创新的题中应有之义。在各种创新中，理论创新最为关键。中国共产党守正创新的核心内容是守马克思主义理论之正，创马克思主义中国化理论之新。习近平总书记在党的二十大报告中指出：“党的理论是来自人民、为了人民、造福人民的理论，人民的创造性实践是理论创新的不竭源泉。”[①] 这一重要论述，从党的理论创新维度，彰显了我们党在坚持守正创新中蕴含的人民立场与人民史观。

首先，党的理论是来自人民的理论，“一切脱离人民的理论都是苍白无力

①《习近平著作选读》第1卷，人民出版社2023年版，第16页。

的"[①]。这意味着我们坚持守正创新，必须紧紧依靠人民，深深植根亿万人民的生动实践；必须贯彻群众路线、尊重人民首创精神、激发人民创造活力、集中人民经验智慧；必须坚持从人民创造历史的活动中吸取思想营养，提炼理论观点。这些要求，生动诠释了中国共产党"依靠谁"的问题，充分体现了人民史观关于人民是历史创造者，是历史实践主体的思想。

其次，党的理论是为了人民、造福人民的理论，"一切不为人民造福的理论都是没有生命力的"[②]。这意味着我们坚持守正创新，必须"把实现好、维护好、发展好最广大人民根本利益作为出发点和落脚点"[③]，把实现人民对美好生活的向往作为理论创新的价值旨归，为了人民利益追求真理、发展真理，努力"使我们的思想和行动更加符合客观规律、符合时代要求、符合人民愿望"[④]。这些要求，生动诠释了中国共产党"为了谁"的问题，充分体现了人民史观关于人民是历史价值主体的思想。

最后，党的理论是由人民评判的理论，"时代是出卷人，我们是答卷人，人民是阅卷人"[⑤]。这意味着我们坚持守正创新，必须牢记"人民是我们党的工作的最高裁决者和最终评判者"[⑥]，真正让人民来评判我们的一切工作；必须把人民高兴与否、答应与否、赞成与否、拥护与否，作为守正创新成果的评价标准。这些要求，生动诠释了中国共产党"由谁评判"的问题，充分体现了人民史观关于人民是历史评判主体的思想。

①《习近平著作选读》第1卷，人民出版社2023年版，第16页。
②《习近平著作选读》第1卷，人民出版社2023年版，第16页。
③《习近平著作选读》第1卷，人民出版社2023年版，第148页。
④《习近平著作选读》第1卷，人民出版社2023年版，第210页。
⑤《习近平谈治国理政》第3卷，外文出版社2020年版，第70页。
⑥《习近平著作选读》第1卷，人民出版社2023年版，第213页。

第三节

新时代守正创新是党的实事求是思想路线的时代表达

新时代守正创新理念是以习近平同志为核心的党中央立足中国特色社会主义生动实践、坚持“两个结合”，推进中华优秀传统文化创造性转化和创新性发展的理论与实践成果。习近平新时代中国特色社会主义思想中兼具传统文化概念和马克思主义原理范畴意义的守正创新，充分体现了党的实事求是思想路线的本质要求，与解放思想、实事求是、与时俱进、求真务实等各个历史时期党的实事求是思想路线的精髓相互贯通、内在统一，是党的实事求是思想路线的新时代呈现和新时代表达。

一、新时代守正创新契合党的实事求是思想路线的内在要求

新时代守正创新有着丰富的科学内涵。守正创新是由“守正”与“创新”两个词语组成的固定词组，理解守正创新的科学内涵需分别掌握“守正”与“创新”这两个词语的含义。就一般意义来说，所谓守正，就是坚守正道，意

即按照事物本身固有的本质属性与事物发展内蕴的客观规律办事。也就是习近平总书记所说的“坚守正道、追求真理”[①]，包括坚守正确的道路、道理、道义。对于中国共产党和中国人民来说，“守正就不能偏离马克思主义、社会主义”[②]，就是要始终坚持中国共产党领导，始终坚持马克思主义指导，始终坚持中国特色社会主义道路。守正的重大意义在于“不迷失方向、不犯颠覆性错误”。所谓创新，就是革故鼎新、推陈出新，意即主体充分发挥主观能动性，有意识、有目的地按照主体需要创造出新生事物。创新包括理论创新、实践创新、制度创新、文化创新、科技创新等诸多方面。其中，理论创新是核心和灵魂。习近平总书记指出：“一个民族要走在时代前列，就一刻不能没有理论思维，一刻不能没有正确思想指引。中国共产党为什么能，中国特色社会主义为什么好，归根到底是因为马克思主义行。马克思主义之所以行，就在于党不断推进马克思主义中国化时代化并用以指导实践。”[③]创新的重大意义在于把握时代、引领时代。由守正与创新联结而成的固定词组守正创新，就一般意义来说，其含义是指主体遵循事物本身固有的本质属性与事物发展固有的客观规律，为满足主体需要，有目的、有意识地进行创造性实践以生成合目的性与合规律性的新事物。对于中国共产党和中国人民来说，坚持守正创新，就是要按照习近平总书记指出的“以科学的态度对待科学、以真理的精神追求真理，坚持马克思主义基本原理不动摇，坚持党的全面领导不动摇，坚持中国特色社会主义不动摇，紧跟时代步伐，顺应实践发展，以满腔热忱对待一切新生事物，

---

① 习近平：《在知识分子、劳动模范、青年代表座谈会上的讲话》，人民出版社 2016 年版，第 6 页。

② 习近平：《思政课是落实立德树人根本任务的关键课程》，《求是》2020 年第 17 期。

③《习近平谈治国理政》第 4 卷，外文出版社 2022 年版，第 29 页。

不断拓展认识的广度和深度，敢于说前人没有说过的新话，敢于干前人没有干过的事情，以新的理论指导新的实践”[①]。具体而言，就是要不断深刻认识和深入把握共产党执政规律，守党的全面领导之正，创中国共产党自我革命之新；不断深刻认识和深入把握社会主义建设规律，守中国特色社会主义之正，创中国式现代化之新；不断深刻认识和深入把握人类社会发展规律，守马克思主义基本原理之正，创马克思主义中国化时代化之新。

新时代守正创新有着深刻的辩证意蕴。首先，守正与创新是一对矛盾，二者是相互对立的。从守正与创新的各自含义来看，守正是坚持，创新是发展；守正意在肯定，创新意在否定；守正注重稳定和延续，创新注重改变和突破；守正持守成思维，创新持批判思维；守正承接历史，创新谋划未来；守正固本培元，创新激发活力；可见二者的思想重点、思维属性、价值取向明显不同。其次，二者又是相辅相成、内在统一的，守正创新是守正与创新的辩证统一体。一方面，守正是创新的前提和基础。只有坚持守正，创新才有坚实的基础、明确的方向。偏离守正的创新不是真正意义上的创新。我们的创新“必须建立在历史发展规律之上，必须行进在历史正确方向之上”[②]。我们决不能把离开马克思主义根本立场、违背科学社会主义基本原则的盲动行为当成创新。习近平总书记特别强调正本清源，确保创新走在正确道路上。另一方面，创新是守正的目的和路径。正如守正是为了更好地创新，创新则是为了更好地守正，只有坚持创新，守正才能获得不竭的活力源泉。习近平总书记指出，守正“不是刻舟求剑，还要往前发展、与时俱进，否则就是僵化的、陈旧的、过

①《习近平著作选读》第1卷，人民出版社2023年版，第17页。
② 习近平:《建设中国特色中国风格中国气派的考古学 更好认识源远流长博大精深的中华文明》,《求是》2020年第23期。

时的”[①]。决不能把因循守旧、僵化保守当作守正，决不能把一切照搬照套前人说过的具体话语当作守正，决不能把不敢说前人未说的新话，不敢做前人未做的事情当作守正。“什么都用马克思主义经典作家的语录来说话，马克思主义经典作家没有说过的就不能说，这不是马克思主义的态度。同时，根据需要找一大堆语录，什么事都说成是马克思、恩格斯当年说过了，生硬‘裁剪’活生生的实践发展和创新，这也不是马克思主义的态度。”[②]当今时代，百年未有之大变局加速演进，世界不稳定性不确定性因素显著上升，面对不断出现的新问题、新挑战、新变数，唯创新者可胜，“如果墨守成规、思想僵化，没有理论创新的勇气，不能科学回答中国之问、世界之问、人民之问、时代之问，不仅党和国家事业无法继续前进，马克思主义也会失去生命力、说服力”[③]。正因为这一丰富的辩证意蕴，新时代的守正创新也就被赋予了鲜明的哲学品格。

概言之，习近平新时代中国特色社会主义思想中的守正创新理念，高度契合党的实事求是思想路线的内在要求。党的实事求是思想路线的基本内容，强调“实际”、“实事”和“实践”，以“实”为出发点，要求在认识世界和改造世界过程中，坚持“是”从“实”来，“真”从“实”出；强调“求是”“发展真理”，要求在认识世界和改造世界过程中，坚持发挥主观能动性，不断探求新规律，形成新认识，指导新实践，既契合“守正”要求也契合“创新”要求。党的实事求是思想路线在党领导革命、建设、改革的历史进程中不断丰富发展，接续产生了不同历史阶段党的思想路线的时代精髓：解放思想、实事

① 习近平：《思政课是落实立德树人根本任务的关键课程》，《求是》2020年第17期。

② 习近平：《在哲学社会科学工作座谈会上的讲话》，人民出版社2016年版，第13—14页。

③《习近平谈治国理政》第4卷，外文出版社2022年版，第30页。

求是、与时俱进、求真务实。习近平在不同场合的重要讲话中，既有将守正创新与解放思想并列连贯使用的时候，也有将守正创新与实事求是、与时俱进、求真务实并列连贯使用的时候。在深圳经济特区建立40周年庆祝大会上，习近平总书记强调要“牢牢把握正确方向，解放思想、守正创新”[①]；在省部级主要领导干部学习贯彻党的十九届六中全会精神专题研讨班上，习近平提出“坚持解放思想、实事求是、守正创新，更好把坚持马克思主义和发展马克思主义统一起来”[②]；在致信纪念《世界人权宣言》发表70周年座谈会中，习近平要求我国人权研究工作者“要与时俱进、守正创新，为丰富人类文明多样性、推进世界人权事业发展作出更大贡献”[③]。这表明，守正创新与解放思想、实事求是、与时俱进、求真务实相互贯通、内在统一。一方面，解放思想、实事求是、与时俱进、求真务实，是守正创新的前提。解放思想、实事求是、与时俱进、求真务实的根本要求就是使思想和实际结合、主观和客观相符、合规律性与合目的性相统一。只有坚持解放思想、实事求是、与时俱进、求真务实，实现这一根本要求，才能真正做到守正创新。不解放思想，不在马克思主义指导下打破习惯势力和主观偏见的束缚，使思想和行动更加符合变化了的客观实际；不实事求是，不从既定的历史条件出发探求事物发展规律；不与时俱进，不顺应时代变化和时势转换研究新情况解决新问题；不求真务实，不坚持认识世界与改造世界相统一不断探索真理切实付诸实践，守正创新都是空谈。另一方面，守正创新是解放思想、实事求是、与时俱进、求真务实的必然要求。客

① 习近平:《在深圳经济特区建立40周年庆祝大会上的讲话》，人民出版社2020年版，第9页。
②《习近平谈治国理政》第4卷，外文出版社2022年版，第30页。
③《习近平谈治国理政》第3卷，外文出版社2020年版，第289页。

观世界是永恒发展变化的，人们对客观世界的认识与改造，也必然随着客观世界的变化而变化。解放思想不可能一次完成，实事求是不可能一劳永逸，与时俱进不可能一步到位，求真务实不可能一蹴而就，必须随时保持守正创新的精神状态。正如习近平总书记所指出的："坚持实事求是不是一劳永逸的，在一个时间一个地点做到了实事求是，并不等于在另外的时间另外的地点也能做到实事求是，在一个时间一个地点坚持实事求是得出的结论、取得的经验，并不等于在变化了的另外的时间另外的地点也能够适用。"[①] "明者因时而变，知者随事而制"，始终坚持守正创新，才能在任何时候都切实做到解放思想、实事求是、与时俱进、求真务实。

二、新时代守正创新具备成为党的实事求是思想路线重要内容的理论地位

"每个原理都有其出现的世纪。"[②] 马克思的这句名言表明，任何一种科学理论或思想观念都是时代精神的凝结，它的创造产生总是依赖于一定的时代背景，呼应着一定的时代课题，肩负着一定的时代任务。产生于新民主主义革命时期为确立党的思想路线由毛泽东提出的"实事求是"，产生于改革开放和社会主义建设新时期为恢复发展党的思想路线由邓小平提出的"解放思想、实事求是"，以及产生于世纪之交为进一步丰富发展党的思想路线由江泽民提出的"与时俱进"，产生于发展中国特色社会主义新阶段由胡锦涛提出的"求真务实"，都是顺应时代需要、结合时代任务所提出来的理论。进入中国特色社会

①《习近平著作选读》第1卷，人民出版社2023年版，第210页。

②《马克思恩格斯选集》第1卷，人民出版社2012年版，第227页。

主义新时代，面对百年未有之大变局，习近平总书记强调主动识变应变求变，主张以守正应不变，以创新应万变，提出守正创新理念，作为奋进新征程、建功新时代的思想指引，推进党和国家事业发展的根本遵循和行动指南，毫无疑问也具有鲜明的时代特征与现实针对性。

思想路线问题本质上是世界观、方法论问题。一个政党能否确立正确的思想路线，究其根本，取决于这个政党是否拥有科学世界观和方法论作为指导。中国共产党之所以能创立实事求是思想路线，就是因为拥有马克思主义科学世界观与方法论作为指导。正如习近平总书记所指出的："实事求是，是毛泽东同志用中国成语对辩证唯物主义和历史唯物主义世界观和方法论所作的高度概括。"①在党的十九届六中全会精神专题研讨班上，习近平总书记强调指出："我们要准确把握时代大势，勇于站在人类发展前沿，聆听人民心声，回应现实需要，坚持解放思想、实事求是、守正创新，更好把坚持马克思主义和发展马克思主义统一起来，坚持用马克思主义之'矢'去射新时代中国之'的'，继续推进马克思主义基本原理同中国具体实际相结合、同中华优秀传统文化相结合，续写马克思主义中国化时代化新篇章。"②守正创新与解放思想、实事求是在党的历史上首次并列，被赋予与解放思想、实事求是同样重要的理论地位。党的二十大报告明确指出："继续推进实践基础上的理论创新，首先要把握好新时代中国特色社会主义思想的世界观和方法论，坚持好、运用好贯穿其中的立场观点方法。"③坚持守正创新作为"六个坚持"之一，被赋予了习近平新时代中国特色社会主义思想的世界观和方法论的理论地位。在《中共中央关于党

①《习近平党校十九讲》，中共中央党校出版社 2014 年版，第 275 页。
②《习近平谈治国理政》第 4 卷，外文出版社 2022 年版，第 30 页。
③《习近平著作选读》第 1 卷，人民出版社 2023 年版，第 16 页。

的百年奋斗重大成就和历史经验的决议》中，守正创新被作为新时代取得伟大成就的思想基础，突显了其对推进中国特色社会主义事业的指导作用。“一百年来，我们党坚持解放思想和实事求是相统一、培元固本和守正创新相统一，不断开辟马克思主义新境界，产生了毛泽东思想、邓小平理论、‘三个代表’重要思想、科学发展观，产生了新时代中国特色社会主义思想，为党和人民事业发展提供了科学理论指导。”[①] 在这里，习近平总书记阐明了新时代守正创新是马克思主义中国化的内在机理。新时代守正创新已然具备成为党的实事求是思想路线重要内容应有的理论地位。

三、新时代守正创新彰显中国共产党坚持“两个结合”丰富发展党的思想路线的基本规律

中国共产党始终坚持守正创新的政治品格，百余年来推进马克思主义中国化的历史进程，究其实质而言，就是对马克思主义守正创新的历程。毛泽东虽然没有提出过守正创新的完整概念，但他就这方面的意涵作过大量精辟论述。他一方面指出：“马克思这些老祖宗的书，必须读，他们的基本原理必须遵守。”[②] 明确把马克思列宁主义宣示为“指导我们思想的理论基础”[③]。另一方面，他又提醒全党“单靠老祖宗是不行的”[④]，应该结合实际情况与时代变化创新性地发展马克思主义，做到“有所发现，有所发明，有所创造，有所前进”[⑤]。

①《习近平著作选读》第 2 卷，人民出版社 2023 年版，第 418—419 页。
②《毛泽东文集》第 8 卷，人民出版社 1999 年版，第 109 页。
③《毛泽东文集》第 6 卷，人民出版社 1999 年版，第 350 页。
④《毛泽东文集》第 8 卷，人民出版社 1999 年版，第 109 页。
⑤《毛泽东文集》第 8 卷，人民出版社 1999 年版，第 325 页。

邓小平同样始终秉持对马克思主义守正创新的科学态度。面对 20 世纪 80 年代末 90 年代初苏联解体、东欧剧变，世界社会主义遭受严重挫折，“马克思主义失败论”“历史终结论”一度甚嚣尘上的严峻形势，他斩钉截铁地指出：“马克思主义的真理颠扑不破。”[①]“不要认为马克思主义就消失了，没用了，失败了。哪有这回事！”[②]同时他旗帜鲜明地反对教条主义：“马克思主义理论从来不是教条，而是行动的指南。它要求人们根据它的基本原则和基本方法，不断结合变化着的实际，探索解决新问题的答案，从而也发展马克思主义理论本身。”[③]尤为可贵的是，他提出了“什么是真正的马克思主义者”的重要命题，并且明确指出：“不以新的思想、观点去继承、发展马克思主义，不是真正的马克思主义者”，真正的马克思主义者“必须根据现在的情况，认识、继承和发展马克思列宁主义”[④]。

党的十八大以来，习近平总书记围绕坚持守正创新推进马克思主义中国化发表了系列重要论述。习近平总书记一方面强调：“马克思主义是我们认识世界、把握规律、追求真理、改造世界的强大思想武器，是我们党和国家必须始终遵循的指导思想。”[⑤]他告诫全党同志与全国人民：“在坚持马克思主义指导地位这一根本问题上，我们必须坚定不移，任何时候任何情况下都不能有丝毫动摇。”[⑥]另一方面，他指出，理论的生命力在于创新，“马克思主义是随着时代、实践、科学发展而不断发展的开放的理论体系，它并没有结束真理，而是开辟

①《邓小平文选》第 3 卷，人民出版社 1993 年版，第 382 页。
②《邓小平文选》第 3 卷，人民出版社 1993 年版，第 383 页。
③《邓小平文选》第 3 卷，人民出版社 1993 年版，第 146 页。
④《邓小平文选》第 3 卷，人民出版社 1993 年版，第 291—292 页。
⑤《习近平著作选读》第 2 卷，人民出版社 2023 年版，第 418 页。
⑥《习近平谈治国理政》第 2 卷，外文出版社 2017 年版，第 33 页。

了通向真理的道路”[①]。他号召全党不忘初心、牢记使命，践行“两个结合”，努力“推进理论创新、实践创新，不断把马克思主义中国化推向前进”[②]，鲜明表达了对马克思主义既守正又创新的科学态度。新时代守正创新作为实事求是思想的丰富和发展，成为中国共产党对待马克思主义的科学态度，以及认识世界与改造世界的基本思想方法和工作方法。

推进马克思主义基本原理同中国具体实际相结合、同中华优秀传统文化相结合，既是马克思主义中国化的内在规律，也是党的实事求是思想路线产生、发展、演进的内在规律。党的实事求是思想路线创立之初，毛泽东就明确指出，如果不解决思想路线问题，“就无法使我们在将马克思列宁主义的普遍真理和中国革命的具体实践互相结合的伟大事业中更进一步”[③]。邓小平认为，思想路线是什么，“就是坚持马克思主义，坚持把马克思主义同中国实际相结合，也就是坚持毛泽东同志说的实事求是”[④]。这表明，“两个结合”与思想路线、实事求是内在统一，是对同一个基本思想的不同表达。梳理党的思想路线的发展历程便可发现，有一根红线一直贯穿始终，这就是我们党在坚持马克思主义认识论的基础上，始终注重挖掘改造中华优秀传统文化中那些跨越历史时空、富有永恒魅力、具有当代价值的概念、理念，通过阐释其时代内涵，赋予其世界观方法论意义，以此确立、丰富、发展党的思想路线。众所周知，毛泽东将“实事求是”这一既蕴含马克思主义哲学原理又具有中华传统文化底蕴的思想，改造成为党的思想路线的实质和核心，这是中国共产党推进“两个结合”的光

① 习近平：《论党的宣传思想工作》，中央文献出版社 2020 年版，第 224 页。

②《习近平谈治国理政》第 2 卷，外文出版社 2017 年版，第 33 页。

③《毛泽东选集》第 3 卷，人民出版社 1991 年版，第 796 页。

④《邓小平文选》第 3 卷，人民出版社 1993 年版，第 62 页。

辉典范。中国特色社会主义进入新时代，习近平总书记将“守正创新”这一中华民族的优良传统，改造成为马克思主义哲学命题，赋予其马克思主义世界观与方法论的理论地位，使其继解放思想、实事求是、与时俱进、求真务实之后成为党的思想路线的时代精髓，进一步丰富发展了党的思想路线，这是中国共产党推进“两个结合”的又一光辉典范。

结语

实事求是思想路线在新时代的实践要求

习近平总书记强调："我们过去取得的一切成就都是靠实事求是。今天，我们要把中国特色社会主义事业继续推向前进，还是要靠实事求是。"[①] 党的十八大以来，我们党提出的一系列新理念新思想新战略，出台的一系列重大方针政策，推出的一系列重大举措，推进的一系列重大工作，实现的一系列突破性进展，取得的一系列标志性成果，都是坚持从实际出发、贯彻执行实事求是思想路线的结果。

当前，世界百年未有之大变局加速演进，世界之变、时代之变、历史之变的特征更加明显，在乱云飞渡、纷繁复杂的国际环境中，我们必须保持政治定力，坚持理论联系实际、坚持走群众路线、坚持大兴调查研究之风、坚持实干兴邦，才能真正做到坚持实事求是思想路线，才能推进中国特色社会主义伟大事业不断走向前进。

新时代坚持实事求是思想路线，必须坚持理论联系实际。为什么理论与实际必须联系而不能互相脱离呢？因为理论是从实践中产生的，理论是否正确还要接受实践检验并要在实践中得到丰富和发展；同时，理论只有与实际紧密联系，才能发挥对实践的指导作用，实现自身的价值和意义。理论如果脱离了实际，就会成为僵化的教条，就会失去其活力与生命力。理论家如果脱离了社会实践，只是从书本上来到书本上去，就会成为空洞的理论家，而不可能成为党和人民所要求的实际的理论家。党和人民希望我们的理论工作者，能够对当今中国和世界的经济、政治、文化、社会等领域的重大问题给予科学的理论说明，能够提供解决问题的正确方案，真正成为理论联系实际的理论家。对待马克思主义经典著作和世界社会主义运动的历史经验，要坚持学习和运用，但决

① 习近平：《在纪念朱德同志诞辰130周年座谈会上的讲话》，人民出版社2016年版，第9页。

不能脱离中国具体实际而盲目照抄照搬。在这方面，我们党的历史上是有过沉痛教训的。对待西方经济学、政治学等方面的理论著作和资本主义经济发展的经验，要注意分析、研究并借鉴其中于我们有益的成分，但决不能离开中国具体实际而盲目照搬照套。

新时代坚持实事求是思想路线，必须始终坚持一切为了群众、一切依靠群众，从群众中来、到群众中去的群众路线。群众路线是我们党的根本工作路线，它同党的实事求是思想路线相辅相成，在本质要求上是完全统一的。从马克思主义认识论来看，坚持群众路线是坚持实事求是的认识和实践基础。一方面，实事求是是在实践基础上认识世界的过程，这一过程只有通过“从群众中来”才能实现。人民的伟大实践是认识的真正源泉。只有切实尊重人民首创精神，倾听人民呼声，反映人民意愿，及时发现、总结、概括人民创造的新鲜经验，才能获得正确反映客观规律的真理性认识，才能制定出符合客观规律的科学决策。另一方面，实事求是又是在实践基础上改造世界的过程，这一过程只有通过“到群众中去”才能实现。人民是历史的创造者，是改造世界的主体和力量源泉。党的奋斗目标与人民的根本利益、经济社会发展规律是根本一致的。马克思主义政党只有充分调动和发挥人民的积极性和创造性，才能实现自己的历史使命。这就必须把从群众中集中起来的意见、办法，拿到群众中去实践和验证，使正确的意见和真理性认识为群众所掌握，成为群众实践的思想武器，转化为改造世界的实际行动。我们要把坚持实事求是的思想路线与坚持从群众中来、到群众中去的根本工作路线紧密结合和统一起来，把对党负责与对群众负责紧密结合和统一起来，坚持一切从人民根本利益出发，深入基层了解情况，深入群众听取意见，使各项决策和各方面工作符合实际情况、符合客观规律、符合人民意愿。这样，我们的工作、党和人民的事业，才能无往而不胜。

新时代坚持实事求是思想路线，必须大兴调查研究之风。调查研究既是一种古老的工作方法，也是百年来我们党兴党强党的“传家宝”。调查研究本质上就是实事求是。调查研究的目的，是把事情的真相和全貌搞清楚，把问题的本质和规律弄明白，把解决问题的思路和对策找出来。毛泽东指出：“没有调查，没有发言权。”[①] 邓小平指出，离开了调查研究，任何天才的领导者都不可能进行正确的领导。习近平总书记多次强调：“调查研究是谋事之基、成事之道。没有调查，就没有发言权，更没有决策权。”[②] 正确的决策离不开调查研究，正确的贯彻落实同样也离不开调查研究；调查研究是获得真知灼见的源头活水，是做好工作的基本功。可以说，调查研究是关系党和人民事业得失成败的大问题。当前，我国发展面临新的战略机遇、新的战略任务、新的战略阶段、新的战略要求、新的战略环境。世界百年未有之大变局加速演进，不确定、难预料的因素增多，国内改革发展稳定面临不少深层次矛盾躲不开、绕不过，各种风险挑战、困难问题比以往更加严峻复杂，迫切需要通过调查研究把握事物的本质和规律，找到破解难题的办法和路径。在全党大兴调查研究，是深入学习贯彻习近平新时代中国特色社会主义思想、感悟这一重要思想的真理力量和实践伟力的必然要求，是深刻领悟“两个确立”的决定性意义、坚决做到“两个维护”的具体实践，是应对新时代新征程前进路上的风浪考验、推进中国式现代化的有力举措，是时刻保持解决大党独有难题的清醒和坚定、回答“六个如何始终”的现实需要，是转变工作作风、密切联系群众、提高履职本领、强化责任担当的有效途径。

---

①《毛泽东选集》第 1 卷，人民出版社 1991 年版，第 109 页。

②《习近平关于全面建成小康社会论述摘编》，中央文献出版社 2016 年版，第 191 页。

新时代坚持实事求是思想路线，必须坚持实干兴邦。实干兴邦，空谈误国。强调实干、反对空谈，是中国共产党的优良传统。党的十八大以来，以习近平同志为核心的党中央，带领全国人民苦干实干，取得了消除绝对贫困、全面建成小康社会，实现第一个百年奋斗目标的伟大成就。实干意味着责任、奋斗、担当、作为，它是联结认识与实践、理想与现实、干部与群众的桥梁和链条。坚持实事求是思想路线意义上的“实干”，一方面指必须坚持“实”字当头、“干”字为先，不驰于空想、不骛于虚声，一步一个脚印，实心实意地干、实实在在地干、老老实实地干、一件事接着一件事干。每一项事业，不论大小，都是靠脚踏实地、一点一滴干出来的。这就如古人说的“道虽迩，不行不至；事虽小，不为不成”。另一方面，我们提倡的“实干”，不是不讲求实际的“蛮干”，也不是不顾自身能力和客观条件的“硬干”，更不是违背经济社会发展规律的“乱干”，而应是符合发展规律，做到与时俱进的，这就需要我们做事时要俯下身子潜心钻研、深入研究，探寻事物发展的规律和趋势，做到因地制宜、因势利导、顺势而为，做到在发展中既不贪大求洋，又善于敢于站在时代潮头建功立业。

道阻且长，行则将至。时间属于奋斗者，历史属于奋进者。实践反复证明，坚持实事求是，就能兴党兴国；违背实事求是，就会误党误国。我们应深刻认识到：回首百年路，中国共产党坚持实事求是带领全国人民推动中国革命、建设、改革，从一个胜利走向另一个胜利；展望新征程，中国共产党必然继续坚持实事求是，带领中华儿女走向中华民族伟大复兴的光辉未来。

后记

实事求是，从古老的岳麓书院走来，从深厚的湖湘文化中走来，从悠久的中华文化中走来。作为党的思想路线，实事求是思想路线是马克思主义基本原理同中华优秀传统文化的完美契合，是“两个结合”的典范。对实事求是思想发展史进行过往与未来相贯通、历史与逻辑相统一的长时段、纵深性研究，是本书的主旨。

本书由湖南省社会科学院（湖南省人民政府发展研究中心）、湖南省实事求是研究院组织编写。由钟君确定主题、拟定提纲、组织撰写并修改统稿，汤建军参与了组织和统稿工作。各章作者具体分工如下：潘小刚负责撰写绪论和结语，张利文、程潇靓负责撰写第一章，刘志刚、张建坤负责撰写第二章，王安中负责撰写第三章，李铁明、蒋俊毅、陈艳丽负责撰写第四章，黄海、舒隽、徐淑芳负责撰写第五章，伍新林、程潇靓负责撰写第六章。

本书的编写出版得到了中共湖南省委宣传部的精心指导，得到了人民出版社、东方出版社的大力支持，在此一并表示感谢。

需要说明的是，实事求是思想史的研究是一个宏大而极具学术张力的主题，时间跨度长、理论厚度深，本书的研究当属尝试之作，难免有挂万漏一和不足之处，还望诸方家不吝指正。

图书在版编目（CIP）数据

实事求是思想发展史论纲 / 钟君等著 . — 北京：东方出版社：人民出版社，2024.12
ISBN 978-7-5207-3517-9

Ⅰ. ①实… Ⅱ. ①钟… Ⅲ. ①中国共产党—实事求是—研究 Ⅳ. ① D261.3

中国国家版本馆 CIP 数据核字（2023）第 111933 号

实事求是思想发展史论纲
（SHISHIQIUSHI SIXIANG FAZHANSHI LUNGANG）

作　　者：钟　君　汤建军　等
策　　划：姚　恋
责任编辑：邓　翃　李志刚
出　　版：人民出版社　东方出版社
发　　行：人民东方出版传媒有限公司
地　　址：北京市东城区朝阳门内大街 166 号
邮　　编：100010
印　　刷：鸿博昊天科技有限公司
版　　次：2024 年 12 月第 1 版
印　　次：2024 年 12 月第 1 次印刷
开　　本：710 毫米 ×1000 毫米　1/16
印　　张：19
字　　数：251 千字
书　　号：ISBN 978-7-5207-3517-9
定　　价：79.80 元
发行电话：（010）85924663　85924644　85924641